PAPST FRANZISKUS

»Lasst euch die Hoffnung nicht nehmen!«

PAPST FRANZISKUS

»*Lasst euch die Hoffnung nicht nehmen!*«

JAHRESLESEBUCH

Herausgegeben von Alina Rafaela Oehler

HERDER

FREIBURG · BASEL · WIEN

© Verlag Herder GmbH, Freiburg im Breisgau 2017
Alle Rechte vorbehalten
www.herder.de

Umschlaggestaltung: wunderlichundweigand, Stefan Weigand
Umschlagmotiv: © picture alliance / NurPhoto

Als deutsche Bibelübersetzung ist zugrunde gelegt:

Die Bibel. Die Heilige Schrift
des Alten und Neuen Bundes.
Vollständige deutschsprachige Ausgabe

DIE BIBEL

© Verlag Herder GmbH, Freiburg im Breisgau 2005

Satz: de·te·pe, Aalen
Herstellung: CPI books GmbH, Leck

Printed in Germany

ISBN Print 978-3-451-37908-6
ISBN E-Book 978-3-451-81186-9

INHALT

JANUAR

»Das Heute Jesu ist eine Zeit voller Hoffnung«

An das Leben glauben

Zu Beginn des Jahres ist es ein schöner Brauch, Glückwünsche miteinander auszutauschen. So erneuern wir füreinander den Wunsch, dass das, was uns erwartet, ein wenig besser sein möge. Es ist im Grunde ein Zeichen der Hoffnung, die uns beseelt und einlädt, an das Leben zu glauben. Wir wissen aber, dass sich mit dem neuen Jahr nicht alles ändern wird und dass viele Probleme von gestern auch morgen fortdauern werden. Ich wünsche euch das: dass der Herr sein Angesicht über euch lege und dass ihr euch freuen könnt in dem Wissen, dass sein barmherziges Antlitz, strahlender als die Sonne, alle Tage über euch leuchtet und nie untergeht! Das Antlitz Gottes zu entdecken macht das Leben neu. In diesem Jahr wollen wir beginnen, das Herz zu öffnen und die Aufmerksamkeit gegenüber dem Nächsten neu wach werden lassen gegenüber dem, der uns am nächsten steht. Das ist der Weg zur Erringung des Friedens. Dabei helfe uns die Königin des Friedens, die Mutter Gottes, deren Hochfest wir heute feiern. Sie »aber bewahrte alle diese Worte und erwog sie in ihrem Herzen« (Lk 2,19). Die Hoffnungen und die Sorgen, die Dankbarkeit und die Probleme: alles, was ihr im Leben geschah, wurde im Herzen Marias zum Gebet, zum Dialog mit Gott. Und das tut sie auch für uns: Sie bewahrt die Freuden und löst die Knoten unseres Lebens, indem sie sie vor den Herrn trägt. Wir wollen das neue Jahr der Mutter empfehlen, auf dass Friede und Barmherzigkeit wachsen.

Angelus, 1. Januar 2016

Ein guter Mensch ist genug

Obwohl »die Bosheit der Menschen auf der Erde groß war und die Gedanken ihres Herzens immer nur auf das Böse gerichtet waren« (Gen 6,5) und es Gott »bereute (…), dass er den Menschen auf der Erde gemacht hatte« (Gen 6,6), entschied er doch, über Noach, der noch rechtschaffen und gerecht geblieben war, einen Weg zur Rettung zu öffnen. So gab er der Menschheit die Möglichkeit zu einem neuen Anfang. Ein guter Mensch ist genug, um die Hoffnung nicht untergehen zu lassen!

Laudato si 71

Eine neue Chance

Heute wissen wir, dass wir, um vergeben zu können, die befreiende Erfahrung gemacht haben müssen, uns selbst zu verstehen und zu vergeben. Oftmals haben unsere Fehler und der kritische Blick derer, die wir lieben, uns so weit gebracht, das Wohlwollen uns selbst gegenüber zu verlieren. Das bewirkt, dass wir uns schließlich vor den anderen hüten, die Zuneigung fliehen und in den zwischenmenschlichen Beziehungen Ängste in uns anhäufen. Die anderen beschuldigen zu können, wird dann eine trügerische Erleichterung. Es ist notwendig, mit der eigenen Geschichte ins Reine zu kommen, sich selbst anzunehmen, mit den eigenen Begrenzungen leben zu können und auch sich selbst zu vergeben, um diese selbe Haltung den anderen gegenüber haben zu können.

Das aber setzt die Erfahrung voraus, von Gott Vergebung empfangen zu haben, unentgeltlich – und nicht aufgrund unserer Verdienste – gerechtfertigt worden zu sein. Wir wurden von einer Liebe erreicht, die all unserem Tun vorausging und die immer eine neue Chance gibt, fördert und motiviert. Wenn wir bejahen, dass die Liebe Gottes bedingungslos ist, dass man die Freundlichkeit des Vaters weder kaufen noch bezahlen muss, dann können wir über alles hinweg lieben und den anderen vergeben, auch wenn sie uns gegenüber ungerecht gewesen sind.

Amoris laetitia 107 & 108

Lebendige Hoffnung

Glaube bedeutet auch, Gott zu glauben, zu glauben, dass es wahr ist, dass er uns liebt, dass er lebt, dass er fähig ist, auf geheimnisvolle Weise einzugreifen, dass er uns nicht verlässt, dass er in seiner Macht und seiner unendlichen Kreativität Gutes aus dem Bösen hervorgehen lässt. Es bedeutet zu glauben, dass er siegreich in der Geschichte fortschreitet, zusammen mit den »Berufenen, Auserwählten und Treuen« (Offb 17,14). Glauben wir dem Evangelium, das sagt, dass das Reich Gottes schon in der Welt da ist, hier und dort auf verschiedene Art und Weise wächst – wie das kleine Samenkorn, das zu einem großen Baum werden kann (vgl. Mt 13,31–32), wie die Handvoll Sauerteig, der eine große Masse durchsäuert (vgl. Mt 13,33), und wie der gute Samen, der mitten unter dem Unkraut wächst (vgl. Mt 13,24 – 30) – und uns immer angenehm überraschen kann. Es ist da, es kommt wieder, es kämpft, um von Neuem zu blühen. Die Auferstehung Christi bringt überall Keime dieser neuen Welt hervor; und selbst wenn sie abgeschnitten werden, treiben sie wieder aus, denn die Auferstehung des Herrn hat schon das verborgene Treiben dieser Geschichte durchdrungen, denn Jesus ist nicht umsonst auferstanden. Bleiben wir in diesem Lauf der lebendigen Hoffnung keine Randfiguren!

Evangelii gaudium 278

Schnickschnack

Gott hat uns zu einem bestimmten Zweck erwählt und gesegnet: heilig und untadelig vor ihm zu sein (vgl. Eph 1,4). Er hat uns erwählt – einen jeden von uns –, damit wir in dieser Welt Zeugen seiner Wahrheit und seiner Gerechtigkeit sind. Er hat die Welt als einen wunderschönen Garten erschaffen und uns aufgefordert, für sie zu sorgen. Doch durch die Sünde hat der Mensch diese natürliche Schönheit entstellt. Manchmal, wenn wir überall um uns Mühen, Schwierigkeiten und Unrecht sehen, sind wir versucht aufzugeben. Es scheint, als gelten die Verheißungen des Evangeliums nicht; als seien sie unrealistisch. Doch die Bibel sagt uns, dass die große Gefährdung von Gottes Plan mit uns von jeher die Lüge ist. Der Teufel ist der Vater der Lügen. Oft verbirgt er seine Fallen hinter dem Anschein der Kultiviertheit, hinter der Verlockung, »modern« und »wie alle anderen« zu sein. Er lenkt uns ab mit dem Köder kurzlebiger Vergnügen, oberflächlichen Zeitvertreibs. Und so vergeuden wir unsere gottgegebenen Geschenke, indem wir uns mit Schnickschnack beschäftigen; wir verschwenden unser Geld für Spiel und Getränke und drehen uns um uns selbst. Wir vergessen, auf die Dinge ausgerichtet zu bleiben, auf die es wirklich ankommt. Wir vergessen, im Innersten Kinder Gottes zu bleiben. Das ist Sünde: im Herzen vergessen, dass wir Kinder Gottes sind. Denn Kinder haben, wie der Herr uns sagt, ihre eigene Weisheit, die nicht die Weisheit der Welt ist. Darum ist die Botschaft vom Jesuskind so wichtig. Es spricht uns alle zutiefst an. Es erinnert uns an unsere eigentliche Identität, an das, was wir als Gottes Familie zu sein berufen sind.

Predigt, Rizal Park, Manila, 18. Januar 2015

Werde Licht

Wir feiern heute die »Epiphanie« des Herrn, das heißt die »Erscheinung« Jesu, der als Licht für alle Völker erstrahlt. Symbol dieses Lichts, das in der Welt leuchtet und das Leben eines jeden erhellen will, ist der Stern, der die Sterndeuter nach Betlehem führte. Sie sahen, so sagt das Evangelium, »seinen Stern aufgehen« (Mt 2,2) und entschlossen sich, ihm zu folgen: Sie beschlossen, sich vom Stern Jesu führen zu lassen. Auch in unserem Leben gibt es verschiedene Sterne, Lichter, die leuchten und die Richtung weisen. Es liegt an uns zu entscheiden, welchen wir folgen wollen. Es gibt zum Beispiel wechselnde Lichter, die kommen und gehen wie die kleinen Genugtuungen des Lebens: Auch wenn sie gut sind, reichen sie nicht aus, da sie von geringer Dauer sind und nicht den Frieden zurücklassen, den wir suchen. Dann gibt es die gleißenden Rampenlichter, die gleißenden Lichter des Geldes und des Erfolgs, die alles sofort versprechen: Sie sind verführerisch, doch ihre Stärke macht blind und lassen einen von herrlichen Träumen in die tiefste Finsternis übergehen. Die Sterndeuter laden dagegen ein, einem beständigen Licht, einem milden Licht zu folgen, das nicht untergeht, da es nicht von dieser Welt ist: Es kommt vom Himmel und leuchtet… Wo? Im Herzen. Dieses wahre Licht ist das Licht des Herrn, oder besser: es ist der Herr selbst. Er ist unser Licht: ein Licht, das nicht blendet, sondern begleitet und eine einzigartige Freude schenkt. Dieses Licht ist für alle und ruft einen jeden. So können wir hören, wie die heutige Einladung des Propheten Jesaja an uns ergeht: »Auf, werde Licht« (60,1).

Angelus, 6. Januar 2017

Zeichen des Lebens

Das in Bethlehem geborene Jesuskind ist das Zeichen, das Gott denen gegeben hat, die das Heil erwarteten, und es bleibt für immer das Zeichen der Zärtlichkeit Gottes und seiner Gegenwart in der Welt. Der Engel sagt zu den Hirten: »Und dies soll euch das Zeichen sein: Ihr werdet ein Kind finden …« (Lk 2,12) Auch heute sind die Kinder ein Zeichen. Ein Zeichen der Hoffnung, ein Zeichen des Lebens, aber auch ein »diagnostisches« Zeichen, um den Gesundheitszustand einer Familie, einer Gesellschaft, der ganzen Welt zu erkennen. Wenn die Kinder angenommen, geliebt, behütet und beschützt werden, ist die Familie gesund, wird die Gesellschaft besser und ist die Welt menschlicher.

Predigt, Krippenplatz Bethlehem, 25. Mai 2014

Die Kunst des Aufstiegs

Ihr habt mich um ein Wort der Hoffnung gebeten; das Wort, das ich euch sagen kann und das die Grundlage von allem bildet, lautet: Jesus Christus. Wenn alles schwer scheint, wenn es scheint, die Welt breche auf uns herein, dann umfasst sein Kreuz, umarmt ihn und, bitte, reißt euch nie von seiner Hand los, auch wenn er euch voranbringt, indem er euch mitschleift; und wenn ihr einmal fallt, lasst euch von ihm aufheben. Die Alpinisten haben ein sehr schönes Lied, das ich den jungen Menschen gerne wiederhole. Während sie aufsteigen, singen sie: »In der Kunst des Aufstiegs liegt der Sieg nicht darin, nicht zu fallen, sondern darin, nicht liegen zu bleiben.« Das ist die Kunst. Und wer ist der Einzige, der deine Hand ergreifen kann, damit du nicht liegen bleibst? Jesus Christus, er allein. Jesus Christus, der dir manchmal einen Bruder oder eine Schwester schickt, damit er mit dir spricht und dir hilft. Verstecke nicht deine Hand, wenn du gefallen bist; sag ihm oder ihr nicht: »Schau mich nicht an, ich bin mit Schlamm beschmiert. Schau mich nicht an, denn für mich gibt es kein Heilmittel mehr.« Lass nur deine Hand ergreifen und klammere dich an diese Hand, und der Reichtum, den du in dir hast – beschmutzt, verschlammt, verloren geglaubt –, beginnt, durch die Hoffnung seine Frucht zu bringen. Aber immer angeklammert an Jesu Hand! Das ist der Weg; vergesst das nicht. Erlaubt euch nicht, liegen zu bleiben! Niemals! Einverstanden?

Ansprache, Stadion »José María Morelos y Pavón«, Morelia, 16. Februar 2016

15

Lähmende Angst

Wir alle sind auf unserem Weg schon das eine oder andere Mal verwirrt stehen geblieben, weil wir nicht mehr wussten, wohin wir uns wenden sollten. Die Wirklichkeit erscheint uns oft verschlossen und hoffnungslos. Wie das Volk Israel zweifeln wir an den Verheißungen und an der Gegenwart des Herrn der Geschichte und lassen uns von der positivistischen Mentalität umgarnen, die uns ihre Deutung der Wirklichkeit aufzwingen will. Wir verzichten auf unsere Berufung, Geschichte zu schreiben, um uns dem nostalgischen Chor der Klagen und Vorwürfe anzuschließen: »Haben wir dir dies nicht schon in Ägypten gesagt: Lass uns in Ruhe! Wir wollen den Ägyptern dienen! Denn es wäre besser für uns, den Ägyptern zu dienen, als in der Wüste zu sterben« (Ex 14,12). Der apostolische Eifer wird uns helfen, uns zu erinnern, damit wir die Freiheit nicht aus den Augen verlieren, sondern als Volk des Bundes weitergehen: »Nimm dich in Acht, dass du nicht den Herrn vergisst, der dich aus Ägypten, dem Sklavenhaus, herausgeführt hat« (Dtn 6,12). Als Katecheten in schwierigen Zeiten müssen Sie Gott um diese Kühnheit und Leidenschaft bitten, die Sie befähigt, zu helfen und sich zu erinnern! »Achte darauf, dass du die Ereignisse, die du mit eigenen Augen gesehen hast, nie vergisst …« (Dtn 4,9). Wenn wir diese Erinnerung weitergeben und dieses Gedächtnis feiern, dann werden wir als Volk die nötige Kraft finden, uns der lähmenden und beklemmenden Angst zu erwehren.

Brief an Katecheten, August 2004

Mehr Optimismus

Die Herausforderungen existieren, um überwunden zu werden. Seien wir realistisch, doch ohne die Heiterkeit, den Wagemut und die hoffnungsvolle Hingabe zu verlieren! Lassen wir uns die missionarische Kraft nicht nehmen!

Evangelii gaudium 109

Wie Hoffnung wächst

Hoffnung entsteht, wenn man erfahren kann, dass nicht alles verloren ist, und deswegen ist die Übung notwendig, »zu Hause« anzufangen, bei sich selbst anzufangen. Ich bitte euch jetzt um Stille; jeder antworte in seinem Herzen: Stimmt es, dass nicht alles verloren ist? Bin ich etwas wert? Die Hauptbedrohung für die Hoffnung sind Reden, die dich herabwürdigen, als saugten sie den Wert aus dir heraus, und du endest wie zu Boden geworfen – stimmt's? –, wie zerknittert, mit traurigem Herzen. Reden, die dir das Gefühl geben, ein Mensch zweiter, wenn nicht vierter Klasse zu sein. Das ist die große Schwierigkeit für die Hoffnung: Wenn man dich in einer Familie oder in einer Gesellschaft oder in einer Schule oder in einer Gruppe von Freunden spüren lässt, dass du ihnen gleichgültig bist. Das tötet, das richtet uns zugrunde, und das ist das Einfallstor für sehr viel Schmerz. Es gibt aber auch noch eine andere Hauptbedrohung für die Hoffnung und die besteht darin, dir einzureden, dass du erst dann etwas giltst, wenn du dich in die Maske der Kleidung, der Marken, des letzten Schreis der Mode hüllst oder wenn du Ansehen, Bedeutung erlangst, weil du Geld hast, im Grunde aber dein Herz nicht glaubt, dass du der Zuneigung und Liebe würdig bist – und das erspürt dein Herz. Ich glaube an Jesus Christus, und deshalb sage ich euch das. Er ist es, der ständig in mir die Hoffnung erneuert; er ist es, der ständig meinen Blick erneuert. Und an seiner Hand können wir den Weg gehen, dank ihm können wir jedes Mal wieder neu beginnen.

Ansprache, Stadion »José María Morelos y Pavón«, Morelia, 16. Februar 2016

Neues Licht

Leider hat man oft versucht, den Glauben an die Auferstehung Jesu zu verdunkeln, und auch bei den Gläubigen selbst haben sich Zweifel eingeschlichen. Ein bisschen »Rosenwasser«-Glaube, wie wir sagen, ein verwässerter Glaube: Das ist kein starker Glaube. Und das aus Oberflächlichkeit, manchmal aus Gleichgültigkeit, beschäftigt mit tausend Dingen, die man für wichtiger hält als den Glauben, oder aus einer nur horizontalen Sichtweise des Lebens heraus. Aber gerade die Auferstehung öffnet uns auf die größere Hoffnung hin, weil sie unser Leben und das Leben der Welt auf die ewige Zukunft Gottes hin öffnet, auf die vollkommene Glückseligkeit, auf die Gewissheit, dass das Böse, die Sünde, der Tod überwunden werden können. Und das führt dazu, die täglichen Wirklichkeiten mit mehr Vertrauen zu leben, ihnen mit Mut und Einsatz zu begegnen. Die Auferstehung Christi erleuchtet diese täglichen Wirklichkeiten mit einem neuen Licht. Die Auferstehung Christi ist unsere Kraft!

Katechese in der Generalaudienz, 3. April 2013

Der Korrupte und die Großmutter

Wie schwer ist es, durch prophetische Kraft ein korruptes Herz aufzusprengen! Es ist so sehr in der Zufriedenheit seiner Selbstgenügsamkeit befangen, die keine Infragestellung erlaubt. »So geht es dem, der für sich Schätze sammelt, aber vor Gott nicht reich ist« (Lk 12,21). Er fühlt sich behaglich und glücklich wie jener Mann, der den Bau neuer Scheunen plante (vgl. Lk 12,16–21) und im Fall einer schwierigen Situation alle Finten kennt, um sich herauszuwinden, so wie es der ungetreue Verwalter tat (vgl. Lk 16,1– 8), der die in Buenos Aires übliche Philosophie des »Wer nicht klaut, ist blöd« vorweggenommen hat. Der Korrupte hat sich ein Selbstbild zurechtgelegt, das auf seinen betrügerischen Verhaltensweisen basiert, er wählt den Weg der Vorteilsnahme, der ihn zwar am schnellsten zum Ziel führt, den er aber mit dem Verlust der eigenen Würde und der Würde seiner Mitmenschen bezahlen muss. Der Korrupte hat das Antlitz des *Ich war's nicht,* das »Gesicht eines Heiligenbildchens«, wie meine Großmutter zu sagen pflegte. Sie hätte eine Ehrendoktorwürde in gesellschaftlicher Kosmetiklehre verdient!

J. M. Bergoglio, Korruption und Sünde

Lichtquelle statt Waffe

Wir müssen diese Kultur der Globalisierung unter dem Blickwinkel der Universalität betrachten. Wir sind keine Atome, die nur in der Gesamtheit einen Sinn erhalten, sondern müssen uns in ein neues, lebendiges, übergeordnetes organisches Ganzes einfügen, welches das Unsere integriert, aber nicht auflöst. Ohne unsere Eigenart preiszugeben, fügen wir uns harmonisch zu etwas zusammen, das größer ist als wir.

Das aber kann nicht auf dem Weg des Konsenses geschehen, der eine Angleichung nach unten betreibt, sondern nur auf dem Weg des Dialogs, der Gegenüberstellung von Ideen und der Übung von Autorität.

Die Übung des Dialogs ist der menschlichste Weg der Kommunikation. Wir müssen in allen Bereichen Raum schaffen für einen ernsthaften, sachdienlichen und nicht bloß formalen Dialog. Für einen Austausch, der Vorurteile abbaut und im Hinblick auf die Ziele ein Miteinander fördert.

In Zeiten wie diesen, die uns, wie man so schön sagt, zu »Kindern der Information und Waisen der Kommunikation« machen, erfordert der Dialog überdies Geduld, Klarheit und eine gute Einstellung zum anderen. In einem solchen Zwiegespräch können durchaus verschiedene Meinungen und Standpunkte aufeinanderprallen, doch dürfen die jeweiligen Vorstellungen niemals als Waffen, sondern immer nur als Lichtquelle dienen. Wir sollen unsere Ideen, Utopien, Errungenschaften und Rechte nicht aufgeben, sondern lediglich auf den Anspruch verzichten, sie seien einzig oder absolut.

Vortrag beim christlichen Unternehmerverband, September 1999

Eucharistie ist Hoffnung

Eine Schwierigkeit auf dem langen Weg, der in das ewige Reich des Vaters führt, kann die Hoffnungslosigkeit sein: wenn »die Verheißung in der Alltäglichkeit des Lebens verblasst«; wenn die Hoffnung, die unsere alltäglichen Gesten erwärmt, nicht mehr glüht. Zwar können wir auch dann noch weitergehen, doch ohne diese Glut werden wir kalt, gleichgültig, ichbezogen, distanziert und ausgrenzend sein.

Es wird uns Kraft geben, unterwegs vom Brot der großen Hoffnung zu kosten: der Hoffnung auf das ewige Hochzeitsmahl, auf die Begegnung mit einem Vater, der uns mit offenen Armen erwartet, unsere Herzen und Blicke verwandelt und unserem Leben eine neue Sinnfülle gibt. Wenn Paulus uns sagt, dass wir ohne Unterlass beten sollen, meint er genau das: dass wir in jedem Augenblick vom Brot der Hoffnung kosten sollen. Es kann sein, dass wir in Versuchung geraten, das Gegenteil zu tun und von den sauren und bitteren Trauben des Lebens statt vom göttlichen Brot zu kosten: jenem Brot, das Maria in ihrem Herzen »bewahrte«, als sie mit dem Geschmack der Hoffnung auf ihren Sohn und auf die Heilsgeschichte blickte.

Sie ist die große Stärkung, die der Herr uns auf unserem Weg mitgibt. Wenn wir mit ihr unterwegs sind, dann kann unser Volk vom Brot der Hoffnung kosten; wenn wir uns um sie scharen, kann unser Volk sich am Geschmack dieses Brotes erfreuen, das Eucharistie, Brot der Begegnung und der lebendige Christus selbst ist.

Predigt, Fronleichnam 2006

Verwandelte Herzen

Nur durch die Inkarnation, durch das Teilen unseres Menschseins konnte die der Liebe eigene Erkenntnis zur Fülle gelangen.
Das Licht der Liebe leuchtet nämlich auf, wenn wir im Herzen
angerührt werden und so in uns die innere Gegenwart des
Geliebten empfangen, die uns erlaubt, sein Geheimnis zu erkennen. So verstehen wir auch, warum für den heiligen Johannes
der Glaube neben dem Hören und dem Sehen ein Berühren ist,
wie er in seinem ersten Brief sagt: »Was wir gehört und mit unseren Augen gesehen haben, was wir geschaut und was unsere
Hände berührt haben vom Wort des Lebens« (1 Joh 1,1). Mit seiner Inkarnation, mit seinem Kommen in unsere Mitte hat Jesus
uns berührt, und durch die Sakramente berührt er uns auch
heute. Auf diese Weise, indem er unser Herz verwandelte, hat er
uns ermöglicht und ermöglicht er uns weiterhin, ihn als Sohn
Gottes zu erkennen und zu bekennen. Mit dem Glauben können
wir ihn berühren und die Macht seiner Gnade empfangen. Nur
wenn wir Jesus gleichgestaltet werden, empfangen wir Augen,
die geeignet sind, ihn zu sehen.

Lumen fidei 31

Missionar sein im Alltag

Jünger sein bedeutet, ständig bereit zu sein, den anderen die Liebe Jesu zu bringen, und das geschieht spontan an jedem beliebigen Ort, am Weg, auf dem Platz, bei der Arbeit, auf einer Straße. Der erste Schritt dieser stets respektvollen und freundlichen Verkündigung besteht aus einem persönlichen Gespräch, in dem der andere Mensch sich ausdrückt und seine Freuden, seine Hoffnungen, die Sorgen um seine Lieben und viele Dinge, von denen sein Herz voll ist, mitteilt. Erst nach diesem Gespräch ist es möglich, das Wort Gottes vorzustellen, sei es mit der Lesung irgendeiner Schriftstelle oder erzählenderweise, aber immer im Gedanken an die grundlegende Verkündigung: die persönliche Liebe Gottes, der Mensch geworden ist, sich für uns hingegeben hat und als Lebender sein Heil und seine Freundschaft anbietet. Es ist die Verkündigung, die man in einer demütigen, bezeugenden Haltung mitteilt wie einer, der stets zu lernen weiß, im Bewusstsein, dass die Botschaft so reich und so tiefgründig ist, dass sie uns immer überragt. Manchmal drückt man sie auf direktere Weise aus, andere Male durch ein persönliches Zeugnis, eine Erzählung, eine Geste oder die Form, die der Heilige Geist selbst in einem konkreten Umstand hervorrufen kann. Wenn es vernünftig erscheint und die entsprechenden Bedingungen gegeben sind, ist es gut, wenn diese brüderliche und missionarische Begegnung mit einem kurzen Gebet abgeschlossen wird, das die Sorgen aufnimmt, die der Gesprächspartner zum Ausdruck gebracht hat. Er wird dann deutlicher spüren, dass er angehört und verstanden wurde, dass seine Situation in Gottes Hand gelegt wurde, und er wird erkennen, dass das Wort Gottes wirklich sein Leben anspricht.

Evangelii gaudium 127 & 128

Der Blick Jesu

Erinnern wir uns auch an Petrus: Dreimal verleugnet er Jesus gerade in dem Moment, als er ihm ganz besonders nahe hätte sein sollen. Und als ihm dies zutiefst bewusst wird, begegnet ihm der Blick Jesu, der ihm geduldig und ohne Worte zu verstehen gibt: »Petrus, hab' keine Angst wegen deiner Schwachheit, vertraue auf mich!« Und Petrus versteht, spürt den liebevollen Blick Jesu und weint. Wie schön ist dieser Blick Jesu – wie viel Zärtlichkeit! Brüder und Schwestern, verlieren wir niemals das Vertrauen in die geduldige Barmherzigkeit Gottes!

Predigt, Basilika St. Johann im Lateran, 7. April 2013

Das Heute Jesu

Das Heute Jesu ist eine Zeit voller Hoffnung: Hoffnung auf die Zukunft und Hoffnung auf den Himmel, den wir als »Anzahlung« bereits jetzt besitzen und den wir in jeder Tröstung, die der Herr uns schenkt, als Vorgeschmack schon jetzt erleben. Das Heute Jesu ist eine Zeit, in der die Gegenwart ein beständiger Ruf und eine immer neue Einladung ist, die konkrete Nächstenliebe im täglichen Dienst an den Ärmsten zu üben, der unser Herz mit Freude erfüllt. In diesem Heute wollen wir täglich hinausgehen, um die Begegnung mit unserem Volk zu suchen.

Im Heute Jesu ist kein Platz für die Angst vor Konflikten, für Ungewissheit oder Besorgnis.

Dieses Heute Jesu schafft Raum für Begegnung und gibt den Momenten der Begegnung einen Rahmen. Um hinauszugehen und die Begegnung mit der Zerbrechlichkeit unseres Volkes zu suchen, müssen wir zuvor in diese Zeit der Gnade des Herrn eintreten. Vor allem im Gebet muss unser Herz Kraft schöpfen und das Bewusstsein erlangen, dass sich in dem, was es tagtäglich erlebt, die Verheißung erfüllt. Wenn uns das gelingt, dann, ja dann können wir im Vertrauen auf die göttliche Vorsehung kühn hinausgehen und uns den anderen wirklich öffnen. Wir können die Scheuklappen unserer eigennützigen Interessen ablegen und voller Sehnsucht allein den Interessen Jesu dienen.

Predigt, Chrisammesse 2005

Ein kleines bisschen Wunder

Herr, der du nie mir etwas hast verweigert, ich bitte nicht für mich, ich bitte einzig für jeden meiner schmerzensreichen Brüder, für jeden Armen der geliebten Heimat.

Ich bitte um ihr Brot und ihre Tage, um ihre vogelgleich zerzauste Trauer, ihr Lachen und ihr Singen und ihr Pfeifen, da heute unser Haus stillschweigend dasteht. Ich bitte dich mit Worten und auf Knien um Krumen nur, ein kleines bisschen Wunder für ihre Hände, Brotsamen der Liebe, um einen Traum, nur eine Tür, die aufgeht; da heute unser Tisch verlassen dasteht und meine Brüder weinen in der Nacht. Amen.

Predigt, Weihnachten 2001

Innere Verwandlung

Der Glaube an Christus rettet uns, denn in ihm öffnet sich das Leben völlig für eine Liebe, die uns vorausgeht und uns von innen her verwandelt, die in uns und mit uns wirkt. Das erscheint deutlich in der Auslegung, die der Völkerapostel zu einem Text aus dem Buch *Deuteronomium* macht und die sich in die tiefste Dynamik des Alten Testaments einfügt. Mose sagt zum Volk, dass Gottes Gebot weder zu hoch noch zu weit entfernt für den Menschen ist. Man darf nicht sagen: »Wer steigt für uns hinauf in den Himmel, um es zu uns herunterzuholen?« oder »Wer fährt für uns über das Meer, um es herbeizuholen?« (vgl. Dtn 30,11–14). Diese Nähe des Wortes Gottes wird von Paulus dahingehend gedeutet, dass es auf die Gegenwart Christi im Christen bezogen ist. »Sprich nicht in deinem Herzen: Wer wird in den Himmel hinaufsteigen? – nämlich um Christus herabzuholen. Oder: Wer wird hinabsteigen in die Unterwelt? – nämlich um Christus von den Toten heraufzuholen« (Röm 10,6–7). Christus ist auf die Erde herabgestiegen und von den Toten auferstanden. Mit seiner Menschwerdung und Auferstehung hat der Sohn Gottes den ganzen Weg des Menschen umfasst und wohnt in unseren Herzen durch den Heiligen Geist. Der Glaube weiß, dass Gott uns ganz nahe geworden ist, dass Christus uns als großes Geschenk gegeben ist, das in uns eine innere Verwandlung vollzieht, das in uns wohnt und uns so das Licht schenkt, das den Anfang und das Ende des Lebens erhellt, den ganzen Bogen des Weges des Menschen.

Lumen fidei 20

Eucharistie als Brot des Lebens

Die tägliche Eucharistie ist das Brot des Lebens, das die Kräfte wiederherstellt und dem Herzen Frieden schenkt, das Brot des einzigen Opfers, das Brot der Begegnung. Zugleich aber ist sie Brot der Hoffnung, das gebrochene Brot, das uns die Augen öffnet, sodass wir voller Staunen den Auferstandenen sehen, der uns unerkannt den ganzen Tag über, das ganze Leben über begleitet hat. Ein Brot, das unser Herz brennen und uns hinauseilen lässt, um in der großen Gemeinschaft das Evangelium zu bezeugen; ein Brot, das unser Herz im Himmel verankert und in den verlorenen Söhnen den Hunger nach dem größten Gott und die Sehnsucht nach dem Vaterhaus weckt. Dieses Lebensbrot ist für uns klare Gewissheit. Deshalb lieben wir die Eucharistie und beten sie an.

Predigt, Fronleichnam 2006

Erinnerung an die Zukunft

Zuallererst ist es ein Ruf (an Abraham), aus dem eigenen Land auszuziehen, eine Aufforderung, sich einem neuen Leben zu öffnen, der Anfang eines Auszugs, der ihn auf eine unerwartete Zukunft unterwegs sein lässt. Die Sicht, die der Glaube dem Abraham verleiht, wird dann immer mit diesem zu vollziehenden Schritt nach vorn verbunden sein: Der Glaube ›sieht‹ in dem Maße, in dem er vorangeht und in den Raum eintritt, den das Wort Gottes aufgetan hat. Dieses Wort enthält außerdem eine Verheißung: Deine Nachkommen werden zahlreich sein, du wirst Vater eines großen Volkes sein (vgl. Gen 13,16; 15,5; 22,17). Es ist wahr, dass der Glaube Abrahams, insofern er Antwort auf ein vorangegangenes Wort ist, immer ein Akt der Erinnerung sein wird. Doch legt dieses Erinnern nicht auf die Vergangenheit fest, sondern wird, da es Erinnerung an eine Verheißung ist, fähig, auf Zukunft hin zu öffnen, die Schritte auf dem Weg zu erleuchten. So wird sichtbar, dass der Glaube als Erinnerung an die Zukunft – *memoria futuri* – eng mit der Hoffnung verbunden ist.

Lumen fidei 9

Neuer Schwung

In Einheit mit dem Glauben und der Liebe leitet uns die Hoffnung in eine sichere Zukunft, die sich von den trügerischen Angeboten der Götzen der Welt deutlich unterscheidet, aber dem täglichen Leben neuen Schwung und neue Kraft verleiht. Lassen wir uns nicht die Hoffnung stehlen; lassen wir nicht zu, dass sie vereitelt wird durch unmittelbare Lösungen und Angebote, die uns auf dem Weg aufhalten und die Zeit ›aufsplittern‹ und in Raum umwandeln. Die Zeit steht immer über dem Raum. Der Raum lässt die Vorgänge erstarren, die Zeit hingegen führt sie in die Zukunft und drängt, voll Hoffnung voranzugehen.

Lumen fidei 57

Ein neues Leben

Die Begegnung mit Jesus auf der Straße nach Damaskus verwandelt das Leben des heiligen Paulus von Grund auf. Von jenem Moment an liegt für ihn der Sinn seines Daseins nicht mehr darin, auf die eigenen Kräfte zu vertrauen, um peinlich genau das Gesetz zu befolgen, sondern darin, sich ganz und gar an die gegenleistungsfreie und unverdiente Liebe Gottes zu klammern, an den gekreuzigten und auferstandenen Jesus Christus. So erlebt er, wie ein neues Leben anbricht, das Leben nach dem Geist, in dem er durch die Kraft des auferstandenen Herrn Vergebung, Vertrautheit und Ermutigung erfährt. Und diese Neuheit kann Paulus nicht für sich behalten: Die Gnade drängt ihn, die Frohe Botschaft von der Liebe und der Versöhnung zu verkünden, die Gott in Christus der Menschheit in Fülle anbietet.

Für den Völkerapostel ist die Versöhnung des Menschen mit Gott, deren »Gesandter« er geworden ist (vgl. 2 Kor 5,20), ein Geschenk, das von Christus kommt. Wie Jesus lehrt, retten wir unser Leben nur dann wirklich, wenn wir es aus Liebe zu ihm verlieren (vgl. Lk 9,24). Das ist die Umwälzung, die Paulus erlebt hat, aber es ist die christliche Umwälzung aller Zeiten: nicht mehr für uns selber zu leben, für unsere Interessen und unsere Image-Pflege, sondern nach dem Bild Christi, *für* ihn und *nach* ihm, *mit* seiner Liebe und *in* seiner Liebe.

Predigt, Basilika St. Paul vor den Mauern, 25. Januar 2017
am Fest der Bekehrung des hl. Apostels Paulus

Hoffnung des Friedens

Gibt es ein gemeinsames Ziel? Und was ist dieses Ziel? Der Herr antwortet uns durch den Propheten Jesaja und sagt: »In der Folge der Tage wird es geschehen: Da wird der Berg des Hauses des Herrn festgegründet stehen / an der Spitze der Berge und erhaben sein über die Hügel. / Zu ihm strömen alle Völker. Dorthin pilgern viele Völker und sprechen: Auf, lasst uns hinaufziehen zum Berg des Herrn, / zum Haus des Gottes Jakobs! Er lehre uns seine Wege, / und wir wollen auf seinen Pfaden wandeln.« (2,2–3) So spricht Jesaja vom Ziel, auf das wir zugehen. Es ist eine universale Pilgerschaft hin zu einem gemeinsamen Ziel. Die Offenbarung hat in Jesus Christus ihre Erfüllung gefunden, und der »Tempel des Herrn« ist er selbst geworden, das Mensch gewordene Wort: Er führt uns, und gleichzeitig ist er das Ziel unserer Pilgerschaft, der Pilgerschaft des ganzen Volkes Gottes; und in seinem Licht können auch die anderen Völker zum Reich der Gerechtigkeit gehen, zum Reich des Friedens. Wieder ist es der Prophet, der sagt: »Sie werden ihre Schwerter zu Pflugscharen schmieden / und ihre Speere zu Winzermessern. Nie mehr wird Volk gegen Volk zum Schwert greifen, / noch werden sie ferner das Kriegshandwerk lernen.« (2,4). Wann aber wird das geschehen? Was für ein schöner Tag wird dies sein, an dem die Waffen auseinandergenommen werden, um in Arbeitswerkzeuge verwandelt zu werden! Was für ein schöner Tag wird das sein! Und das ist möglich! Setzen wir auf die Hoffnung, auf die Hoffnung des Friedens, und es wird möglich sein!

Angelus, 1. Dezember 2013

Gestern, heute und in Ewigkeit

Eine erneuerte Verkündigung schenkt den Gläubigen – auch den lauen oder nicht praktizierenden – eine neue Freude im Glauben und eine missionarische Fruchtbarkeit. In Wirklichkeit ist das Zentrum und das Wesen des Glaubens immer dasselbe: der Gott, der seine unermessliche Liebe im gestorbenen und auferstandenen Christus offenbart hat. Er lässt seine Gläubigen immer neu sein, wie alt sie auch sein mögen; »sie schöpfen neue Kraft, / empfangen Schwingen gleich dem Adler. Sie laufen und werden nicht müde, / sie gehen und werden nicht matt« (Jes 40,31). Christus ist die »ewige Heilsbotschaft« (Offb 14,6), und er ist »derselbe gestern, heute und in Ewigkeit« (Hebr 13,8), aber sein Reichtum und seine Schönheit sind unerschöpflich. Er ist immer jung und eine ständige Quelle von Neuem. Die Kirche hört nicht auf zu staunen über die »Tiefe des Reichtums, der Weisheit und der Erkenntnis Gottes« (Röm 11,33). Er kann mit seiner Neuheit immer unser Leben und unsere Gemeinschaft erneuern, und selbst dann, wenn die christliche Botschaft dunkle Zeiten und kirchliche Schwachheiten durchläuft, altert sie nie. Jesus Christus kann auch die langweiligen Schablonen durchbrechen, in denen wir uns anmaßen, ihn gefangen zu halten, und überrascht uns mit seiner beständigen göttlichen Kreativität. Jedes Mal, wenn wir versuchen, zur Quelle zurückzukehren und die ursprüngliche Frische des Evangeliums wiederzugewinnen, tauchen neue Wege, kreative Methoden, andere Ausdrucksformen, aussagekräftigere Zeichen und Worte, reich an neuer Bedeutung für die Welt von heute, auf. In der Tat, jedes echte missionarische Handeln ist immer ›neu‹.

Evangelii gaudium 11

Neue Wege

Gott, der uns zur großzügigen und völligen Hingabe zusammenruft, schenkt uns die Kräfte und das Licht, die wir benötigen, um voranzugehen. Im Herzen dieser Welt ist der Herr des Lebens, der uns so sehr liebt, weiter gegenwärtig. Er verlässt uns nicht, er lässt uns nicht allein, denn er hat sich endgültig mit unserer Erde verbunden, und seine Liebe führt uns immer dazu, neue Wege zu finden. Er sei gelobt.

Laudato si 245

Die Kraft des Kreuzes

Im Evangelium empfängt Jesus die Kinder, er umarmt und segnet sie. Auch wir müssen unsere Jugendlichen schützen, führen und ermutigen, indem wir ihnen helfen, eine Gesellschaft aufzubauen, die ihres großen spirituellen und kulturellen Erbes würdig ist. Besonders müssen wir jedes Kind als ein Geschenk betrachten, das angenommen, gehegt und beschützt werden muss. Und wir müssen uns um unsere jungen Menschen kümmern und nicht zulassen, dass sie ihrer Hoffnung beraubt und dazu verurteilt werden, auf der Straße zu leben. Ein zartes, schutzbedürftiges Kind war es, das Gottes Güte, Barmherzigkeit und Gerechtigkeit in die Welt brachte. Gottes Sohn widersetzte sich der Unehrlichkeit und der Korruption, welche die Erbschaft der Sünde sind, und besiegte sie durch die Kraft des Kreuzes.

Predigt, Rizal Park, Manila, Sonntag, 18. Januar 2015

Neue Horizonte

Im *Römerbrief* ruft uns der heilige Paulus die große Gestalt Abrahams in Erinnerung, um uns den Weg des Glaubens und der Hoffnung aufzuzeigen. Über ihn schreibt der Apostel: »Gegen alle Hoffnung hat er voll Hoffnung geglaubt, dass er der Vater vieler Völker werde« (*Röm* 4,18); »gegen alle Hoffnung […] voll Hoffnung«. Diese Haltung ist stark: Auch wenn es keine Hoffnung gibt, glaube ich. Und so auch unser Vater Abraham. Der heilige Paulus nimmt Bezug auf den Glauben, mit dem Abraham an das Wort Gottes glaubte, der ihm einen Sohn verheißen hatte. Aber es war wirklich ein Vertrauen in der Hoffnung »gegen alle Hoffnung«, so unvorstellbar war das, was der Herr ihm verkündete, denn er war alt – er war fast 100 Jahre alt –, und seine Ehefrau war unfruchtbar. Aber Gott hat es gesagt, und er glaubte.

Im Vertrauen auf diese Verheißung macht Abraham sich auf den Weg, verlässt seine Heimat und wird zum Fremden, indem er auf diesen »unmöglichen« Sohn hofft. Abraham glaubt, und sein Glaube öffnet sich für eine scheinbar unvernünftige Hoffnung; sie ist die Fähigkeit, über den menschlichen Verstand, die Weisheit und die Klugheit der Welt hinauszugehen, über das hinaus, was gewöhnlich als gesunder Menschenverstand gilt, um an das Unmögliche zu glauben. Die Hoffnung öffnet neue Horizonte, sie versetzt uns in die Lage, das zu träumen, was nicht einmal vorstellbar ist. Die Hoffnung lässt einen in die Dunkelheit einer ungewissen Zukunft eintreten, um im Licht zu wandeln. Die Tugend der Hoffnung ist schön; sie gibt uns viel Kraft für den Lebensweg.

Generalaudienz, 28. Dezember 2016

Hoffnung auf Fülle

So zeigt sich die Hoffnung in ihrem Vollsinn, denn sie schließt die Gewissheit eines Lebens jenseits des Todes ein. Dieser Mensch mit all seinen Schwächen ist zur Fülle des Himmels berufen. Wenn er durch die Auferstehung Christi vollkommen verwandelt sein wird, werden dort seine Hinfälligkeiten, seine Dunkelheiten und auch seine Pathologien nicht mehr existieren. Dort wird das wahre Wesen dieses Menschen mit all seiner Fähigkeit zum Guten und zum Schönen aufleuchten. Das erlaubt uns auch, inmitten der Unannehmlichkeiten dieser Erde diesen Menschen mit einem übernatürlichen Blick zu betrachten, im Licht der Hoffnung, und diese Fülle zu erwarten, die er eines Tages im Himmelreich erhalten wird, auch wenn das jetzt nicht sichtbar ist.

Amoris laetitia 117

FEBRUAR

*»Jeden Tag muss man die Kunst
des Liebens lernen«*

Liebe verwandelt

Der Glaubende wird von der Liebe verwandelt, der er sich im Glauben geöffnet hat. In seinem Sich-Öffnen für diese Liebe, die ihm angeboten wird, weitet sich sein Leben über sich selbst hinaus. Der heilige Paulus sagt: »Nicht mehr ich lebe, sondern Christus lebt in mir« (Gal 2,20), und fordert dazu auf: »dass Christus durch den Glauben in euren Herzen wohne« (Eph 3,17). Im Glauben dehnt sich das Ich des Glaubenden aus, um von einem Anderen bewohnt zu sein, um in einem Anderen zu leben, und so weitet sich sein Leben in der Liebe. Hier hat das besondere Handeln des Heiligen Geistes seinen Platz. Der Christ kann mit den Augen Jesu sehen, seine Gesinnung haben, seine Kind-Vater-Beziehung teilen, weil er seiner Liebe teilhaftig wird, die der Heilige Geist ist. In dieser Liebe empfängt man in gewisser Weise die Sichtweise Jesu. Außerhalb dieser Gleichgestaltung in der Liebe, außerhalb der Gegenwart des Geistes, der sie in unsere Herzen ausgießt (vgl. Röm 5,5), ist es unmöglich, Jesus als den Herrn zu bekennen (vgl. 1 Kor 12,3).

Lumen fidei 21

Alles neu

Unserem Blick bietet sich heute eine einfache, demütige und großartige Tatsache dar: Jesus wird von Maria und Josef in den Tempel von Jerusalem gebracht. Er ist ein Kind wie viele andere, wie alle, aber er ist einzigartig: Er ist der eingeborene Sohn Gottes, der für alle gekommen ist. Dieses Kind hat uns die Barmherzigkeit und die Zärtlichkeit Gottes gebracht: Jesus ist das Antlitz der Barmherzigkeit des Vaters. Das Evangelium stellt uns dieses Bild vor Augen: ein Jahr, das mit großer Begeisterung gelebt wurde. Es mündet nun wie ein Fluss in den Ozean der Barmherzigkeit, in dieses unermessliche Geheimnis der Liebe, das wir mit dem Außerordentlichen Jubiläum erfahren dürfen. Das heutige Fest wird vor allem im Osten »Fest der Begegnung« genannt. In der Tat sehen wir im eben verkündeten Evangelium mehrere Begegnungen (vgl. Lk 2,22–40). Im Tempel kommt Jesus uns entgegen und wir gehen ihm entgegen. Wir betrachten die Begegnung mit dem greisen Simeon, der das treue Warten Israels und den Jubel des Herzens über die Erfüllung der alten Verheißungen verkörpert. Wir blicken auch bewundernd auf die Begegnung mit der betagten Prophetin Hanna, die beim Anblick des Kindes vor Freude jubelt und Gott preist. Simeon und Hanna sind die Erwartung und die Prophetie, Jesus ist die Neuheit und die Erfüllung: Er stellt sich uns dar als die ewige Überraschung Gottes; in diesem Kind, das für alle geboren wurde, begegnen sich die Vergangenheit, die aus Erinnerung und Verheißung besteht, und die Zukunft, die voller Hoffnung ist. Wer Jesus wirklich begegnet, kann nicht genauso bleiben wie vorher. Er ist die Neuheit, die alles neu macht.

Predigt, Vatikanische Basilika, 2. Februar 2016 am XX. Welttag des geweihten Lebens

Immer eine Überraschung

Die wahre Liebe besteht darin, zu lieben und sich lieben zu lassen. Es ist schwieriger, sich lieben zu lassen, als zu lieben. Darum ist es so schwer, zur vollkommenen Gottesliebe zu gelangen, denn wir können ihn lieben, doch das Wichtige ist, uns von ihm lieben zu lassen. Die wahre Liebe ist, sich dieser Liebe zu öffnen, die uns zuvorkommt und die eine Überraschung in uns auslöst. Wenn ihr nur all die Information habt, seid ihr nicht offen für Überraschungen. Die Liebe öffnet dich für die Überraschungen; die Liebe ist immer eine Überraschung, denn sie setzt einen Dialog zwischen zwei Personen voraus: zwischen dem, der liebt, und dem, der geliebt wird. Und von Gott sagen wir, dass er der Gott der Überraschungen ist, denn er hat uns immer zuerst geliebt, und er erwartet uns mit einer Überraschung. Gott überrascht uns. Lassen wir uns von Gott überraschen! Und lasst uns nicht die Psychologie des Computers haben: uns einzubilden, alles zu wissen! Wie ist das? Warte einen Augenblick, und der Computer hat alle Antworten – keine Überraschung. In der Herausforderung der Liebe offenbart Gott sich mit Überraschungen.

Ansprache, Sportplatz der Santo-Tomas-Universität, Manila,
18. Januar 2015

Liebt einander

Die missionarische Sendung des Herrn schließt die Aufforderung zum Wachstum im Glauben ein, wenn es heißt: »Und lehrt sie, alles zu befolgen, was ich euch geboten habe« (Mt 28,20). Damit wird klar, dass die Erstverkündigung auch einen Weg der Bildung und Reifung in Gang setzen muss. Die Evangelisierung sucht auch das Wachstum, und deshalb gilt es, jede einzelne Person und den Plan, den Gott für sie hat, sehr ernst zu nehmen. Jedes menschliche Wesen braucht Christus mehr und mehr, und die Evangelisierung dürfte nicht zulassen, dass sich jemand mit Wenigem begnügt. Er sollte vielmehr im Vollsinn sagen können: »Nicht mehr ich lebe, sondern Christus lebt in mir« (Gal 2,20).

Es wäre nicht richtig, diesen Aufruf zum Wachstum ausschließlich oder vorrangig als Bildung in der Glaubenslehre zu verstehen. Es geht darum, das, was der Herr uns geboten hat, als Antwort auf seine Liebe zu »befolgen«, womit zusammen mit allen Tugenden jenes neue Gebot hervorgehoben wird, das das erste und größte ist und das uns am meisten als Jünger erkennbar macht: »Das ist mein Gebot, dass ihr einander liebt, wie ich euch geliebt habe.« (Joh 15,12). So sagt der heilige Paulus: »Denn das ganze Gesetz ist in dem einen Wort erfüllt: Du sollst deinen Nächsten lieben wie dich selbst!« (Gal 5,14). Und er stellt seinen Gemeinden das Leben der Christen als einen Weg des Wachstums in der Liebe vor: »Euch aber lasse der Herr wachsen und immer reicher werden in der Liebe zueinander und zu allen, wie auch wir sie zu euch haben« (1 Thess 3,12).

Evangelii gaudium 160 & 161

Liebe statt Egoismus

Im Gehorsam gegenüber dem Wort Gottes sind wir auch aufgerufen, uns Bräuchen zu widersetzen, die die Arroganz unter den Menschen begünstigen, die die Frauen verletzen oder verachten, sich nicht um die alten Menschen kümmern und das Leben der unschuldigen Ungeborenen bedrohen. Wir sind aufgerufen, uns gegenseitig zu achten und zu ermutigen und alle zu erreichen, die in Not sind. Die christlichen Familien haben diese besondere Aufgabe: die Liebe Gottes auszustrahlen und das lebenspendende Wasser seines Geistes zu verströmen. Das ist heute besonders wichtig, denn wir erleben die Ausbreitung neuer Wüsten, die durch eine Kultur des Egoismus und der Gleichgültigkeit gegenüber den anderen gebildet werden.

Predigt, Campus der Universität Nairobi, 26. November 2015

Den ersten Schritt machen

Der Herr geht uns immer voran und wartet auf uns. Auf ebendiese Erfahrung, dieses Gefühl, von jemandem erwartet zu werden, der schon vorangegangen ist, greift der Apostel Johannes zurück, als er zu beschreiben versucht, was Liebe ist: »Nicht darin besteht die Liebe, dass wir Gott geliebt haben, sondern dass er uns geliebt und seinen Sohn als Sühne für unsere Sünden gesandt hat« (vgl. 1 Joh 4,10). Auch wenn wir in unserem Leben auf die eine oder andere Weise Gott suchen, ist doch die tiefere Wahrheit die, dass wir von ihm gesucht, dass wir von ihm erwartet werden. Wie der Mandelbaum, den die Propheten aufgrund seiner frühen Blüte als Vorboten des Frühlings erwähnen, erwartet uns auch der Herr »zuerst« und kommt uns mit seiner Liebe »zuvor«.

Schon seit Jahrhunderten ist Gott uns mit seiner Liebe voraus. Schon seit 2000 Jahren geht Jesus uns voran und erwartet uns in Galiläa: jenem Galiläa der ersten Begegnung, jenem Galiläa, das jeder von uns irgendwo im Herzen trägt. Das Gefühl, dass er uns vorangegangen ist und auf uns wartet, beschleunigt unsere Schritte, weil wir ihm möglichst rasch begegnen wollen. Derselbe Gott, der »uns zuerst geliebt hat«, ist auch der barmherzige Samariter, der unser Nächster wird und – wie am Ende des Gleichnisses – zu uns sagt: »Geh und handle genauso.« Tu also ganz einfach das, was er getan hat. Komm deinen Mitmenschen mit deiner Liebe »zuvor«. Warte nicht ab, ob du geliebt wirst, sondern liebe zuerst. Mach den ersten Schritt. Einen dieser Schritte, die uns herausreißen aus unserer Schlaftrunkenheit (nachdem wir nicht imstande waren, mit ihm zu wachen) und aus der selbstgerechten Ruhe.

Predigt, Osternacht 2000

Als Christen für die Ehe sprechen

Im Grunde ist es heute leicht, die echte Freiheit mit der Vorstellung zu verwechseln, dass jeder urteilen mag, wie er meint, als gebe es jenseits der einzelnen Menschen keine Wahrheiten, Werte und Grundsätze, die uns orientieren, als sei alles gleich und müsse alles erlaubt sein. In diesem Kontext wird das Ideal der Ehe mit ihrer durch Ausschließlichkeit und Beständigkeit charakterisierten Verbindlichkeit schließlich ausgelöscht durch die umstandsbedingten Zweckmäßigkeiten oder durch die Launen der inneren Regungen. Man fürchtet die Einsamkeit, man wünscht sich einen Raum des Schutzes und der Treue, doch zugleich wächst die Furcht, gefangen zu sein durch eine Beziehung, die das Erreichen der persönlichen Bestrebungen zurückstellen könnte. Als Christen dürfen wir nicht darauf verzichten, uns zugunsten der Ehe zu äußern, nur um dem heutigen Empfinden nicht zu widersprechen, um in Mode zu sein oder aus Minderwertigkeitsgefühlen angesichts des moralischen und menschlichen Niedergangs. Wir würden der Welt Werte vorenthalten, die wir beisteuern können und müssen.

Uns kommt ein verantwortungsvollerer und großherzigerer Einsatz zu, der darin besteht, die Gründe und die Motivationen aufzuzeigen, sich für die Ehe und die Familie zu entscheiden, sodass die Menschen eher bereit sind, auf die Gnade zu antworten, die Gott ihnen anbietet.

Amoris laetitia 34 & 35

Zuhören und helfen

Wie wir alle wissen, gibt es den Unterschied der Geschlechter in vielen Lebensformen in der langen Reihe der Lebewesen. Aber nur im Mann und in der Frau trägt er das Abbild und die Ebenbildlichkeit Gottes in sich. Mann und Frau sind das Abbild Gottes, ihm ähnlich. Dem entnehmen wir, dass nicht nur der Mann als Einzelner betrachtet das Abbild Gottes ist, dass nicht nur die Frau als Einzelne betrachtet das Abbild Gottes ist, sondern dass auch Mann und Frau als Paar Abbild Gottes sind. Der Unterschied zwischen Mann und Frau dient nicht dem Gegensatz oder der Unterordnung, sondern der Gemeinschaft und der Fortpflanzung, stets als Abbild Gottes, ihm ähnlich. Die Erfahrung lehrt uns: Um einander gut kennenzulernen und harmonisch zu wachsen, braucht der Mensch die Gegenseitigkeit von Mann und Frau. Wo das nicht geschieht, sieht man die Folgen. Wir sind dazu erschaffen, einander zuzuhören und uns gegenseitig zu helfen. Wir können sagen, dass ohne die wechselseitige Bereicherung in dieser Beziehung – im Denken und im Handeln, in der Affektivität und in der Arbeit, auch im Glauben – die beiden nicht einmal bis ins Letzte verstehen können, was es bedeutet, Mann und Frau zu sein.

Familienkatechese, 15. April 2015

Zärtlichkeit

Am Horizont der Liebe, die in der christlichen Erfahrung der Ehe und der Familie im Mittelpunkt steht, zeichnet sich auch noch eine andere Tugend ab, die in diesen Zeiten hektischer und oberflächlicher Beziehungen etwas ausgeklammert wird: die Zärtlichkeit. Wenden wir uns dem sanften und ausdrucksstarken Psalm 131 zu. Wie man auch in anderen Texten bemerkt (vgl. Ex 4,22; Jes 49,15; Ps 27,10), wird die Verbindung zwischen dem Gläubigen und seinem Herrn mit Wesenszügen der Vater- oder der Mutterliebe beschrieben. Hier erscheint die zarte und sanfte Vertrautheit, die zwischen der Mutter und ihrem Kind, einem Neugeborenen, besteht, das in den Armen seiner Mutter schläft, nachdem es gestillt worden ist. Wie das hebräische Wort *gamûl* besagt, handelt es sich um ein bereits abgestilltes Kind, das sich bewusst an die Mutter klammert, die es an die Brust hebt. Es ist also eine bewusste Vertrautheit und nicht eine bloß biologische. Darum singt der Psalmist:

»Schweigen lehrte ich meine Seele, / und ich schaffte ihr Frieden. Wie ein Kind auf dem Schoß der Mutter, / wie ein Kind, so ruht meine Seele in mir.« (Ps 131,2).

Amoris laetitia 28

48

Eintracht

Der Psalmist preist die Schönheit der brüderlichen Bande: »Seht, wie ist es lieblich und gut, / wenn Brüder beisammen wohnen in Eintracht« (Ps 133,1). Und das ist wahr, die Brüderlichkeit ist schön! Jesus Christus hat auch die menschliche Erfahrung, Brüder und Schwestern zu sein, zur Fülle gebracht, indem er sie in der dreifaltigen Liebe angenommen und so verstärkt hat, dass sie weit über die verwandtschaftlichen Bande hinausreicht und jede Mauer der Fremdheit überwinden kann. Wir wissen, dass das Zerbrechen der brüderlichen Beziehung schmerzhaften Erfahrungen des Konflikts, des Verrats, des Hasses den Weg öffnet. Die biblische Erzählung von Kain und Abel bietet ein Beispiel für diesen negativen Ausgang. Nach der Ermordung Abels fragt Gott den Kain: »Wo ist dein Bruder Abel?« (Gen 4,9a) Der Herr wiederholt diese Frage immer wieder in jeder Generation. Und leider wiederholt sich in jeder Generation auch Kains dramatische Antwort: »Ich weiß es nicht. Bin ich denn der Hüter meines Bruders?« (Gen 4,9b). Das Zerbrechen der Bande zwischen Geschwistern ist etwas Schlimmes und Böses für die Menschheit. Auch in der Familie: Wie viele Geschwister streiten um kleine Dinge oder um ein Erbe, und dann sprechen sie nicht mehr miteinander, grüßen einander nicht mehr. Das ist schlimm! Denken wir darüber nach: Wir alle kennen Familien, in denen Geschwister entzweit sind, gestritten haben: Bitten wir den Herrn, dass er diesen Familien – vielleicht gibt es in unserer Familie solche Fälle – helfen möge, die Geschwister wieder zu vereinen, die Familie wiederherzustellen.

Familienkatechese, 18. Februar 2015

Flamme im Herzen

Mit großer Zuneigung und tiefer Dankbarkeit denke ich an meinen verehrten Vorgänger Benedikt XVI., der in diesen Jahren seines Pontifikats die Kirche mit seiner Lehre, mit seiner Güte, seiner Leitung, seinem Glauben, mit seiner Demut und seiner Sanftmut bereichert und gestärkt hat. Das bleibt als spirituelles Erbe für alle erhalten. Das Petrusamt, das er mit völliger Hingabe gelebt hat, hatte in ihm einen weisen und demütigen Ausleger, der den Blick immer auf Christus, auf den auferstandenen Christus richtete, der in der Eucharistie gegenwärtig und lebendig ist. Unser inständiges Gebet, unsere unaufhörliche Erinnerung und unsere unvergängliche und herzliche Dankbarkeit werden ihn stets begleiten. Wir spüren, dass Benedikt XVI. tief in unseren Herzen eine Flamme entzündet hat. Diese brennt weiter, weil sie von seinem Gebet genährt wird, das die Kirche auf ihrem geistlichen und missionarischen Weg stützen wird.

Ansprache in der Audienz für die Kardinäle Sala Clementina,
15. März 2013

Wahrheit und Liebe

Die Liebe wird heute als eine Erfahrung angesehen, die an die Welt der unbeständigen Gefühle gebunden ist und nicht mehr an die Wahrheit. Aber ist das wirklich eine angemessene Beschreibung der Liebe? In Wirklichkeit kann die Liebe nicht auf ein Gefühl reduziert werden, das kommt und geht. Sie berührt zwar unser Gefühlsleben, doch um es für den geliebten Menschen zu öffnen und so einen Weg zu ihm zu beginnen, das heißt aus der Verschlossenheit in das eigene Ich heraus- und auf den anderen zuzugehen, um eine dauerhafte Beziehung aufzubauen. Die Liebe trachtet nach der Einheit mit dem geliebten Menschen. So stellt sich heraus, in welchem Sinn die Liebe der Wahrheit bedarf. Nur insofern sie auf Wahrheit gegründet ist, kann die Liebe in der Zeit fortbestehen, den flüchtigen Augenblick überstehen und unerschütterlich bleiben, um einen gemeinsamen Weg zu stützen. Wenn die Liebe keinen Bezug zur Wahrheit hat, ist sie den Gefühlen unterworfen und übersteht nicht die Prüfung der Zeit. Die wahre Liebe vereint hingegen alle Elemente unserer Person und wird zu einem neuen Licht auf ein großes und erfülltes Leben hin. Ohne Wahrheit kann die Liebe keine feste Bindung geben, vermag sie das Ich nicht über seine Isoliertheit hinauszuführen, noch es von dem flüchtigen Augenblick zu befreien, damit es das Leben aufbaut und Frucht bringt.

Lumen fidei 27

Echte Liebe ist kontemplativ

Unser Einsatz besteht nicht ausschließlich in Taten oder in Förderungs- und Hilfsprogrammen; was der Heilige Geist in Gang setzt, ist nicht ein übertriebener Aktivismus, sondern vor allem eine aufmerksame Zuwendung zum anderen. Diese liebevolle Zuwendung ist der Anfang einer wahren Sorge um seine Person, und von dieser Basis aus bemühe ich mich dann wirklich um sein Wohl. Das schließt ein, den Armen in seinem besonderen Wert zu schätzen, mit seiner Wesensart, mit seiner Kultur und mit seiner Art, den Glauben zu leben. Die echte Liebe ist immer kontemplativ, sie erlaubt uns, dem anderen nicht aus Not oder aus Eitelkeit zu dienen, sondern weil es schön ist, jenseits des Scheins. Das unterscheidet die authentische Option für die Armen von jeder Ideologie, von jeglicher Absicht, die Armen zugunsten persönlicher oder politischer Interessen zu gebrauchen.

Evangelii gaudium 199

Demut und Gnade

Es ist wichtig, dass die Christen leben in der Art, wie sie diejenigen Angehörigen behandeln, die im Glauben wenig gebildet, die schwach oder in ihren Überzeugungen weniger gefestigt sind. Manchmal geschieht das Gegenteil: Die vermeintlich Größten in ihren Familien werden unerträglich arrogant. Die Haltung der Demut erscheint hier als etwas, das Teil der Liebe ist, denn um die anderen von Herzen verstehen, sie entschuldigen oder ihnen dienen zu können, ist es unerlässlich, den Stolz zu heilen und die Demut zu pflegen.

Jesus erinnerte seine Jünger daran, dass in der Welt der Macht jeder danach trachtet, den anderen zu beherrschen, und darum sagt er ihnen: »Bei euch soll es nicht so sein« (Mt 20,26).

Die Logik der christlichen Liebe ist nicht die Mentalität dessen, der sich den anderen überlegen fühlt und es nötig hat, sie seine Macht spüren zu lassen, sondern »wer unter euch der Größte sein will, soll euer Diener sein« (Mt 20,27). Im Familienleben darf nicht die Logik der Herrschaft der einen über die anderen regieren oder der Wettbewerb, um zu sehen, wer der Intelligenteste oder der Mächtigste ist, denn diese Logik endet mit der Liebe. Auch für die Familie gilt dieser Rat: »Ihr alle aber sollt einander in Demut begegnen; denn Gott tritt den Stolzen entgegen, den Demütigen aber gibt er Gnade« (1 Petr 5,5).

Amoris laetitia 98

Unvollkommenheit

Die Ehegatten, die sich lieben und einander gehören, sprechen gut voneinander, versuchen, die gute Seite des Ehepartners zu zeigen, jenseits seiner Schwächen und Fehler. In jedem Fall bewahren sie das Schweigen, um sein Bild nicht zu schädigen. Das ist aber nicht nur ein äußeres Handeln, ohne dass sie einer inneren Haltung entspringt. Ebenso wenig ist es die Naivität dessen, der die Schwierigkeiten und Schwachpunkte des anderen nicht sehen will, sondern es ist der Weitblick dessen, der diese Schwächen und Fehler in ihren Zusammenhang stellt. Er erinnert sich, dass diese Mängel nur ein Teil und nicht das Ganze des Wesens des anderen sind. Ein unliebsamer Tatbestand in der Beziehung ist nicht die Gesamtheit dieser Beziehung. Man kann also schlicht und einfach hinnehmen, dass wir alle eine vielschichtige Kombination aus Licht und Schatten sind. Der andere ist nicht nur das, was mir lästig ist. Er ist viel mehr als das. Aus demselben Grund verlange ich nicht von ihm, dass seine Liebe vollkommen sein muss, damit ich ihn wertschätze. Er liebt mich wie er ist und wie er kann, mit seinen Grenzen, doch dass seine Liebe unvollkommen ist, bedeutet nicht, dass sie geheuchelt oder nicht echt ist. Sie ist echt, aber begrenzt und irdisch. Darum wird er, wenn ich allzu viel von ihm verlange, mir das in irgendeiner Weise zu verstehen geben, da er nicht imstande sein noch akzeptieren wird, die Rolle eines göttlichen Wesens zu spielen, noch allen meinen Bedürfnissen zu Dienste zu sein. Die Liebe lebt mit der Unvollkommenheit, mit dem Entschuldigungsgrund zusammen und weiß angesichts der Grenzen der geliebten Person das Schweigen zu wahren.

Amoris laetitia 113

54

Kultur des Provisorischen

Entscheidungen fürs Leben zu treffen, scheint unmöglich. Heutzutage ist alles schnelllebig, nichts von langer Dauer … Und diese Mentalität bewirkt, dass viele Paare, die sich auf die Ehe vorbereiten, sagen: »Wir bleiben zusammen, solange die Liebe hält«, doch dann? Das war's, auf Wiedersehen, man sieht sich … Und das ist dann das Ende der Ehe. Aber was verstehen wir eigentlich unter »Liebe«? Nur ein Gefühl, einen psychophysischen Zustand? Gewiss, wenn es das ist, dann kann man darauf nichts Solides aufbauen. Wenn die Liebe aber eine *Beziehung* ist, dann ist es eine Realität, die wächst, und dann können wir beispielsweise sagen, dass man sie aufbaut wie ein Haus. Und ein Haus baut man gemeinsam, nicht allein! Bauen heißt hier, das Wachstum fördern und unterstützen. Die Familie entsteht aus diesem Projekt der Liebe, die wachsen will wie ein Haus, das ein Ort der Zuneigung, der Hilfe, der Hoffnung, der Unterstützung sein will. Und so wie die Liebe Gottes beständig und für immer ist, so wollen wir auch, dass die Liebe, die das Fundament für die Familie legt, beständig und für immer ist. Aber bitte: Wir dürfen uns auf keinen Fall von der »Kultur des Provisorischen« vereinnahmen lassen! Dieser Kultur, die uns heute alle bedrängt, dieser Kultur des Provisorischen. Das geht nicht! Wie also kann man diese Angst vor dem »für immer« heilen? Man heilt sie Tag für Tag, indem man sich dem Herrn Jesus anvertraut in einem Leben, das zu einem täglichen spirituellen Weg wird, der aus Schritten gemacht ist – aus kleinen Schritten, Schritten gemeinsamen Wachstums –, aus der Verpflichtung, Frauen und Männer zu werden, die reif sind im Glauben.

Ansprache an junge Paare, die sich auf die Ehe vorbereiten, 14. Februar 2014

Selbsthingabe

Der Liebesbund zwischen Mann und Frau, ein Bund für das Leben, lässt sich nicht improvisieren, nicht von einem Tag auf den anderen erreichen. Es gibt keine Express-Ehe: Man muss an der Liebe arbeiten, man muss auf dem Weg sein. Den Liebesbund zwischen Mann und Frau lernt und formt man. Ich erlaube mir zu sagen, dass er ein handwerklicher Bund ist. Aus zwei Leben ein einziges Leben zu machen, ist fast ein Wunder, ein Wunder der Freiheit und des Herzens, das dem Glauben anvertraut ist. Wir müssen uns an diesem Punkt vielleicht mehr Mühe geben, denn unsere »Gefühlskoordinaten« sind etwas durcheinandergeraten.

Wer darauf besteht, alles zu haben, und zwar sofort, der gibt dann bei der ersten Schwierigkeit (oder bei der ersten Gelegenheit) auch alles – sofort – auf. Es besteht keine Hoffnung auf Vertrauen und treue Selbsthingabe, wenn die Haltung vorherrscht, die Liebe als eine Art »Zusatz« zum körperlich-geistigen Wohl zu konsumieren. Das ist keine Liebe!

Familienkatechese, 27. Mai 2015

Der würdigende Blick

Die ästhetische Erfahrung der Liebe drückt sich in diesem Blick aus, der den anderen als Ziel in sich selbst betrachtet, auch wenn er krank, alt oder seiner äußerlich wahrnehmbaren Anziehungskräfte beraubt ist. Der würdigende Blick besitzt eine enorme Bedeutung, und mit ihm zu geizen, pflegt Schaden anzurichten. Was tun nicht alles Eheleute und Kinder manchmal, um angesehen und berücksichtigt zu werden! Viele Verwundungen und Krisen entstehen, wenn wir aufhören, uns anzuschauen. Das ist es, was manche Beschwerden und Klagen ausdrücken, die man in den Familien hört: »Mein Mann sieht mich nicht an, für ihn scheine ich unsichtbar zu sein.« – »Sieh mich bitte an, wenn ich mit dir spreche!« – »Meine Frau schaut mich nicht mehr an, sie hat jetzt nur noch Augen für ihre Kinder.« – »Zu Hause schert sich niemand um mich, und sie sehen mich nicht einmal, als ob ich nicht existieren würde.« Die Liebe öffnet die Augen und ermöglicht, jenseits von allem zu sehen, wie viel ein Mensch wert ist. Die Freude dieser beschaulichen Liebe muss gepflegt werden. Da wir erschaffen sind, um zu lieben, wissen wir, dass es keine größere Freude gibt als die über ein geteiltes Gut: »Versag dir nicht das Glück von heute [...] Gib und nimm und gönn dir etwas« (Sir 14,14a.16a). Die intensivsten Freuden des Lebens kommen auf, wenn man die anderen beglücken kann, in einer Vorausnahme des Himmels.

Amoris laetitia 128 & 129

Gemeinwohl

Dank seiner Verbindung mit der Liebe (vgl. Gal 5,6) stellt sich das Licht des Glaubens in den konkreten Dienst der Gerechtigkeit, des Rechts und des Friedens. Der Glaube geht aus der Begegnung mit der ursprünglichen Liebe Gottes hervor, aus der der Sinn und die Güte unseres Lebens deutlich werden; das Leben wird in dem Maß erleuchtet, in dem es in die von dieser Liebe eröffnete Dynamik eintritt, insofern es nämlich Weg und Übung hin zur Fülle der Liebe wird. Das Licht des Glaubens ist in der Lage, den Reichtum der menschlichen Beziehungen zur Geltung zu bringen sowie ihre Fähigkeit, bestehen zu bleiben, verlässlich zu sein und das Leben in Gemeinschaft zu bereichern. Der Glaube entfernt nicht von der Welt und steht dem konkreten Einsatz unserer Zeitgenossen nicht unbeteiligt gegenüber. Ohne eine verlässliche Liebe könnte nichts die Menschen wirklich geeint halten. Die Einheit zwischen ihnen wäre nur denkbar als eine Einheit, die auf Nützlichkeit, auf die Zusammenlegung der Interessen oder auf Angst gegründet ist, aber nicht auf das Gut des Miteinanders und auf die Freude, die die bloße Gegenwart des anderen hervorrufen kann. Der Glaube macht die Strukturen der menschlichen Beziehungen einsichtig, weil er deren Urgrund und letzte Bestimmung in Gott, in seiner Liebe erfasst. Sein Licht fördert die Fähigkeit, solche Strukturen aufzubauen. So wird er zu einem Dienst am Gemeinwohl. Ja, der Glaube ist ein Gut für alle, er ist ein Gemeingut; sein Licht erleuchtet nicht nur das Innere der Kirche, noch dient er allein der Errichtung einer ewigen Stadt im Jenseits; er hilft uns, unsere Gesellschaften so aufzubauen, dass sie einer Zukunft voller Hoffnung entgegengehen.

Lumen fidei 51

Liebe neidet nicht

Die wahre Liebe würdigt die fremden Erfolge, sie empfindet sie nicht als Bedrohung und befreit sich von dem bitteren Geschmack des Neides. Sie akzeptiert, dass alle unterschiedliche Gaben und verschiedene Wege im Leben haben. Sie versucht also, den eigenen Weg zu entdecken, um glücklich zu sein, und lässt die anderen den ihren finden. Letztlich geht es darum, das zu erfüllen, was die beiden letzten Gebote des Gesetzes Gottes verlangten:

»Du sollst nicht das Haus deines Nächsten begehren. Du sollst nicht die Frau deines Nächsten begehren, noch seinen Knecht, noch seine Magd, noch sein Rind, noch seinen Esel, noch irgendetwas, was deinem Nächsten gehört.« (Ex 20,17).

Die Liebe führt uns zu einer aufrichtigen Würdigung jedes Menschen, indem wir sein Recht auf Glück anerkennen. Ich liebe diesen Menschen, betrachte ihn mit dem Blick Gottes des Vaters, der uns alles schenkt, »zum Genuss« (vgl. 1 Tim 6,17), und so bejahe ich innerlich, dass er sich eines guten Momentes erfreuen kann. Dieselbe Wurzel der Liebe ist es jedenfalls, die mich die Ungerechtigkeit ablehnen lässt, dass einige im Überfluss leben und andere nichts besitzen, oder die mich danach trachten lässt, dass auch die Ausgesonderten der Gesellschaft ein bisschen Freude erleben können. Das aber ist nicht Neid, sondern Verlangen nach Gerechtigkeit.

Amoris laetitia 95 & 96

Jeden Tag vergeben

Eine Gemeinschaft von Christen sollte in der Liebe Christi leben, und dagegen hat gerade dort der Teufel »seine Hand im Spiel«, und manchmal lassen wir uns täuschen. Und wer den Preis dafür bezahlt, sind die spirituell Schwächsten. Wie viele von ihnen – und ihr kennt sicher einige von ihnen, wie viele von ihnen haben sich entfernt, weil sie sich nicht angenommen fühlten, weil sie sich nicht verstanden fühlten, weil sie sich nicht geliebt fühlten. Wie viele Menschen haben sich zum Beispiel von einer Pfarrei oder Gemeinschaft aufgrund eines Umfelds des Geschwätzes, der Eifersucht, des Neids entfernt, die sie dort angetroffen haben. Zu lieben zu wissen ist auch für einen Christen niemals etwas, das man ein für allemal verinnerlicht hat. Jeden Tag muss man neu anfangen, man muss sich üben, damit unsere Liebe zu den Brüdern und Schwestern, denen wir begegnen, reif und von jenen Grenzen oder Sünden geläutert wird, die sie partiell, egoistisch, unfruchtbar und untreu machen. Hört gut zu: Jeden Tag muss man die Kunst des Liebens lernen, jeden Tag muss man geduldig dem Beispiel Christi folgen, jeden Tag muss man vergeben und auf Jesus blicken, und das mit dem Beistand dieses »Anwalts«, dieses uns von Jesus gesandten Trösters, des Heiligen Geistes.

Angelus, 21. Mai 2017

Gnade, Herz und Glauben

In diesem Augenblick richtet Jesus, der Herr, erneut an einen jeden von uns die Frage: »Ihr aber, für wen haltet ihr mich?« (Mt 16,15). Eine klare, direkte Frage, angesichts derer man nicht ausweichen oder neutral bleiben und deren Beantwortung man nicht aufschieben oder jemand anderem überlassen kann. Aber an ihr ist nichts Inquisitorisches, sondern sie ist vielmehr von Liebe erfüllt! Die Liebe unseres einzigen Meisters, der uns heute aufruft, den Glauben an ihn zu erneuern und ihn als Sohn Gottes und Herrn unseres Lebens anzuerkennen. Und als Erster ist der Nachfolger Petri aufgerufen, sein Glaubensbekenntnis zu erneuern, was die Verantwortung mit sich bringt, die Brüder zu stärken (vgl. Lk 22,32).

Lassen wir erneut unser Herz von der Gnade formen, um zu glauben, und lassen wir unseren Mund von ihr öffnen, um den Glauben zu bekennen und das Heil zu erlangen (vgl. Röm 10,10). Machen wir uns die Worte des Petrus zu eigen: »Du bist der Messias, der Sohn des lebendigen Gottes« (Mt 16,16). Unsere Gedanken und unser Blick seien auf Jesus gerichtet, Ursprung und Ziel allen kirchlichen Handelns. Er ist der Grund und niemand kann einen anderen legen (vgl. 1 Kor 3,11). Er ist der »Fels«, auf den wir bauen müssen.

Predigt, Vatikanische Basilika, 22. Februar 2016

Wie viel Liebe!

Wir sind gewohnt, von den Sünden anderer zu sprechen. Das ist etwas Schlimmes ... Statt von den Sünden der anderen zu sprechen – ich sage nicht, dass wir selbst zur Sünde werden sollen, weil wir das nicht können – aber wir sollen auf unsere Sünden blicken und auf Ihn, der zur Sünde geworden ist. Das ist der Weg zum Osterfest, zur Auferstehung: In der Gewissheit dieser Verklärung vorangehen, dieses leuchtende, schöne Antlitz sehen, das dasselbe sein wird in der Auferstehung und das wir auch im Himmel finden werden, und auch das andere Antlitz sehen, das zur Sünde geworden ist und so bezahlt hat, für uns alle. Jesus ist zur Sünde geworden, er ist für uns zum Fluch Gottes geworden: der gesegnete ist im Leiden der verfluchte Sohn geworden, weil er unsere Sünden auf sich genommen hat (vgl. Gal 3,10–14). Denken wir darüber nach. Wie viel Liebe! Wie viel Liebe! Und denken wir auch an die Schönheit des verklärten Antlitzes Jesu, dem wir im Himmel begegnen werden. Und diese Betrachtung dieser beiden Antlitze Jesu – des verklärten und des zur Sünde, zum Fluch gewordenen – möge uns Mut machen, auf dem Weg des Lebens, auf dem Weg des christlichen Lebens voranzugehen. Es möge uns Ermutigung sein, um Vergebung für unsere Sünden zu bitten, um nicht so viel zu sündigen ... Es möge uns vor allem ermutigen, Vertrauen zu haben: Wenn er zur Sünde geworden ist, dann deshalb, weil er unsere Sünden auf sich genommen hat. Und er ist immer bereit, uns zu verzeihen. Wir müssen nur darum bitten.

Predigt, Santa Maddalena di Canossa, 12. März 2017

Erkenntnis

Kann der christliche Glaube dem Gemeinwohl in Bezug auf das rechte Verständnis der Wahrheit dienlich sein? Um darauf zu antworten, ist es nötig, über die dem Glauben eigene Art der Erkenntnis nachzudenken. Dabei kann uns ein Wort des heiligen Paulus hilfreich sein, wenn er sagt, dass man »mit dem Herzen glaubt« (Röm 10,10). Das Herz ist in der Bibel die Mitte des Menschen, wo alle seine Dimensionen – Leib und Geist, die Innerlichkeit der Person sowie seine Öffnung für die Welt und die anderen; Verstand, Wille und Gefühlsleben – miteinander verflochten sind. Wenn also das Herz imstande ist, diese Dimensionen zusammenzuhalten, dann deshalb, weil es der Ort ist, an dem wir uns der Wahrheit und der Liebe öffnen und zulassen, dass sie uns anrühren und in der Tiefe verändern. Der Glaube verwandelt den ganzen Menschen, eben insofern er sich der Liebe öffnet. In dieser Verflechtung des Glaubens mit der Liebe versteht man die dem Glauben eigene Gestalt der Erkenntnis, seine Überzeugungskraft und seine Fähigkeit, unsere Schritte zu erhellen. Der Glaube erkennt, weil er an die Liebe gebunden ist, weil die Liebe selber Licht bringt. Das Glaubensverständnis beginnt, wenn wir die große Liebe Gottes empfangen, die uns innerlich verwandelt und uns neue Augen schenkt, die Wirklichkeit zu sehen.

Lumen fidei 26

Reines Geschenk

Der Gedanke an den Vater ist nicht bloß Erinnerung, sondern er ist immer feierlich und von Dankbarkeit erfüllt und weckt in uns den spontanen Wunsch, ihm unsere Liebe mit einer konkreten Geste zu erweisen: mit einem Besuch, einem Anruf, einer Umarmung, einem Brief. Unserem himmlischen Vater gegenüber besteht dieses Geste der Zuneigung, die unsere Erinnerung lebendig hält, in der Kommunion. Jesus selbst hat uns dies beim letzten Abendmahl gelehrt: »Tut dies zu meinem Gedächtnis« (1 Kor 11,24); »wer mich aufnimmt, nimmt den auf, der mich gesandt hat« (Mt 10,40). Seit jener Nacht ist die Eucharistie das Gedächtnis unseres Glaubens. Die Eucharistie ist ein Geschenk des Vaters. Jesus will, dass das ganz deutlich wird: »Mein Vater gibt euch das wahre Brot vom Himmel« (Joh 6,32). Dieses Brot ist keine vergängliche Nahrung mehr wie das Manna; der Leib Christi ist die endgültige Speise, die Leben, ewiges Leben zu schenken vermag. In der Eucharistie besitzen wir ein Zeugnis dafür, wie die Liebe des Vaters ist: nah, bedingungslos; eine Liebe, die immer bereit, »essbar«, reines Geschenk ist; verfügbar für jeden demütigen und hungernden Menschen, der wieder zu Kräften kommen muss.

Predigt, Fronleichnam 1999

Zuerst geliebt sein

Ein Kind liebt man, weil es das eigene Kind ist: nicht weil es schön ist oder weil es so und so ist. Nein, weil es das Kind ist! Nicht weil es so denkt wie ich oder meine Wünsche verkörpert. Ein Kind ist ein Kind: ein Leben, das von uns gezeugt wurde, aber für das Kind selbst, für sein Wohl, für das Wohl der Familie, der Gesellschaft, der ganzen Menschheit bestimmt ist. Hieraus entspringt auch die Tiefe der menschlichen Erfahrung, Sohn oder Tochter zu sein, die es uns gestattet, die unentgeltliche Dimension der Liebe zu entdecken, die nie aufhört, uns in Staunen zu versetzen. Es ist die Schönheit, zuerst geliebt zu sein: Die Kinder werden schon geliebt, bevor sie ankommen. Wie oft begegne ich auf dem Petersplatz Müttern, die mir den Bauch zeigen und mich um den Segen bitten ... diese Kinder werden geliebt, bevor sie zur Welt kommen. Und das ist Unentgeltlichkeit, das ist Liebe: Sie werden schon vor der Geburt geliebt, so wie die Liebe Gottes uns immer zuerst liebt. Sie werden geliebt, bevor sie irgendetwas getan haben, um es zu verdienen, bevor sie sprechen oder denken können, sogar bevor sie zur Welt kommen! Kinder zu sein ist die Grundvoraussetzung, um die Liebe Gottes kennenzulernen, der die letzte Quelle dieses wahren Wunders ist. Der Seele eines jeden Kindes, so verwundbar sie auch ist, prägt Gott das Siegel dieser Liebe ein, die seiner personalen Würde zugrunde liegt, einer Würde, die nichts und niemand zerstören kann.

Generalaudienz, 11. Februar 2015

Jeden Tag mit einem Kuss beginnen

Die jungen Ehepaare muss man auch anregen, eine eigene Alltagsroutine zu schaffen, die ein gesundes Gefühl von Stabilität und Halt vermittelt und die man mit einer Reihe von täglichen gemeinsamen Ritualen aufbaut. Es ist gut, den Morgen immer mit einem Kuss zu beginnen und jeden Abend einander zu segnen, auf den anderen zu warten und ihn zu empfangen, wenn er ankommt, manchmal zusammen auszugehen und die häuslichen Aufgaben gemeinsam zu erledigen. Zugleich ist es aber auch gut, die Routine durch das Fest zu unterbrechen, nicht die Fähigkeit zu verlieren, in der Familie zu feiern, sich zu freuen und die schönen Erfahrungen festlich zu begehen. Sie müssen gemeinsam über die Gaben Gottes staunen und gemeinsam die Begeisterung für das Leben nähren. Wenn man zu feiern versteht, erneuert diese Fähigkeit die Energie der Liebe, befreit sie von der Eintönigkeit und erfüllt die Alltagsroutine mit Farbe und Hoffnung.

Amoris laetitia 226

Der einzig erlaubte Extremismus

Der echte Glaube macht uns mildtätiger, barmherziger, ehrlicher und menschlicher; er beseelt die Herzen, um sie dazu zu bringen, alle bedingungslos zu lieben, ohne Unterschied und Bevorzugungen; er bringt uns dazu, im anderen nicht einen Feind zu sehen, der besiegt werden muss, sondern einen Freund, den man lieben, dem man dienen und helfen soll; er bringt uns dazu, die Kultur der Begegnung, des Dialogs, des Respekts und der Solidarität zu verbreiten, zu verteidigen und im Leben zu verwirklichen; er verleiht uns den Mut, dem zu verzeihen, der uns beleidigt; dem zur Hand zu gehen, der gefallen ist; dem Nackten Kleidung zu geben; dem Hungrigen zu essen zu geben; den Gefangenen zu besuchen; dem Waisen zu helfen; dem Durstigen zu trinken zu geben; dem Alten und dem Notleidenden zu Hilfe zu kommen (vgl. Mt 25,31–45). Der echte Glaube lässt uns die Rechte der anderen mit der gleichen Kraft und Begeisterung beschützen, mit denen wir unsere eigenen verteidigen. Tatsächlich, je mehr man im Glauben und in der Kenntnis wächst, desto größer wird die Demut und das Bewusstsein, klein zu sein.

Liebe Brüder und Schwestern, Gott nimmt nur den Glauben, der mit dem Leben bekannt wird, gern an, denn der einzige Extremismus, der für die Gläubigen zulässig ist, besteht in der Nächstenliebe! Jeglicher andere Extremismus kommt nicht von Gott und gefällt ihm nicht!

Predigt, Air Defense Stadium, Kairo, 29. April 2017

MÄRZ

»Gott verbirgt sich nicht vor denen, die ihn mit ehrlichem Herzen suchen«

Das barmherzige Antlitz Gottes

In meinem persönlichen Leben habe ich viele Male das barmherzige Antlitz Gottes, seine Geduld gesehen. Bei vielen Menschen habe ich auch den Mut beobachtet, in die Wunden Jesu hineinzufassen und ihm zu sagen: Herr, da bin ich, nimm meine Armut an, verbirg meine Sünde in deinen Wunden, wasche sie rein mit deinem Blut. Und ich habe immer gesehen, dass Gott es getan hat, dass er aufgenommen, getröstet, gewaschen, geliebt hat.

Liebe Brüder und Schwestern, lassen wir uns von der Barmherzigkeit Gottes einhüllen; vertrauen wir auf seine Geduld, die uns immer Zeit lässt; haben wir den Mut, in sein Haus zurückzukehren, in den Wunden seiner Liebe zu wohnen und uns von ihm lieben zu lassen, seiner Barmherzigkeit in den Sakramenten zu begegnen. Wir werden so seine schöne Zärtlichkeit spüren, wir werden seine Umarmung spüren und auch selber fähiger sein zu Barmherzigkeit, Geduld, Vergebung und Liebe.

Predigt in der Eucharistiefeier anlässlich der feierlichen
Inbesitznahme der Kathedra des Bischofs von Rom,
Basilika St. Johann im Lateran, 7. April 2013

Gott ist Vater

Jesus übernimmt den biblischen Glauben an den Schöpfergott und betont etwas Grundlegendes: Gott ist Vater (vgl. Mt 11,25). In den Gesprächen mit seinen Jüngern forderte Jesus sie auf, die väterliche Beziehung zu erkennen, die Gott zu allen Geschöpfen hat, und erinnerte sie mit einer rührenden Zärtlichkeit daran, wie jedes von ihnen in seinen Augen wichtig ist: »Verkauft man nicht fünf Spatzen für zwei As? Und nicht einen von ihnen vergisst Gott.« (Lk 12,6). »Schaut auf die Vögel des Himmels: Sie säen nicht, sie ernten nicht und sammeln nicht in Scheunen und euer himmlischer Vater ernährt sie.« (Mt 6,26).

Laudato si 96

Der Hirte

Gott denkt wie der Vater, der auf die Rückkehr seines Sohnes wartet und ihm entgegengeht, ihn schon von Weitem kommen sieht. Was bedeutet das? Dass er jeden Tag Ausschau hielt, ob sein Sohn nach Hause zurückkehrte: Das ist unser barmherziger Vater. Es ist das Zeichen dafür, dass er auf der Terrasse seines Hauses von Herzen auf ihn wartete. Gott denkt wie der Samariter, der an dem Unglücklichen nicht bedauernd vorübergeht oder seinen Blick von ihm abwendet, sondern ihm zu Hilfe kommt, ohne etwas dafür zu verlangen; ohne zu fragen, ob er Jude ist, ob er Heide ist, ob er Samariter ist, ob er reich ist, ob er arm ist: Er fragt nichts. Er fragt nicht nach diesen Dingen, er verlangt nichts. Er kommt ihm zu Hilfe: So ist Gott. Gott denkt wie der Hirte, der sein Leben hingibt, um die Schafe zu verteidigen und zu retten.

Katechese in der Generalaudienz Petersplatz, 27. März 2013

Die kostbare Perle

Was tun, um das Reich Gottes zu besitzen? In Bezug auf diesen Punkt ist Jesus sehr deutlich: die Begeisterung, die Freude der Entdeckung reichen nicht aus. Man muss die kostbare Perle des Gottesreiches allen anderen irdischen Gütern vorziehen; wir müssen Gott in unserem Leben an erste Stelle setzen, ihn allem anderen vorziehen. Gott den ersten Platz zu geben bedeutet, den Mut zu haben, nein zu sagen zum Bösen, nein zur Gewalt, nein zur Unterdrückung, um ein Leben im Dienst der anderen und zugunsten der Legalität und des Gemeinwohls zu leben. Wenn jemand Gott entdeckt, den wahren Schatz, dann gibt er den egoistischen Lebensstil auf und bemüht sich, die Liebe, die von Gott kommt, mit den anderen zu teilen. Wer Freund Gottes wird, der liebt die Brüder, setzt sich für den Schutz ihres Lebens und ihrer Gesundheit ein, auch indem er die Umwelt und die Natur achtet.

Predigt, Platz vor dem Schloss von Caserta, 26. Juli 2014

Der wahre und treue Gott

Die Glaubenserkenntnis ist dadurch, dass sie aus der Liebe Gottes hervorgeht, der den Bund schließt, eine Erkenntnis, die einen Weg in der Geschichte erhellt. Aus diesem Grund gehören in der Bibel Wahrheit und Treue zusammen: Der wahre Gott ist der treue Gott, derjenige, der seine Versprechen hält und erlaubt, in der Zeit seinen Plan zu verstehen. Durch die Erfahrung der Propheten, im Schmerz des Exils und in der Hoffnung auf eine endgültige Rückkehr in die Heilige Stadt, hat Israel erahnt, dass diese Wahrheit Gottes sich über seine eigene Geschichte hinaus erstreckte, um die gesamte Geschichte der Welt von der Schöpfung an zu umfassen. Die Glaubenserkenntnis erhellt nicht nur den besonderen Weg eines Volkes, sondern den gesamten Lauf der geschaffenen Welt, von ihrem Ursprung bis zu ihrem Vergehen.

Lumen fidei 28

Gegen die Götzen

Anstelle des Glaubens an Gott zieht man vor, den Götzen anzubeten, dem man ins Gesicht blicken kann, dessen Herkunft bekannt ist, weil er von uns gemacht ist. Vor dem Götzen geht man nicht das mögliche Risiko eines Rufes ein, der einen aus den eigenen Sicherheiten herausholt, denn die Götzen »haben einen Mund und können nicht reden« (Ps 115,5). So begreifen wir, dass der Götze ein Vorwand ist, sich selbst ins Zentrum der Wirklichkeit zu setzen, in der Anbetung des Werkes der eigenen Hände. Wenn der Mensch die Grundorientierung verloren hat, die seinem Leben Einheit verleiht, verliert er sich in der Vielfalt seiner Wünsche. Der Götzendienst bietet nicht einen Weg, sondern eine Vielzahl von Pfaden, die, anstatt zu einem sicheren Ziel zu führen, vielmehr ein Labyrinth bilden. Wer sich nicht Gott anvertrauen will, muss die Stimmen der vielen Götzen hören, die ihm zurufen: ›Vertraue dich mir an!‹ Der Glaube ist, insofern er an die Umkehr gebunden ist, das Gegenteil des Götzendienstes und heißt, sich von den Götzen loszusagen, um zum lebendigen Gott zurückzukehren durch eine persönliche Begegnung. Glauben bedeutet, sich einer barmherzigen Liebe anzuvertrauen, die stets annimmt und vergibt, die das Leben trägt und ihm Richtung verleiht und die sich mächtig erweist in ihrer Fähigkeit zurechtzurücken, was in unserer Geschichte verdreht ist. Der Glaube besteht in der Bereitschaft, sich immer neu vom Ruf Gottes verwandeln zu lassen. Das ist das Paradox: In der immer neuen Hinwendung zum Herrn findet der Mensch einen sicheren Weg, der ihn vom Hang zur Zerstreuung befreit, dem ihn die Götzen unterwerfen.

Lumen fidei 13

Wie Petrus auf dem See

Wir sind wie Petrus in jener Nacht auf dem See: Einerseits ermutigt uns die Gegenwart des Herrn, uns diesen Herausforderungen zu stellen und uns in die Wellen zu stürzen; andererseits empfinden wir das Klima der Selbstzufriedenheit, der Anmaßung und puren Überheblichkeit, das diese Kultur des Todes hervorbringt, als Bedrohung und haben Angst, in den aufgewühlten Fluten zu ertrinken. Doch der Herr ist da: Wir glauben es mit der Gewissheit, welche die Kraft des Heiligen Geistes uns gibt. Und dieser Herr hört die erstickten Schreie so vieler ungeborener Kinder; er sieht diesen täglichen, stillschweigenden und subventionierten Völkermord. Und er hört auch das Flehen des einsamen Sterbenden, der um eine zärtliche Berührung bittet, wie diese Kultur des Todes sie ihm nicht zu geben vermag; er sieht die vielen Familien, die durch das, was Konsumismus und Materialismus ihnen vorgaukeln, auseinandergerissen werden. Inmitten dieser widerstreitenden Kräfte und in der Gegenwart des verherrlichten Herrn Jesus Christus machen wir uns heute, da wir als Gottes Glaubensvolk versammelt sind, die Worte des Petrus zu eigen, der fürchtet, zu ertrinken: »Herr, rette mich!« (Mt 14,30), und wir strecken unsere Hand aus, um uns an dem festzuklammern, der unserem Weg über den stürmischen See als Einziger Sinn und Richtung zu geben vermag.

August 1999

Lobet den Herrn

Die Psalmen laden den Menschen häufig ein, Gott, den Schöpfer zu preisen, »der hingebreitet die Erde über die Wasser, / in Ewigkeit währt sein Erbarmen« (Ps 136,6). Doch sie laden auch die anderen Geschöpfe ein, ihn zu preisen:

»Lobt ihn, Sonne und Mond, / lobt ihn, ihr leuchtenden Sterne! Lobt ihn, ihr obersten Himmel, / all ihr Wasser in den Höhen der Himmel! Sie sollen loben den Namen des Herrn; / denn er befahl und sie waren geschaffen.« (Ps 148,3–5).

Wir existieren nicht nur durch die Macht Gottes, sondern vor ihm und vereint mit ihm. Darum beten wir ihn an.

Laudato si 72

Gott in der Stadt suchen

Das neue Jerusalem, die heilige Stadt (vgl. Offb 21,2– 4) ist das Ziel, zu dem die gesamte Menschheit unterwegs ist. Es ist interessant, dass die Offenbarung uns sagt, dass die Erfüllung der Menschheit und der Geschichte sich in einer Stadt verwirklicht. Wir müssen die Stadt von einer kontemplativen Sicht her, das heißt mit einem Blick des Glaubens erkennen, der jenen Gott entdeckt, der in ihren Häusern, auf ihren Straßen und auf ihren Plätzen wohnt. Die Gegenwart Gottes begleitet die aufrichtige Suche, die Einzelne und Gruppen vollziehen, um Halt und Sinn für ihr Leben zu finden. Er lebt unter den Bürgern und fördert die Solidarität, die Brüderlichkeit und das Verlangen nach dem Guten, nach Wahrheit und Gerechtigkeit. Diese Gegenwart muss nicht hergestellt, sondern entdeckt, enthüllt werden. Gott verbirgt sich nicht vor denen, die ihn mit ehrlichem Herzen suchen, auch wenn sie das tastend, auf unsichere und weitschweifige Weise tun.

Evangelii gaudium 71

Sich auf den Weg machen

»Kehrt zurück zu mir mit euerem ganzem Herzen, […] kehrt um zum Herrn« (Joël 2,12–13): Das ist der Ruf, mit dem sich der Prophet Joël im Namen des Herrn an das Volk wendet. Das ganze gläubige Volk ist aufgerufen, sich auf den Weg zu machen und seinen Gott anzubeten, »denn er ist gnädig und barmherzig, langmütig und reich an Güte« (V. 13). Auch wir wollen diesem Aufruf Gehör verschaffen; wir wollen zurückkehren zum erbarmungsvollen Herzen des Vaters. Die Fastenzeit ist ein Weg: Sie führt uns zum Sieg der Barmherzigkeit über alles, was uns zu erdrücken sucht oder was uns zu irgendeiner Sache machen will, die nicht unserer Würde als Kinder Gottes entspricht. Die Fastenzeit ist die Straße von der Knechtschaft in die Freiheit, vom Leiden zur Freude, vom Tod zum Leben. Das Zeichen der Asche, mit dem wir uns auf den Weg machen, erinnert uns an unsere ursprüngliche Situation: Wir sind von der Erde genommen, wir sind Staub. Ja, aber Staub in den liebenden Händen Gottes, der seinen Lebensgeist über jeden von uns blies und dies auch weiter tun will. Er will fortfahren, uns diesen Lebensatem zu geben, der uns vor anderen Weisen des Atemholens bewahrt: der Beklemmung, die durch unsere Egoismen hervorgerufen wird; dem Um-Luft-Ringen, das durch kläglichen Ehrgeiz und stumme Teilnahmslosigkeit hervorgerufen wird; der Atemnot, die den Geist erstickt, den Horizont verengt, den Herzschlag einschlafen lässt. Der Lebensatem Gottes rettet uns vor dieser Luftnot, die unseren Glauben auslöscht, unsere Nächstenliebe erkalten lässt und unsere Hoffnung vernichtet.

Predigt, Basilika Santa Sabina, 1. März 2017

Anbetung

Die Anbetung ist heute wichtiger denn je! Denn anbeten heißt niederknien, heißt Gottes unendliche Größe demütig anerkennen. Nur die echte Demut vermag die wahre Größe zu erkennen, und sie erkennt auch das Kleine, das nur so tut, als wäre es groß. Vielleicht ist es eine der größten Verirrungen unserer Zeit, dass man uns dazu bringen möchte, das Menschliche anzubeten und das Göttliche zu übersehen. »Den Herrn, deinen Gott, sollst du anbeten und ihm allein dienen« (vgl. Mt 4,10). Das ist die große Herausforderung angesichts so vieler nichtiger und inhaltsloser Angebote. Nicht auf die modernen Götzen – mit ihren Sirenengesängen – hereinzufallen, das ist die große Herausforderung unserer Gegenwart. Nicht anzubeten, was nicht anbetungswürdig ist, das ist das große Zeichen der heutigen Zeit. Götzen, die den Tod bringen, verdienen keine Anbetung.

Brief an Katecheten, August 2002

Gesunde Demut

Genügsamkeit und Demut haben im letzten Jahrhundert keine Wertschätzung erfahren. Wenn jedoch die Übung irgendeiner Tugend im persönlichen und im gesellschaftlichen Leben allgemein nachlässt, dann verursacht das schließlich viele Unausgeglichenheiten, auch in der Umwelt. Darum reicht es nicht mehr, nur von der Unversehrtheit der Ökosysteme zu sprechen. Man muss auch wagen, von der Unversehrtheit des menschlichen Lebens zu sprechen, von der Notwendigkeit, alle großen Werte zu fördern und miteinander zu verbinden. Das Verschwinden der Demut in einem Menschen, der maßlos begeistert ist von der Möglichkeit, alles ohne jede Einschränkung zu beherrschen, kann letztlich der Gesellschaft und der Umwelt nur schaden. Es ist nicht leicht, diese gesunde Demut und eine zufriedene Genügsamkeit zu entwickeln, wenn wir eigenständig werden, wenn wir Gott aus unserem Leben ausschließen und unser Ich seinen Platz einnimmt, wenn wir glauben, es sei unserer Subjektivität anheimgestellt zu bestimmen, was gut und was böse ist.

Laudato si 224

Gott denkt immer mit Barmherzigkeit

Oft begnügen wir uns mit einem Gebet, mit einem unaufmerksamen und unbeständigen Besuch der Sonntagsmesse, mit einer Geste der Nächstenliebe, haben aber nicht den Mut, »herauszugehen«, um Christus zu bringen. Wir sind ein wenig wie der heilige Petrus. Sobald Jesus vom Leiden, vom Tod und von der Auferstehung, von der Selbsthingabe, von der Liebe zu allen Menschen spricht, nimmt ihn der Apostel beiseite und macht ihm Vorwürfe. Was Jesus sagt, bringt seine Pläne durcheinander, scheint unannehmbar zu sein, stellt die Sicherheiten, die er sich geschaffen hatte, seine Vorstellung vom Messias infrage. Und Jesus sieht die Jünger an und richtet an Petrus eines der vielleicht härtesten Worte der Evangelien: »Fort, mir nach, Satan! Denn du denkst nicht die Gedanken Gottes, sondern die der Menschen.« (Mk 8,33) Gott denkt immer mit Barmherzigkeit: Vergesst das nicht. Gott denkt immer mit Barmherzigkeit: Er ist der barmherzige Vater!

Katechese in der Generalaudienz Petersplatz, 27. März 2013

Gottes Liebe begegnen

Wie viele weltliche Angebote hören wir in unserer Umgebung, aber lassen wir uns vom Angebot Gottes ergreifen – es ist eine herzliche Liebkosung. Für Gott sind wir keine Nummern, wir sind ihm wichtig, ja, wir sind das Wichtigste, das er hat; auch wenn wir Sünder sind, sind wir das, was ihm am meisten am Herzen liegt. Adam empfindet nach der Sünde Scham, er fühlt sich nackt, spürt das Gewicht dessen, was er getan hat. Und doch gibt Gott nicht auf: Wenn in jenem Moment mit der Sünde die Verbannung aus Gottes Nähe beginnt, gibt es bereits die Verheißung der Rückkehr, die Möglichkeit, zu ihm zurückzukehren. Gott fragt sofort: »Adam, wo bist du?«, er sucht ihn. Jesus hat sich für uns entäußert, hat die Schande Adams, die Nacktheit seiner Sünde auf sich geladen, um unsere Sünde reinzuwaschen: Durch seine Wunden sind wir geheilt. Erinnert euch an die Worte des heiligen Paulus: Welcher Sache soll ich mich rühmen, wenn nicht meiner Schwachheit, meiner Armseligkeit? Gerade indem ich meine Sünde empfinde, indem ich meine Sünde anschaue, kann ich die Barmherzigkeit Gottes, seine Liebe sehen und ihr begegnen und zu ihm gehen, um die Vergebung zu empfangen.

Predigt, Basilika St. Johann im Lateran, 7. April 2013

Zeit, nein zu sagen

Die Fastenzeit leben heißt, nach diesem Lebensatem lechzen, den unser Vater uns unaufhörlich im Schmutz unserer Geschichte darbietet. Der Lebensatem Gottes befreit uns von jener Luftnot, die uns so oft nicht bewusst ist und die wir in unserer Gewohnheit sogar als »normal« ansehen, auch wenn ihre Wirkungen zu spüren sind. Sie scheint uns »normal«, weil wir uns daran gewöhnt haben, Luft zu atmen, wo die Hoffnung dünn geworden ist; Luft, die von Traurigkeit und Resignation belastet ist; Luft, die voll Angst und Feindseligkeit stickig ist. Die Fastenzeit ist die Zeit, nein zu sagen. Nein zur Erstickung des Geistes wegen der Luftverschmutzung, die durch die Teilnahmslosigkeit verursacht wird oder durch die Nachlässigkeit, zu denken, dass das Leben des Anderen mich nichts angeht. Die Fastenzeit will nein sagen zur giftigen Luftverschmutzung der leeren Worte und des sinnlosen Redens, der rüden und vorschnellen Kritik, der allzu simplen Rezepte, die die Vielschichtigkeit der Probleme der Menschen nicht zu erfassen vermögen, besonders derjenigen, die am meisten leiden. Nein zur Beklemmung durch ein Beten, das unser Gewissen ruhig stellt, und durch ein Almosengeben, das uns falsche Befriedigung schenkt; nein zur Atemnot durch ein Fasten, das uns das Gefühl gibt, dass alles in Ordnung ist. Die Fastenzeit ist die Zeit, nein zu sagen zur Erstickung, die von missverstandener Innerlichkeit herrührt, die ausschließt und zu Gott gelangen will, indem sie den Wunden Christi in den Wunden seiner Brüder und Schwestern ausweicht. Dies sind jene Formen von Spiritualität, die den Glauben zu einer Ghetto- und Ausschließungskultur machen.

Predigt, Basilika Santa Sabina, 1. März 2017

Seelenstärke

Die Schriften der Propheten laden dazu ein, in schwierigen Momenten die Seelenstärke wiederzuerlangen, indem man den mächtigen Gott betrachtet, der das Universum erschuf. Die unendliche Macht Gottes führt uns nicht dazu, vor seiner väterlichen Zärtlichkeit zu fliehen, denn in ihm sind liebevolle Zuneigung und Kraft miteinander verbunden. Tatsächlich beinhaltet jede gesunde Spiritualität, die göttliche Liebe aufzunehmen und den Herrn zugleich wegen seiner unendlichen Macht vertrauensvoll anzubeten. In der Bibel ist der Gott, der befreit und rettet, derselbe, der das Universum erschuf, und diese beiden göttlichen Handlungsweisen sind zutiefst und untrennbar miteinander verbunden: »Mein Herr, mein Gott, du hast Himmel und Erde mit deiner großen Kraft und mit deinem hoch erhobenen Arm gemacht. Nichts ist für dich unmöglich […] Du hast dein Volk Israel aus dem Land Ägypten herausgeführt unter Zeichen und Wundern« (Jer 32,17.21). »Ein ewiger Gott ist der Herr, / der die Enden der Erde schuf. Er ermattet nicht und wird nicht müde, / seine Weisheit ist unerforschlich. Er gibt dem Müden Kraft / und dem Erschöpften Stärke«.

Laudato si 73

Nonna

Eine Erinnerung: Gerade als ich Bischof geworden war, im Jahr 1992, ist die Gottesmutter von Fatima nach Buenos Aires gekommen, und es wurde eine große Messe für die Kranken gefeiert. Ich bin zu jener Messe gegangen, um die Beichte zu hören. Und fast am Schluss der Messe bin ich aufgestanden, weil ich eine Firmung spenden musste. Da ist eine alte, einfache, sehr einfache Frau zu mir gekommen, die über 80 war. Ich habe sie angeschaut und zu ihr gesagt: »Nonna« – denn bei uns sagt man so zu den alten Leuten: »Nonna – wollen Sie beichten?« »Ja«, sagte sie mir. »Aber wenn Sie nicht gesündigt haben …« Und sie hat mir erwidert: »Alle haben wir Sünden …« »Doch vielleicht vergibt sie der Herr nicht …« »Der Herr vergibt alles«, antwortete sie mir mit Überzeugung. »Frau, wie aber können Sie das wissen?« »Wenn der Herr nicht alles vergäbe, gäbe es die Welt nicht.« Ich hätte sie gerne gefragt: »Sagen Sie mir, liebe Frau, haben Sie an der Gregoriana studiert?«, denn das ist die Weisheit, die der Heilige Geist gibt: die innere Weisheit, die zur Barmherzigkeit Gottes führt. Wir wollen dieses Wort nicht vergessen: Gott wird es nie müde, uns zu vergeben, nie! Er ist der liebende Vater, der immer vergibt, der dieses Herz der Barmherzigkeit für uns alle hat, und auch wir wollen lernen, mit allen barmherzig zu sein. Bitten wir um die Fürsprache der Gottesmutter, die die Mensch gewordene Barmherzigkeit Gottes in ihren Armen gehalten hat.

Angelus, 17. März 2013

Schule des Gebets

Es gibt bei uns einen Spruch, der lautet so: »Sage mir, wie du betest, und ich sage dir, wie du lebst; sage mir, wie du lebst, und ich sage dir, wie du betest; denn wenn du mir zeigst, wie du betest, werde ich lernen, den Gott zu entdecken, den du erlebst, und wenn du mir zeigst, wie du lebst, werde ich lernen, an den Gott zu glauben, zu dem du betest.« Denn unser Leben spricht vom Gebet, und das Gebet spricht von unserem Leben. Beten lernt man, wie man gehen, sprechen und hören lernt. Die Schule des Gebetes ist die Schule des Lebens, und in der Schule des Lebens ist der Ort, wo wir die Schule des Gebetes absolvieren.

Predigt Stadion »Venustiano Carranza«, Morelia,
16. Februar 2016

Gottes Ruf

Wie lebt Josef seine Berufung als Hüter von Maria, Jesus und der Kirche? In der ständigen Aufmerksamkeit gegenüber Gott, offen für dessen Zeichen, verfügbar für dessen Plan, dem er den eigenen unterordnet. Gott will nicht ein vom Menschen gebautes Haus, sondern er wünscht sich die Treue zu seinem Wort, zu seinem Plan. Und Gott selbst ist es dann, der das Haus baut, aber aus lebendigen, von seinem Geist gekennzeichneten Steinen. Und Josef ist »Hüter«, weil er auf Gott zu hören versteht, sich von seinem Willen leiten lässt. Und gerade deshalb ist er noch einfühlsamer für die ihm anvertrauten Menschen, weiß mit Realismus die Ereignisse zu deuten, ist aufmerksam auf seine Umgebung und versteht die klügsten Entscheidungen zu treffen. An ihm sehen wir, liebe Freunde, wie man auf den Ruf Gottes antwortet: verfügbar und unverzüglich; aber wir sehen auch, welches die Mitte der christlichen Berufung ist: Christus! Hüten wir Christus in unserem Leben, um die anderen zu behüten, um die Schöpfung zu bewahren!

Predigt in der Eucharistiefeier zur Amtseinführung, Petersplatz, 19. März 2013

Der barmherzige Vater

Mir macht es immer einen tiefen Eindruck, wenn ich das Gleichnis vom barmherzigen Vater lese; es beeindruckt mich, weil es mir stets große Hoffnung schenkt. Denkt an jenen jüngeren Sohn, der im Haus des Vaters war, der geliebt wurde. Und doch will er sein Erbteil, geht weg, gibt alles aus, sinkt auf das niedrigste Niveau herab, am weitesten entfernt vom Vater. Und als er völlig heruntergekommen ist, verspürt er Heimweh nach der Geborgenheit des Vaterhauses, und er kehrt zurück. Und der Vater? Hatte er seinen Sohn vergessen? Nein, niemals. Er ist dort, sieht ihn von Weitem, erwartete ihn jeden Tag, jeden Moment: Immer hatte er ihn als Sohn in seinem Herzen, obwohl dieser ihn verlassen hatte, obwohl er das ganze Erbe, das heißt seine Freiheit vergeudet hatte. Mit Geduld und Liebe, mit Hoffnung und Barmherzigkeit hatte der Vater nicht einen Moment aufgehört, an ihn zu denken, und sobald er ihn von ferne erspäht, läuft er ihm entgegen und umarmt ihn zärtlich – mit der Zärtlichkeit Gottes – ohne ein einziges Wort des Vorwurfs: Er ist zurückgekehrt! Und das ist die Freude des Vaters. In dieser Umarmung des Sohns liegt diese ganze Freude: Er ist zurückgekehrt! Gott wartet immer auf uns, er wird nicht müde. Jesus führt uns diese barmherzige Geduld Gottes vor Augen, damit wir Vertrauen und Hoffnung zurückgewinnen, immer!

Predigt Basilika St. Johann im Lateran, 7. April 2013

Gott und Mensch

Gott und Mensch sind nicht die beiden Extreme eines Gegensatzes: Seit jeher suchen sie einander, weil Gott im Menschen sein eigenes Bild erkennt und der Mensch sich nur im Blick auf Gott erkennt.

Predigt, Städtisches Stadion »Artemio Franchi«, Florenz, 10. November 2015

Gemeinschaft der Dreifaltigkeit

Trotz all ihrer menschlichen Grenzen kann die christliche Gemeinde zu einem Abglanz der Gemeinschaft der Dreifaltigkeit, ihrer Güte, ihrer Schönheit werden. Doch dies – wie Paulus selbst bezeugt – vollzieht sich notwendig durch die Erfahrung der Barmherzigkeit Gottes, seiner Vergebung. Das ist es, was den Juden auf dem Weg des Exodus geschieht. Nachdem das Volk den Bund gebrochen hatte, zeigte sich Gott vor Mose in einer Wolke, um jenen Bund zu erneuern, wobei er seinen Namen und dessen Bedeutung kundtat. So spricht er: »Jahwe ist ein gnädiger und barmherziger Gott, langmütig, reich an Gnade und Treue« (Ex 34,6). Dieser Name bringt zum Ausdruck, dass Gott nicht fern und in sich selbst verschlossen ist, sondern dass er Leben ist, das sich mitteilen will, er ist Offenheit, er ist Liebe, die den Menschen von seiner Untreue auslöst. Gott ist »barmherzig«, »gnädig« und »reich an Huld«, da er sich uns anbietet, um unsere Begrenztheiten und unsere Mängel auszugleichen, um unsere Fehler zu vergeben, um uns auf den Weg der Gerechtigkeit und Wahrheit zurückzuführen. Diese Offenbarung Gottes ist im Neuen Testament dank des Wortes Christi und seiner Heilssendung zu ihrer Erfüllung gelangt. Jesus hat uns das Antlitz Gottes offenbart, der eins ist in der Substanz und dreifaltig in den Personen; Gott ist ganz und allein Liebe, in einer subsistenten Relation, die alles schafft, erlöst und heiligt: Vater und Sohn und Heiliger Geist.

Angelus, 11. Juni 2017

Nie aufhören zu bitten

Es ist nicht leicht, sich der Barmherzigkeit Gottes anzuvertrauen, denn das ist ein unergründlicher Abgrund. Aber wir müssen es tun! »Oh, Pater, würden Sie mein Leben kennen, dann würden Sie nicht so mit mir reden!« – »Wieso?« Was hast du getan?« – »Oh, ich habe Schlimmes getan!« – »Umso besser! Geh zu Jesus: Ihm gefällt es, wenn du ihm diese Dinge erzählst!« Er vergisst, er hat eine ganz besondere Fähigkeit, zu vergessen. Er vergisst, küsst dich, schließt dich in seine Arme und sagt dir nur: »Auch ich verurteile dich nicht. Geh und sündige von jetzt an nicht mehr!« (Joh 8,11). Nur diesen Rat gibt er dir. Einen Monat später sind wir wieder in derselben Lage … Kehren wir zum Herrn zurück! Der Herr wird niemals müde zu verzeihen: niemals! Wir sind es, die müde werden, ihn um Vergebung zu bitten! Erbitten wir also die Gnade, dass wir nicht müde werden um Vergebung zu bitten, denn er wird nie müde zu verzeihen. Bitten wir um diese Gnade!

Predigt, Pfarrkirche Sant'Anna im Vatikan, 17. März 2013

Eine Zeit des Erinnerns

Die Fastenzeit ist eine Zeit des Erinnerns. Sie ist die Zeit, nachzudenken und sich zu fragen: Was wäre mit uns, wenn Gott uns
die Türen versperrt hätte? Was wäre mit uns ohne seine Barmherzigkeit, die nicht müde wird, uns zu verzeihen, und uns
immer die Möglichkeit gibt, immer wieder neu anzufangen? Die
Fastenzeit ist die Zeit, sich zu fragen: Wo wären wir ohne den
Beistand so vieler stiller Gesichter, die uns auf tausendfache
Weise die Hand hingestreckt und uns mit ganz konkreten Taten
wieder Hoffnung geschenkt, uns geholfen haben, wieder neu
anzufangen?

Predigt, Basilika Santa Sabina, 1. März 2017

Freude, die Leben bringt

Die Ankündigung Johannes des Täufers geschieht, als der Priester Zacharias das Heiligtum des Tempels betritt, während die Menge draußen wartet. Die Verkündigung Jesu dagegen ereignet sich in einem abgelegenen Ort Galiläas, in einer Stadt in der Peripherie mit einem nicht besonders guten Ruf (vgl. Joh 1,46), in der Anonymität des Hauses eines Mädchens namens Maria. Ein nicht unwichtiger Gegensatz, der uns darauf aufmerksam macht, dass der neue Tempel Gottes, die neue Begegnung Gottes mit seinem Volk an Orten stattfinden wird, wo wir das normalerweise nicht erwarten, an den Rändern, in der Peripherie. Dort werden sie sich verabreden, dort werden sie sich begegnen, dort wird Gott Fleisch werden, um gemeinsam mit uns auf dem Weg zu sein, angefangen vom Schoß seiner Mutter. Jetzt wird er nicht mehr an einem Ort sein, der nur wenigen vorbehalten ist, während die Mehrheit wartend draußen bleibt. Nichts und niemand wird ihm gleichgültig sein, keine Situation wird seiner Gegenwart beraubt sein: die Freude des Heils beginnt im alltäglichen Leben eines Mädchens aus Nazaret. Gott selbst ist derjenige, der die Initiative ergreift und beschließt, sich, wie Maria es getan hat, in unsere Häuser, in unsere alltäglichen, von Ängsten und Sehnsüchten erfüllten Kämpfe einzufügen.

Und gerade in unseren Städten erfüllt sich die schönste Verkündigung, die wir hören können: »Freue dich, der Herr ist mit dir!« Eine Freude, die Leben hervorbringt, die Hoffnung weckt, die Fleisch wird in der Art und Weise, wie wir auf das Morgen blicken, in der Haltung, mit der wir auf die anderen blicken.

Predigt, Monza-Park, Mailand, 25. März 2017

Fürchtet euch nicht

Der Jünger ist berufen, sein Leben Christus gleichförmig zu machen, der von den Menschen verfolgt wurde, der Ablehnung, Verlassenheit und den Tod am Kreuz erfuhr. Es gibt keine christliche Mission im Zeichen der Ruhe! Die Schwierigkeiten und Drangsale sind Teil des Evangelisierungswerkes, und wir sind aufgerufen, in ihnen die Gelegenheit zu suchen, um die Echtheit unseres Glaubens und unserer Beziehung zu Jesus zu überprüfen. Wir müssen diese Schwierigkeiten als eine Chance erkennen, noch mehr Missionare zu sein und im Vertrauen auf Gott, unseren Vater, zu wachsen, der seine Kinder in der Stunde des Sturms nie verlässt. In den Schwierigkeiten des christlichen Zeugnisses in der Welt werden wir niemals vergessen sein, sondern uns wird immer der Beistand der aufmerksamen Fürsorge des Vaters zuteil. Aus diesem Grund beruhigt Jesus im Evangelium seine Jünger gleich dreimal, indem er zu ihnen sagt: »Fürchtet euch nicht!«

Angelus, 25. Juni 2017

Die Stimme Gottes

Die Wüste ist der Ort, wo man die Stimme Gottes und die Stimme des Versuchers hören kann. Im Lärm, in der Verwirrung kann man das nicht; man hört da nur oberflächliche Stimmen. In der Wüste dagegen können wir in die Tiefe gehen, wo es wirklich um unser Schicksal geht, um Leben oder Tod. Und wie hören wir die Stimme Gottes? Wir vernehmen sie in seinem Wort. Deshalb ist es wichtig, die Schrift zu kennen, da wir andernfalls auf die Nachstellungen des Teufels keine Antwort zu finden wissen.

Die Wüste der Fastenzeit hilft uns, Nein zur Weltlichkeit, zu den »Götzen« zu sagen, sie hilft uns, mutige, dem Evangelium gemäße Entscheidungen zu treffen und die Solidarität mit den Brüdern zu stärken. Dann gehen wir in die Wüste ohne Angst, denn wir sind nicht allein: wir sind mit Jesus, mit dem Vater und mit dem Heiligen Geist. Ja, so wie bei Jesus ist es gerade der Heilige Geist, der uns auf dem Weg der Fastenzeit führt, derselbe Geist, der auf Jesus herabkam und uns in der Taufe geschenkt wurde. Daher ist die Fastenzeit eine Zeit der Gnade, die uns immer mehr bewusst machen muss, was der in der Taufe empfangene Heilige Geist in uns gewirkt hat und wirken kann. Und am Ende des Wegs durch die Fastenzeit, in der Osternacht, werden wir mit größerem Bewusstsein den Bund der Taufe und das sich aus ihm ergebende Versprechen erneuern können. Die allerseligste Jungfrau Maria, Vorbild in der Fügsamkeit gegenüber dem Heiligen Geist, stehe uns bei, dass wir uns von ihm führen lassen, der einen jeden von uns zu einem »neuen Geschöpf« machen will.

Angelus, 22. Februar 2015

Wahre Macht ist Dienst

Gewiss, Jesus Christus hat Petrus Macht verliehen, aber um was für eine Macht handelt es sich? Auf die dreifache Frage Jesu an Petrus über die Liebe folgt die dreifache Aufforderung: Weide meine Lämmer, weide meine Schafe. Vergessen wir nie, dass die wahre Macht der Dienst ist und dass auch der Papst, um seine Macht auszuüben, immer mehr in jenen Dienst eintreten muss, der seinen leuchtenden Höhepunkt am Kreuz hat; dass er auf den demütigen, konkreten, von Glauben erfüllten Dienst des heiligen Josef schauen und wie er die Arme ausbreiten muss, um das ganze Volk Gottes zu hüten und mit Liebe und Zärtlichkeit die gesamte Menschheit anzunehmen, besonders die Ärmsten, die Schwächsten, die Geringsten, diejenigen, die Matthäus im Letzten Gericht über die Liebe beschreibt: die Hungernden, die Durstigen, die Fremden, die Nackten, die Kranken, die Gefangenen (vgl. Mt 25,31– 46). Nur wer mit Liebe dient, weiß zu behüten!

Predigt, Petersplatz, 19. März 2013

Wunder erwarten

Seine größte Bedeutung erlangt unser Menschenwort, wenn es zur Zwiesprache mit Gott selbst wird: einer Zwiesprache, die uns groß macht in unserer Kleinheit; die uns frei macht gegenüber jeder Macht, weil sie uns Umgang pflegen lässt mit dem Allmächtigen; die eine besondere Sensibilität in uns weckt und zugleich unseren Horizont erweitert; die uns mit ihrem gleißenden Licht bezaubert. Diese Möglichkeit des innigen Gebets ist ein Recht, dass jedes Kind und jeder Jugendliche ausüben kann. Wie wäre es also, wenn wir beten würden? Wenn wir unsere Kinder und Jugendlichen das Beten lehren würden?

Versuchen wir diese und andere Vorschläge umzusetzen. Wir werden es erleben, dass sich jenseits aller Reduktionismen, die das Maß unserer Hoffnung verkleinern wollen, ein neues Menschsein manifestiert. Es genügt nicht, festzustellen, was fehlt, was verloren gegangen ist: Wir müssen lernen, das aufzubauen, was die Kultur uns nicht von alleine gibt; wir müssen den Mut haben, es selbst zu verkörpern, auch versuchsweise und ohne dass jemand uns den Erfolg garantiert. Wir erwarten Wunder? Ja – warum denn nicht?

Botschaft an Erziehungsgemeinschaften 2007

Wort Gottes

Die österliche Bußzeit ist der günstige Moment, das Leben des Geistes durch die heiligen Mittel, welche die Kirche uns bietet, zu intensivieren: durch Fasten, Gebet und Almosengeben. Die Grundlage von alldem ist das Wort Gottes, und in dieser Zeit sind wir eingeladen, es mit größerem Eifer zu hören und zu meditieren. Besonders möchte ich hier auf das Gleichnis vom reichen Prasser und dem armen Lazarus eingehen (vgl. Lk 16,19–31). Lassen wir uns von dieser so bedeutungsvollen Erzählung anregen: Sie bietet uns den Schlüssel, der uns begreifen lässt, was wir tun müssen, um das wahre Glück und das ewige Leben zu erlangen, und ermahnt uns zu aufrichtiger Umkehr.

Botschaft zur österlichen Bußzeit 2017

Anbeten

Anbeten heißt, nicht leer zu werden, sondern zur Fülle zu gelangen; es heißt, die Liebe zu erkennen und mit ihr eins zu werden. Niemand betet an, was er nicht liebt, niemand betet an, was er nicht für die Liebe seines Lebens hält. Wir werden geliebt! Gott liebt uns! »Gott ist Liebe.« Diese Gewissheit drängt uns, von ganzem Herzen den anzubeten, der »uns geliebt … hat« (vgl. 1 Joh 4,10).

Anbeten heißt, seine Zärtlichkeit zu entdecken, Trost und Ruhe in seiner Gegenwart zu finden, es heißt, das zu erfahren, was der 23. Psalm beschreibt: »Und muss ich auch wandern im finsteren Tal, ich fürchte kein Unheil, denn du bist bei mir … Es geleiten mich deine Güte und Huld durch alle Tag des Lebens« (Ps 23,4.6).

Anbeten heißt, frohe Zeugen seines Sieges zu sein, sich nicht von der großen Bedrängnis besiegen zu lassen und schon jetzt einen Vorgeschmack auf das Fest der Begegnung mit dem Lamm zu genießen, das allein anbetungswürdig ist, das alle unsere Tränen trocknen wird und in dem wir den Triumph des Lebens und der Liebe über den Tod und die Verlassenheit feiern werden (vgl. Offb 21–22).

Anbeten heißt, »Gott« zu sagen und »Leben« zu sagen. Gott mit unserem Leben und mit unserem Zeugnis anzubeten heißt, unser tägliches Leben Auge in Auge mit dem Gott des Lebens zu leben. Es heißt, zu wissen, dass wir einen treuen Gott haben, der bei uns bleibt und sich auf uns verlässt. Anbeten heißt, AMEN zu sagen!

Brief an Katecheten, August 2002

APRIL

»Jesus, demütiger König
der Gerechtigkeit,
der Barmherzigkeit und
des Friedens«

Jesus ist das Leben

Wie oft brauchen wir es, dass die Liebe uns sagt: Was sucht ihr den Lebenden bei den Toten? Die Probleme, die Sorgen des Alltags können uns leicht dazu bringen, uns in uns selbst, in der Traurigkeit, in der Bitterkeit zu verschließen … und darin liegt der Tod. Suchen wir nicht dort den Lebenden! Lass also zu, dass der auferstandene Jesus in dein Leben eintritt, nimm ihn auf als Freund, mit Vertrauen: Er ist das Leben! Wenn du bis jetzt fern von ihm warst, tu einen kleinen Schritt: Er wird dich mit offenen Armen empfangen. Wenn du gleichgültig bist, akzeptiere das Risiko: Du wirst nicht enttäuscht sein. Wenn es dir schwierig erscheint, ihm zu folgen, hab' keine Angst, vertrau' dich ihm an, sei sicher, dass er dir nahe ist, er ist auf deiner Seite und wird dir den Frieden geben, den du suchst, und die Kraft, so zu leben, wie er will.

Predigt, Vatikanische Basilika, 30. März 2013

Einfaches und wahres Zeugnis

Gott verkündet man durch die Begegnung mit den Menschen und unter Berücksichtigung ihrer Geschichte und ihres Weges. Denn der Herr ist nicht eine Idee, sondern eine lebendige Person: Seine Botschaft wird übertragen durch das einfache und wahre Zeugnis, durch Zuhören und durch Aufnahme und durch die Freude, die man ausstrahlt. Man spricht nicht gut von Jesus, wenn man traurig ist; und ebenso wenig vermittelt man die Schönheit Gottes, indem man nur schöne Predigten hält. Den Gott der Hoffnung verkündet man, indem man im Heute das Evangelium der Liebe lebt, ohne Angst, es auch mit neuen Formen der Verkündigung zu bezeugen.

Predigt, Petersplatz, 25. September 2016

Christus ist der Hirte

Christus ist der Hirte der Kirche, aber seine Gegenwart in der Geschichte geht über die Freiheit der Menschen: Unter ihnen wird einer ausgewählt, um als sein Stellvertreter, als Nachfolger des Apostels Petrus zu dienen, doch Christus ist die Mitte, nicht der Nachfolger Petri – Christus. Christus ist die Mitte. Christus ist der Grund und Bezugspunkt, das Herz der Kirche. Ohne ihn gäbe es weder Petrus und die Kirche, noch hätten sie einen Grund zu bestehen. Wie Benedikt XVI. öfters wiederholt hat, ist Christus gegenwärtig und leitet seine Kirche. In allem, was geschehen ist, ist letzlich der Heilige Geist der Protagonist. Er hat die Entscheidung Benedikts XVI. zum Wohl der Kirche angeregt; er hat die Kardinäle im Gebet.

Ansprache in der Audienz für Medienvertreter, Aula Paolo VI,
16. März 2013

Jesus und die Details

Jesus hat sehr auf die Details geachtet:

Das »kleine Detail«, dass ein Schaf verloren gegangen war.

Das »kleine Detail«, dass der Wein auszugehen drohte.

Das »kleine Detail«, dass die Witwe ihre letzten Pfennige hergab.

Das »kleine Detail«, dass einer, dem zuvor eine große Schuld erlassen worden war, nicht bereit war, einem anderen seine kleine Schuld zu vergeben.

Das »kleine Detail«, dass man noch Öl in den Lampen hat, falls der Bräutigam sich verspätet.

Das »kleine Detail«, hinzugehen und nachzufragen, wie viele Brote sie haben.

Das »kleine Detail«, das Feuer schon angezündet und den Fisch schon gebraten zu haben, während er früh am Morgen auf die Jünger wartete.

Das »kleine Detail«, Petrus, obwohl es doch so viel zu besprechen gab, nur das Eine zu fragen: ob er ihn wirklich wie einen Freund liebe.

Das »kleine Detail«, sich nicht selbst zu bemitleiden.

Das ist der priesterliche Stil Jesu und seine Art, jene Hoffnung zu bewahren, die uns versammelt und eint.

Predigt, Chrisammesse 2003

Mut fassen

Ich möchte, dass wir alle den Mut haben, wirklich den Mut, in der Gegenwart des Herrn zu gehen mit dem Kreuz des Herrn; die Kirche aufzubauen auf dem Blut des Herrn, das er am Kreuz vergossen hat; und den einzigen Ruhm zu bekennen: Christus den Gekreuzigten. Und so wird die Kirche voranschreiten.

Ich wünsche uns allen, dass der Heilige Geist auf die Fürbitte der Mutter Gottes, unserer Mutter, uns diese Gnade schenke: gehen, aufbauen, Jesus Christus den Gekreuzigten bekennen. Amen.

Predigt in der Eucharistiefeier mit den Kardinälen, Sixtinische Kapelle, 14. März 2013

Tag für Tag

Dieser Jesus ist kein Träumer, der falsche Hoffnungen verbreitet, nicht ein »*New-Age*-Prophet« oder ein Schaumschläger, ganz im Gegenteil: Er ist ein ganz entschiedener Messias in der konkreten Gestalt des Knechts, des Gottesknechts und Dieners der Menschen, welcher der Passion entgegengeht; er ist der große Dulder des menschlichen Leidens. Er hatte es seinen Jüngern deutlich gesagt: »Wer mir nachfolgen will, der verleugne sich selbst, nehme sein Kreuz auf sich und folge mir nach« (Mt 16,24). Er hat nie Ehren und Erfolg in Aussicht gestellt. Die Evangelien sprechen Klartext. Er hat seine Freunde stets darauf hingewiesen, dass dies sein Weg sein würde und dass der endgültige Sieg über Leiden und Kreuz führen würde. Dasselbe gilt auch für uns. Um Jesus treu zu folgen, bitten wir um die Gnade, dies nicht mit Worten, sondern mit Taten zu tun und unser Kreuz geduldig zu ertragen: es nicht abzulehnen oder von uns zu werfen, sondern mit Blick auf ihn es anzunehmen und Tag für Tag zu tragen. Und dieser Jesus verlangt von uns nicht, ihn bloß auf Gemälden und Fotografien oder in den Videos im Internet zu betrachten. Nein. Er ist in vielen unserer Brüder und Schwestern gegenwärtig, die heute, ja heute Leiden wie er ertragen. Jesus ist in ihnen, in jedem von ihnen, und mit jenem entstellten Antlitz oder mit jener gebrochenen Stimme bittet er darum, angesehen zu werden, anerkannt, geliebt zu werden.

Predigt, Petersplatz, 9. April 2017

Jesus als Mittler

Jede Opfergabe und jede Zwiesprache zwischen Gott und den Menschen erfüllt durch das Priestertum Jesu diese einfache Freude einer innig gefeierten Eucharistie, die in der Zärtlichkeit des Brotes den Kult mit dem Leben verbindet. Was bedeutet es für uns als Priester und priesterliches Volk, dass Jesus Priester auf ewig und Mittler zwischen Gott und den Menschen ist? Es bedeutet, in Demut und Freude nicht den eigenen Ruhm zu suchen, sondern den Vater zu verherrlichen; es bedeutet, Mittler zu sein zum Wohl des Volkes, denn eben darin, im Wohl des Volkes, besteht die Herrlichkeit des Vaters. Es bedeutet, dass es für uns, die wir an diesem Priestertum Anteil haben, die größte Freude sein muss, der demütigste und niedrigste Diener dieser Mittlerschaft zu sein, die sich in Jesus vollzieht. Es bedeutet, dass die ganze Kirche so demütig und friedliebend, so zärtlich und einig sein muss, dass sie als ein einziges priesterliches Volk Ort der Vermittlung zwischen Gott und jenen Menschen sein kann, die diese Gnade noch nicht erfahren haben und an den unterschiedlichsten Stellen danach suchen.

Predigt, Chrisammesse 2003

Tägliche Freude

Im Leben das Sakrament zum Ausdruck bringen, das wir empfangen haben: Das, liebe Brüder und Schwestern, ist unsere tägliche Aufgabe, doch ich würde sagen: auch unsere tägliche Freude! Die Freude, sich als Werkzeug der Gnade Christi zu fühlen, als Reben am Weinstock, der er selbst ist, beseelt von der Lebenskraft seines Geistes! Wir wollen gemeinsam im Namen des Herrn und auf die Fürsprache der allerseligsten Jungfrau Maria bitten, dass das Paschageheimnis zutiefst in uns und in unserer Zeit wirken kann, dass der Hass der Liebe, die Lüge der Wahrheit, die Rachsucht der Vergebung, die Traurigkeit der Freude weichen möge.

Ansprache vor dem Regina Coeli, Petersplatz, 1. April 2013

Diener aller sein

Jesus sagt: »Wer wichtig sein will, der muss sich klein machen und Diener aller sein.« Das ist es, was er getan hat. Das tut Gott uns gegenüber. Er dient uns, er ist der Diener – von uns allen, die wir arme Schlucker sind, alle. Aber er ist groß, er ist gut. Und er liebt uns, so wie wir sind. So ist die Liebe Gottes. Heute wollen wir nur an die Liebe Gottes denken.

Predigt, Justizanstalt von Paliano (Frosinone), 13. April 2017

Nicht wie Manager denken

In der Gestalt Jesu, des guten Hirten, betrachten wir die Vorsehung Gottes, seine väterliche Fürsorge für jeden von uns. Er lässt uns nicht allein! Die Folge dieser Betrachtung Jesu, des wahren und guten Hirten, ist der Ausruf ergriffenen Erstaunens: »Seht, was für eine große Liebe uns der Vater geschenkt hat …« (1 Joh 3,1). Es ist wirklich eine überraschende und geheimnisvolle Liebe, denn indem der Vater uns Jesus als Hirten schenkt, der sein Leben für uns hingibt, hat er uns all das gegeben, was er uns an Größtem und Kostbarstem schenken konnte! Es ist dies die höchste und reinste Liebe, da sie von keiner Notwendigkeit motiviert wird, sie ist durch kein Kalkül bedingt, sie ist von keinem an Gegenleistung interessierten Verlangen angezogen. Angesichts dieser Liebe Gottes empfinden wir eine unendliche Freude und öffnen uns der Dankbarkeit für das, was wir unentgeltlich empfangen haben. Doch betrachten und danken allein genügen nicht. Dem guten Hirten muss man auch folgen. Besonders alle, die den Leitungsauftrag in der Kirche haben – Priester, Bischöfe, Päpste –, sind aufgerufen, nicht die Denkart von Managern anzunehmen, sondern die des Dieners in der Nachfolge Christi, der sich seiner selbst entäußert und uns so mit seinem Erbarmen gerettet hat.

Angelus, Petersplatz, 26. April 2015

Was hätte sein können

Manchmal ist in uns so etwas wie ein Impuls der Traurigkeit, der uns drängt, die Geschichte zu beenden, sie für gescheitert zu erklären, die Tür der Hoffnung zu verschließen und lieber glauben zu wollen, dass der Stein an seinem Platz liegt, dass nichts und niemand ihn fortwälzen kann. Ja, es gibt Momente in unserem Leben, in denen das Morgenlicht nur auf Gräber zu fallen scheint und wir unser Leben an diesen Gräbern festmachen, »unter den Toten« suchen, unter den toten Dingen, die kein Leben und keine Hoffnung zu schenken vermögen. In diesen Momenten trifft uns jener Vorwurf: »Was sucht ihr den Lebenden bei den Toten?« In unserem persönlichen Leben und in unserer Gesellschaft häuft sich zuweilen ein Misserfolg auf den nächsten, und wir gewöhnen uns – krankhaft – daran, zwischen den Gräbern zu leben wie der Besessene von Gerasa, ja mehr noch: Wir gelangen manchmal sogar zu der Überzeugung, dass dies das Gesetz des Lebens ist und uns nur eines bleibt: dem nachzutrauern, was hätte sein können, und uns in Zerstreuungen zu flüchten, welche die Erinnerung an Gottes Verheißung aus unserem Gedächtnis tilgen. Wenn uns das passiert, dann sind wir krank. Wenn das unserer Gesellschaft passiert, dann wird sie zu einer kranken Gesellschaft.

Predigt, Buenos Aires, Osternacht 2001

Die Worte Jesu

Es war das ganze Volk, das zu ihm kam. Er setzte sich und lehrte sie: das Volk, das die Worte Jesu hören wollte, das Volk mit dem offenen Herzen, das hungerte nach dem Wort Gottes. Und dann gab es die, die nichts hörten, nicht hören konnten; das sind die, die mit jener Frau ankamen: »Hör mal, Meister, diese hier, das ist so eine gewisse, so eine … Wir müssen doch mit diesen Frauen tun, was Mose uns vorgeschrieben hat (vgl. Joh 8). Auch wir sind, glaube ich, dieses Volk, das einerseits Jesus hören will; aber andererseits gefällt es uns, auf die anderen einzuschlagen, die anderen zu verurteilen. Und die Botschaft Jesu ist diese: Barmherzigkeit. Für mich – ich sage das in aller Bescheidenheit – ist das die stärkste Botschaft des Herrn: die Barmherzigkeit. Aber er selbst hat es ja gesagt: »Ich bin nicht für die Gerechten gekommen.« Die Gerechten rechtfertigen sich selber. Oh, lieber Gott, wenn du das kannst, ich kann es nicht! Doch sie glauben, es zu können. – »Ich bin nicht gekommen, Gerechte zu berufen, sondern Sünder« (vgl. Mk 2,17).

Predigt, Sant'Anna im Vatikan, 17. März 2013

Das höchste Vorbild

»Der gute Hirt gibt sein Leben hin für die Schafe« (Joh 10,11): Diese Worte haben sich ganz verwirklicht, als Christus sich in freiem Gehorsam gegenüber dem Willen des Vaters am Kreuz aufgeopfert hat. So wird vollkommen klar, was es bedeutet, dass er »der gute Hirt« ist: Er gibt sein Leben hin, er hat sein Leben als Opfer für uns alle dargebracht: für dich, für dich, für dich, für mich, für alle! Und deshalb ist er der gute Hirt.

Christus ist der wahre Hirt, der das höchste Vorbild der Liebe zur Herde verwirklicht: Er verfügt in Freiheit über sein Leben, niemand entreißt es ihm (vgl. V. 18), sondern er gibt es hin für die Schafe (V. 17). In offenem Gegensatz zu den falschen Hirten zeigt sich Jesus als der wahre und einzige Hirt des Volkes: der schlechte Hirt denkt an sich selbst und nutzt die Schafe aus; der gute Hirt denkt an die Schafe und gibt sich selbst hin. Im Unterschied zum bezahlten Knecht ist Christus, der Hirt, ein fürsorglicher Führer, der am Leben seiner Herde Anteil nimmt, er sucht keinen anderen Vorteil, er hat keinen anderen Ehrgeiz als den, seine Schafe zu führen, zu nähren und zu schützen. Und all dies zum höchsten Preis, dem Preis der Hingabe des eigenen Lebens.

Angelus Petersplatz, Sonntag 26. April 2015

Jesus und der Vater

Liebe Brüder und Schwestern, wir sind nicht allein. Wir können fern, feindselig sein, können uns auch als »gottlos« bekennen. Das Evangelium Jesu Christi offenbart uns jedoch, dass Gott nicht ohne uns sein kann: Er wird nie ein »menschenloser« Gott sein; er kann nicht ohne uns sein, und das ist ein großes Geheimnis! Gott kann nicht Gott sein ohne den Menschen: Das ist ein großes Geheimnis! Und diese Gewissheit ist der Quell unserer Hoffnung, den wir in allen Bitten des Vaterunsers bewahrt finden. Wenn wir Hilfe brauchen, sagt Jesus nicht, dass wir resignieren und uns in uns selbst verschließen sollen, sondern dass wir uns an den Vater wenden und ihn vertrauensvoll bitten sollen. All unsere Bedürfnisse, von den selbstverständlichen und alltäglichen – wie Nahrung, Gesundheit, Arbeit – bis hin zu dem Bedürfnis, dass uns vergeben wird und dass wir in den Versuchungen bewahrt werden, sind nicht der Spiegel unserer Einsamkeit: Vielmehr gibt es einen Vater, der stets mit Liebe auf uns schaut und der uns sicher nicht verlässt.

Jetzt mache ich euch einen Vorschlag: Jeder von uns hat viele Probleme und viele Bedürfnisse. Denken wir etwas in Stille darüber nach, über diese Probleme und diese Bedürfnisse. Denken wir auch an den Vater, an unseren Vater, der nicht ohne uns sein kann und der uns in diesem Augenblick anschaut. Und wir alle wollen mit Vertrauen und Hoffnung beten: »Vater unser im Himmel …« Danke!

Generalaudienz, Petersplatz, 7. Juni 2017

Nachfolge Jesu

Wer sich von der Stimme Gottes hat anziehen lassen und sich in die Nachfolge Jesu begeben hat, entdeckt sehr bald in seinem Inneren den ununterdrückbaren Wunsch, die Frohe Botschaft durch Evangelisierung und den Dienst der Nächstenliebe zu den Brüdern und Schwestern zu bringen. Alle Christen sind als Missionare des Evangeliums eingesetzt! Denn der Jünger empfängt das Geschenk der Liebe Gottes nicht zum privaten Trost. Er ist nicht gerufen, sich selbst zu bringen oder die Interessen einer Firma zu vertreten. Er wird ganz einfach von der Freude, sich von Gott geliebt zu wissen, berührt und verwandelt, und er kann diese Erfahrung nicht nur für sich behalten: »Die Freude aus dem Evangelium, die das Leben der Gemeinschaft der Jünger erfüllt, ist eine missionarische Freude« (*Evangelii gaudium 21*).

Botschaft zum 54. Weltgebetstag um geistliche Berufe, aus dem Vatikan, 27. November 2016

Er handelt

Gott ist nicht gleichgültig. Er ist aufmerksam und handelt. Auf die gleiche Weise ist Gott in seinem Sohn Jesus herabgestiegen unter die Menschen, hat Fleisch angenommen und hat sich in allem, außer der Sünde, solidarisch mit der Menschheit gezeigt. Jesus hat sich mit der Menschheit identifiziert als »der Erstgeborene unter vielen Brüdern« (Röm 8,29). Er begnügte sich nicht damit, die Menschenmenge zu unterweisen, sondern er kümmerte sich um sie, besonders wenn er sah, dass sie hungrig (vgl. Mk 6,34–44) oder arbeitslos (vgl. Mt 20,3) waren. Sein Blick war nicht nur auf die Menschen gerichtet, sondern auch auf die Fische im Meer, die Vögel des Himmels, die kleinen und großen Pflanzen und Bäume; er umfasste die gesamte Schöpfung. Jesus sieht, gewiss, aber er beschränkt sich nicht darauf, denn er berührt die Menschen, spricht mit ihnen, handelt zu ihren Gunsten und tut denen Gutes, die bedürftig sind. Und nicht nur das, sondern er lässt sich innerlich erschüttern und weint (vgl. Joh 11,33–44). Und er handelt, um dem Leiden, der Traurigkeit, dem Elend und dem Tod ein Ende zu bereiten.

Botschaft zur Feier des Weltfriedenstages, 1. Januar 2016

Kinder des Lichts

Wir sind von Christus in der Taufe »erleuchtet« worden, und daher sind wir dazu berufen, uns als Kinder des Lichts zu verhalten. Und sich als Kinder des Lichts zu verhalten erfordert eine radikale Änderung der Denkart, eine Fähigkeit, Menschen und Dinge einer anderen Werteskala entsprechend zu beurteilen, die von Gott kommt. Das Sakrament der Taufe erfordert nämlich die Entscheidung dafür, als Kinder des Lichts zu leben und im Licht zu gehen. Wenn ich euch jetzt fragen würde: »Glaubt ihr, dass Jesus der Sohn Gottes ist? Glaubt ihr, dass er euch das Herz ändern kann? Glaubt ihr, dass er die Wirklichkeit sehen lassen kann, wie er sie sieht, nicht wie wir sie sehen? Glaubt ihr, dass er Licht ist, dass er uns das wahre Licht schenkt?« – was würdet ihr antworten? Jeder beantworte dies in seinem Herzen.

Angelus, Petersplatz, 26. März 2017

Gottes Liebe annehmen

Das Kreuz Jesu ist das Wort, mit dem Gott auf das Böse der Welt geantwortet hat. Manchmal scheint es uns, als antworte Gott nicht auf das Böse, als verharre er im Schweigen. In Wirklichkeit hat Gott gesprochen, er hat geantwortet, und seine Antwort ist das Kreuz Christi: ein Wort, das Liebe, Barmherzigkeit und Vergebung ist. Es ist auch Gericht: Gott richtet uns, indem er uns liebt. Erinnern wir uns daran: Gott richtet uns, indem er uns liebt. Wenn ich seine Liebe annehme, bin ich gerettet, wenn ich sie ablehne, bin ich verurteilt, nicht von ihm, sondern von mir selbst, denn Gott verurteilt nicht, er liebt nur und rettet.

Ansprache beim Kreuzweg am Kolosseum Palatin, 29. März 2013

In das Geheimnis eintreten

Man kann Ostern nicht erleben, ohne in das Geheimnis einzutreten. Es ist keine intellektuelle Angelegenheit, es bedeutet nicht nur erkennen, lesen … Es ist mehr, viel mehr! »Ins Geheimnis einzutreten« bedeutet die Fähigkeit zum Staunen, zur Betrachtung; die Fähigkeit, in die Stille hineinzuhorchen und das klangvolle Säuseln zu hören, in dem Gott zu uns spricht (vgl. 1 Kön 19,12). Ins Geheimnis einzutreten verlangt von uns, keine Angst vor der Wirklichkeit zu haben: sich nicht in sich selbst zu verschließen, nicht vor dem zu fliehen, was wir nicht verstehen, nicht vor den Problemen die Augen zu verschließen, sie zu leugnen, nicht die Rätsel beiseitezuschieben … Ins Geheimnis einzutreten bedeutet, über die eigenen bequemen Sicherheiten, über die Trägheit und die Gleichgültigkeit, die uns bremsen, hinauszugehen und sich auf die Suche nach der Wahrheit, der Schönheit und der Liebe zu begeben, einen nicht von vornherein erwarteten Sinn zu suchen, eine nicht banale Antwort auf die Fragen, die unseren Glauben, unsere Treue und unseren Verstand in Krise versetzen. Um ins Geheimnis einzutreten, bedarf es der Demut – der Demut, sich zu erniedrigen, vom Sockel unseres so stolzen Ich, unserer Anmaßung herunterzusteigen; der Demut, bescheidener zu werden und anzuerkennen, was wir wirklich sind: Geschöpfe mit Vorzügen und Mängeln, Sünder, die der Vergebung bedürfen. Um ins Geheimnis einzutreten, bedarf es dieser Erniedrigung, die Ohnmacht ist, Entäußerung der eigenen Vergötterungen … Anbetung. Ohne anzubeten kann man nicht ins Geheimnis eintreten.

Predigt, Vatikanische Basilika, 4. April 2015

Der Thron des Kreuzes

Hier erstrahlt sein Königsein im Sinne Gottes: Sein Königsthron ist das Holz des Kreuzes! Ich denke an das, was Benedikt XVI. zu den Kardinälen sagte: Ihr seid Fürsten – aber die eines gekreuzigten Königs. Das ist der Thron Jesu. Jesus nimmt auf sich … warum das Kreuz? Weil Jesus das Böse, den Schmutz, die Sünde der Welt – auch unsere Sünde, unser aller Sünde! – auf sich nimmt, und er wäscht es, wäscht es mit seinem Blut, mit der Barmherzigkeit, mit der Liebe Gottes. Schauen wir uns um: Wie viele Wunden schlägt das Böse der Menschheit! Kriege, Gewalttaten, Wirtschaftskonflikte, die die Schwächeren treffen; Geldgier – und keiner kann es doch mitnehmen; man muss es zurücklassen! Meine Großmutter sagte zu uns Kindern: Das Totenhemd hat keine Taschen –, Gewinnsucht, Machtstreben, Korruption, Spaltungen, Verbrechen gegen das menschliche Leben und gegen die Schöpfung! Und auch – jeder von uns weiß es und kennt sie – unsere persönlichen Sünden: der Mangel an Liebe und Achtung gegenüber Gott, gegenüber dem Nächsten und gegenüber der gesamten Schöpfung. Und am Kreuz spürt Jesus das ganze Gewicht des Bösen, und mit der Kraft der Liebe Gottes überwindet er es, besiegt es in seiner Auferstehung. Das ist das Gute, das Jesus uns allen erweist – auf dem Thron des Kreuzes. Das mit Liebe angenommene Kreuz Christi führt niemals in die Traurigkeit, sondern zur Freude, zur Freude, gerettet zu sein.

Predigt, Petersplatz, 24. März 2013

Kraft der Erneuerung

Es ist wahr, die Taufe, die uns zu Kindern Gottes macht, die Eucharistie, die uns mit Christus vereint, müssen zu Leben werden, das heißt, sie müssen sich in Einstellungen, Verhaltensweisen, Gesten, Entscheidungen umsetzen. Die in den österlichen Sakramenten enthaltene Gnade ist eine enorme Kraft der Erneuerung für das persönliche Leben, für das Leben der Familien, für die gesellschaftlichen Beziehungen. Alles aber geht über das menschliche Herz: Wenn ich mich von der Gnade des auferstandenen Christus erreichen lasse, wenn ich es ihr gestatte, mich in jenem meiner Aspekte zu ändern, der nicht gut ist, der mir und den anderen Schaden zufügen kann, so gestatte ich es dem Sieg Christi, sich in meinem Leben durchzusetzen, sein heilbringendes Wirken auszubreiten. Das ist die Macht der Gnade! Ohne die Gnade vermögen wir nichts. Ohne die Gnade vermögen wir nichts! Und mit der Gnade der Taufe und der eucharistischen Kommunion kann ich zum Werkzeug der Barmherzigkeit Gottes werden, jener schönen Barmherzigkeit Gottes!

Ansprache vor dem Regina Coeli, Petersplatz, 1. April 2013

Die Lästigen

Wir sind alle sehr gut darin zu erkennen, wenn jemand uns lästig ist: Das geschieht, wenn wir jemandem auf der Straße begegnen oder wenn wir einen Telefonanruf bekommen … Sofort denken wir: »Wie lange muss ich mir die Klagen, das Geschwätz, die Bitten oder die Prahlerei dieser Person noch anhören?« Was sollen wir mit lästigen Menschen tun? Warum wurde auch dies unter die Werke der Barmherzigkeit aufgenommen: Die Lästigen geduldig ertragen?

Eine erste Frage: Machen wir jemals eine Gewissenserforschung, um zu sehen, ob auch wir den anderen vielleicht manchmal lästig sind? Es ist leicht, mit dem Finger auf die Verfehlungen und Mängel anderer zu zeigen, aber wir müssen lernen, uns in die anderen hineinzuversetzen.

Schauen wir vor allem auf Jesus: Wie viel Geduld musste er in den drei Jahren seines öffentlichen Wirkens haben! Als er einmal mit den Jüngern unterwegs war, wurde er von der Mutter des Jakobus und des Johannes aufgehalten, die zu ihm sagte: »Sage, dass diese meine beiden Söhne in deinem Reich zu deiner Rechten und zu deiner Linken sitzen dürfen.« (Mt 20,21) Die Mutter trat als Lobbyistin für ihre Söhne auf, aber sie war die Mutter … Auch diese Situation nutzt Jesus, um etwas Grundlegendes zu lehren: Sein Reich ist kein Reich der Macht, es ist kein Reich der Herrlichkeit wie die irdischen Reiche, sondern ein Reich des Dienens und der Hingabe an die anderen. Jesus lehrt, stets auf das Wesentliche zu schauen und weiter zu blicken, um die eigene Sendung verantwortungsbewusst anzunehmen.

Generalaudienz, 16. November 2016

Jesu Gaben

Das ist unsere grundsätzliche Berufung: »Seid also vollkommen, wie euer himmlischer Vater vollkommen ist« (Mt 5,48). Eine der wesentlichen Anforderungen dieser Berufung zur Vollkommenheit ist die Feindesliebe, die gegen die Versuchung zur Rache und die Spirale endloser Vergeltungsmaßnahmen wappnet. Jesus hat Wert darauf gelegt, auf diesem besonderen Aspekt des christlichen Zeugnisses zu beharren (vgl. Mt 5,46–47). Die Arbeiter für die Evangelisierung müssen also vor allem »Handwerker« der Vergebung, Spezialisten der Versöhnung und Experten der Barmherzigkeit sein. Das ist die Art und Weise, wie wir unseren Brüdern und Schwestern helfen können, »ans andere Ufer hinüberzufahren«, indem wir ihnen das Geheimnis unserer Kraft, unserer Hoffnung und unserer Freude offenbaren, die ihre Quelle in Gott haben, weil sie auf die Gewissheit gegründet sind, dass er mit uns im Boot ist. Wie der Herr im Moment der Brotvermehrung mit den Aposteln gehandelt hat, so sind jetzt wir es, denen er seine Gaben anvertraut, damit wir hingehen, um sie überall zu verteilen, und sein Wort verkünden, das versichert: »Seht, es kommen die Tage [...], da erfülle ich das Verheißungswort, das ich dem Haus Israel und dem Haus Juda gegeben habe« (Jer 33,14).

Predigt, Kathedrale von Bangui, 29. November 2015

Verlässliche Liebe

Nun offenbart jedoch der Tod Christi die völlige Verlässlichkeit der Liebe Gottes im Licht seiner Auferstehung. Als Auferstandener ist Christus zuverlässiger, glaubwürdiger Zeuge (vgl. Offb 1,5; Hebr 2,17), eine feste Stütze für unseren Glauben. »Ist aber Christus nicht auferweckt worden, dann ist euer Glaube unsinnig«, sagt der heilige Paulus (1 Kor 15,17). Wenn die Liebe des Vaters Jesus nicht von den Toten hätte auferstehen lassen, wenn sie nicht vermocht hätte, seinem Leib wieder Leben zu geben, dann wäre sie keine vollkommen verlässliche Liebe, die in der Lage wäre, auch das Dunkel des Todes zu erhellen. Wenn der heilige Paulus von seinem neuen Leben in Christus spricht, bezieht er sich auf den »Glauben an den Sohn Gottes, der mich geliebt und sich für mich hingegeben hat« (Gal 2,20).

Lumen fidei 17

Kein Karneval

Der heilige Petrus, der gerade der Lehrer des Markus gewesen war, ist sehr klar in der Beschreibung: Wie verkündigt man das Evangelium? Das Evangelium muss in Demut verkündigt werden, da sich der Sohn Gottes erniedrigt, entäußert hat: das ist der Stil Gottes, und es gibt keinen anderen. Die Verkündigung des Evangeliums ist kein Karneval, kein Fest, was etwas Wunderschönes ist, und derartiges ist keine Verkündigung des Evangeliums. Das Evangelium kann nicht mit menschlicher Macht verkündigt werden, es kann nicht mit dem Geist eines Hinaufkletterns und Hinaufgehens verkündigt werden, nein! Das ist kein Evangelium. Die Verkündigung des Evangeliums ist der Versuchung ausgesetzt: der Versuchung der Macht, der Versuchung des Stolzes, der Versuchung der Weltlichkeit, viel Weltliches, das es gibt und das uns dazu führt, zu predigen oder dabei zu schauspielern. Deshalb sagt Petrus, wachsam zu sein: ›Euer Widersacher, der Teufel, geht wie ein brüllender Löwe umher und sucht, wen er verschlingen kann. Leistet ihm Widerstand in der Kraft des Glaubens! Wisst, dass eure Brüder in der ganzen Welt die gleichen Leiden ertragen müssen. Es wird der Herr sein, der uns aufrichtet, der uns Kraft schenkt, da Jesus dies verheißen hat, als er die Apostel aussandte.

Predigt, Messe für Tawadros II. am Fest des hl. Markus,
25. April 2017

Zukunft der Hoffnung

Was heißt das, Jesus ist auferstanden? Es bedeutet, dass die Liebe Gottes stärker ist als das Böse und als der Tod selbst; es bedeutet, dass die Liebe Gottes unser Leben umwandeln, die Wüste, die sich in unserem Herzen befindet, zum Erblühen bringen kann. Dies kann die Liebe Gottes vollbringen!

Die gleiche Liebe, aufgrund welcher der Sohn Gottes Mensch wurde und den Weg der Erniedrigung und der Selbsthingabe bis zum Äußersten gegangen ist bis hinunter in die Unterwelt, in den Abgrund der Trennung von Gott, diese gleiche barmherzige Liebe hat den toten Leib Jesu mit Licht durchflutet und ihn verklärt, ließ ihn ins ewige Leben übergehen. Jesus ist nicht ins frühere Leben zurückgekehrt, ins irdische Leben, sondern eingetreten in das Leben der Herrlichkeit Gottes, und er ist dort mit unserem Menschsein eingetreten, er hat uns eine Zukunft der Hoffnung aufgetan.

Botschaft vor dem Segen Urbi et orbi, Petersplatz, 31. März 2013

Die gute Nachricht

Die Lähmung macht unsere Seele krank, entreißt uns die Erinnerung und nimmt uns die Freude. Sie lässt uns vergessen, dass wir Auserwählte und Boten der Verheißung sind und das Zeichen eines göttlichen Bundes an uns tragen. Die Lähmung raubt uns die Überraschung der Begegnung, sie hindert uns daran, uns der »Guten Nachricht« zu öffnen. Diese Gute Nachricht müssen wir heute wieder ganz neu hören: »Er ist nicht hier. Er ist auferweckt worden.« Wir sind angewiesen auf diese Begegnung, die Steine bersten lässt, Siegel bricht und uns einen neuen Weg eröffnet: den Weg der Hoffnung.

Die Welt ist auf diese Begegnung angewiesen, unsere Welt, die »zu einem Friedhof geworden« ist. Das Schlimmste, was uns passieren kann, ist, dass wir uns für den Stein und das Siegel der Korruption entscheiden, für die Mutlosigkeit und dafür, uns still zu verhalten – ohne Auserwählung, ohne Verheißung, ohne Bund. Das Schlimmste, was uns passieren kann, ist, dass unser Herz sich dem Staunen der lebenspendenden Botschaft verschließt, die uns zum Weitergehen drängt.

Predigt, Osternacht 2003

Sich an Jesu Taten erinnern

Die Frauen begegnen der Neuheit Gottes: Jesus ist auferstanden, er ist der Lebende! Aber angesichts des leeren Grabes und der beiden Männer in leuchtenden Gewändern ist ihre erste Reaktion ein Erschrecken: Sie »blickten zu Boden« – bemerkt der heilige Lukas –, hatten nicht einmal den Mut, aufzusehen. Als sie aber die Verkündigung von der Auferstehung hören, nehmen sie sie gläubig an. Und die beiden Männer in leuchtenden Gewändern führen ein grundlegendes Verb ein: erinnern. »Erinnert euch an das, was er euch gesagt hat, als er noch in Galiläa war … Da erinnerten sie sich an seine Worte« (Lk 24,6.8). Dies ist die Einladung, sich an die Begegnung mit Jesus, an seine Worte, seine Taten, sein Leben zu *erinnern;* und gerade dieses liebevolle Sich-Erinnern an die Erfahrung mit dem Meister ist es, was die Frauen dazu bringt, jegliche Furcht zu überwinden und die Verkündigung von der Auferstehung zu den Aposteln und zu allen anderen zu bringen (vgl. Lk 24,9). Sich an das erinnern, was Gott für mich, für uns getan hat und tut, sich an den zurückgelegten Weg erinnern – das öffnet das Herz für die Hoffnung auf die Zukunft. Lernen wir, uns an das zu erinnern, was Gott in unserem Leben getan hat.

Predigt, Vatikanische Basilika, 30. März 2013

Für Gott zählt das Herz

In den Glaubensbekenntnissen des Neuen Testaments werden als Zeugen der Auferstehung nur Männer erwähnt, die Apostel, aber nicht die Frauen. Das liegt daran, dass nach dem jüdischen Gesetz jener Zeit Frauen und Kinder kein verlässliches, glaubwürdiges Zeugnis geben konnten. In den Evangelien dagegen haben die Frauen eine erstrangige, grundlegende Rolle. Hier können wir ein Element erblicken, das für die Geschichtlichkeit der Auferstehung spricht: Wenn sie eine erfundene Tatsache wäre, dann wäre sie im Kontext jener Zeit nicht mit dem Zeugnis von Frauen verbunden worden. Die Evangelisten berichten jedoch einfach das, was geschehen ist: Die Frauen sind die ersten Zeuginnen. Das heißt, dass Gott nicht nach menschlichen Maßstäben auserwählt: Die ersten Zeugen der Geburt Jesu sind die Hirten, einfache und bescheidene Menschen; die ersten Zeuginnen der Auferstehung sind die Frauen. Und das ist schön. Und das ist ein bisschen die Sendung der Frauen: der Mütter, der Frauen! Den Kindern, den Enkeln Zeugnis geben, dass Jesus lebt, dass er der Lebendige ist, dass er auferstanden ist! Mütter und Frauen, gebt weiter dieses Zeugnis! Für Gott zählt das Herz, es zählt, wie offen wir für ihn sind, ob wir wie Kinder sind, die Vertrauen haben. Das bringt uns jedoch auch zum Nachdenken darüber, dass die Frauen in der Kirche und auf dem Glaubensweg eine besondere Rolle gehabt haben und auch heute haben, um dem Herrn die Türen zu öffnen, ihm nachzufolgen und sein Antlitz zu vermitteln, denn der Blick des Glaubens bedarf immer des schlichten und tiefen Blicks der Liebe. Die Apostel und die Jünger tun sich schwerer zu glauben. Die Frauen nicht.

Generalaudienz, 3. April 2013

Wer ist Jesus heute?

Tatsächlich ist Gott Mensch geworden, um mit uns zu sprechen. Die Jünger Jesu dürfen niemals vergessen, von woher sie genommen und erwählt worden sind, das heißt aus dem Volk, und sie dürfen nie der Versuchung erliegen, eine distanzierte Haltung anzunehmen, als würde das, was die Menschen denken und leben, sie nichts angehen oder als wäre es für sie nicht wichtig. Und das gilt auch für uns. Und die Tatsache, dass wir uns heute in einem Sportstadion versammelt haben, um die heilige Messe zu feiern, erinnert uns daran. Die Kirche lebt wie Jesus mitten unter den Menschen und sie lebt für die Menschen. Daher hat die Kirche in ihrer gesamten Geschichte stets dieselbe Frage in sich getragen: »Wer ist Jesus für die Männer und Frauen von heute?« Auch der aus der Toskana stammende Papst Leo der Große trug diese Frage in seinem Herzen, diesen apostolischen Eifer, dass alle Jesus kennen mögen und ihn als den kennen, der er wirklich ist, nicht ein von den Philosophien oder Ideologien der Zeit verzerrtes Bild von ihm. Daher ist es notwendig, dass ein persönlicher Glaube an ihn heranreift. Und das ist die zweite Frage, die Jesus seinen Jüngern stellt: »Ihr aber, für wen haltet ihr mich?« (Mt 16,15). Eine Frage, die noch heute in unseren Gewissen erklingt, die wir seine Jünger sind. Und sie ist entscheidend für unsere Identität und unsere Sendung. Nur wenn wir Jesus in seiner Wahrheit erkennen, werden wir in der Lage sein, die Wahrheit unserer menschlichen Situation zu sehen und so unseren Beitrag zur vollen Humanisierung der Gesellschaft leisten können.

Predigt, Städtisches Stadion »Artemio Franchi«, Florenz, 10. November 2015

MAI

»Die Kirche ist Mutter«

Arbeit und Würde

Es (ist) notwendig, der Arbeit wieder Würde zu verleihen, indem man auch angemessene Bedingungen für ihre Ausübung gewährleistet. Das schließt einerseits ein, neue Methoden zu finden, um die Flexibilität des Marktes mit der Notwendigkeit von Stabilität und Sicherheit der Arbeitsperspektiven zu verbinden, die für die menschliche Entwicklung der Arbeiter unerlässlich sind.

Andererseits bedeutet es, einen angemessenen sozialen Kontext zu begünstigen, der nicht auf die Ausbeutung der Menschen ausgerichtet ist, sondern darauf, durch die Arbeit die Möglichkeit zu garantieren, eine Familie aufzubauen und die Kinder zu erziehen.

Ansprache vor dem Europaparlament, Straßburg,
25. November 2014

Maria und das Kreuz

Wir wissen, dass Maria nach der Kreuzigung den Leichnam Jesu in ihre Arme genommen hat. Es ist ein trauriger und weihevoller Moment, und der Gedanke daran gibt uns Hoffnung, denn wir erkennen darin die große Zuneigung unserer geliebten Mutter. Wir erkennen darin die Größe Gottes. Wenn alles verloren scheint, offenbart Gott uns seine Liebe mit umso größerer Macht und gibt uns Kraft. Das ist die Liebe, die wir heute im Herzen tragen, das ist der Segen, der uns erfüllt und dafür sorgt, dass wir uns der vielen Brüder und Schwestern annehmen, die wir, wenn wir von diesem Besuch zurückkehren, ganz sicher werden aufrichten müssen. In diesem Wunsch, einander zu helfen, sagen wir zu ihr: »Mutter, wir wollen ein Volk sein.«

Möge nichts uns von dem trennen, woran wir so fest glauben. Möge niemand uns täuschen und entzweien. Das sind die großen Wundertaten Gottes, und so hat er es gewollt. In der Stille des Karrenwunders entstand ein Wunder ohne Worte, ein Wunder, das die Jungfrau uns, ihren Kindern, unseren Herzen Schritt für Schritt enthüllen will.

Predigt, 30. Jugendwallfahrt nach Luján, 2004

Mutter Gottes

Mutter Gottes! Das ist der wichtigste und wesentlichste Titel Marias. Es geht um eine Eigenschaft, um eine Rolle, die der Glaube des christlichen Volkes in seiner liebevollen und lauteren Frömmigkeit zur himmlischen Mutter von jeher wahrgenommen hat. Denken wir an jenen großen Moment in der Geschichte der alten Kirche, an das Konzil von Ephesus, in dem die Gottesmutterschaft der Jungfrau Maria maßgebend definiert wurde. Die Wahrheit der Gottesmutterschaft Marias fand einen Widerhall in Rom, wo wenig später die Basilika *Santa Maria Maggiore* erbaut wurde, das erste marianische Heiligtum Roms und des gesamten Westens, in dem das Bild der Gottesmutter – der *Theotokos* – unter dem Titel *Salus Populi Romani* [Heil des römischen Volkes] verehrt wird. Es wird erzählt, dass die Bewohner von Ephesus sich während des Konzils an den Seiten des Portals der Basilika, in der sich die Bischöfe versammelten, zusammenfanden und »Mutter Gottes!« riefen. Indem die Gläubigen die offizielle Definition dieses Titels der Jungfrau Maria forderten, zeigten sie, dass sie ihre Gottesmutterschaft anerkannten. Es ist das spontane und ehrliche Verhalten der Kinder, die ihre Mutter gut kennen, weil sie sie mit unermesslicher Zärtlichkeit lieben. Es ist aber mehr: Es ist der *sensus fidei* des heiligen gläubigen Gottesvolkes, das sich niemals, in seiner Einheit niemals irrt. Maria ist von jeher im Herzen, in der Frömmigkeit und vor allem im Glaubensweg des christlichen Volkes gegenwärtig. Unser Glaubensweg ist der gleiche wie der von Maria, darum spüren wir, dass sie uns besonders nahe ist!

Predigt Petersdom, Mittwoch 1. Januar 2014, Hochfest der Gottesmutter Maria

Mafiosi folgen dem Bösen

Wir beten Gott an, der die Liebe ist, der sich uns in Jesus Christus hingeschenkt hat, der sich am Kreuz hingegeben hat, um unsere Sünden zu sühnen, und der durch die Macht dieser Liebe vom Tod auferstanden ist und in seiner Kirche lebt. Wir haben keinen anderen Gott außer ihm! Wenn die Anbetung des Herrn durch die Anbetung des Geldes ersetzt wird, öffnet man der Sünde, dem persönlichen Interesse und der Unterdrückung den Weg; wenn man Gott, den Herrn, nicht anbetet, wird man zu Anbetern des Bösen, wie jene es sind, die von Verbrechen und Gewalt leben.

Eure Region, die so schön ist, kennt die Zeichen und die Folgen dieser Sünde. Das ist die 'Ndrangheta: Anbetung des Bösen und Verachtung des Gemeinwohls. Dieses Übel muss bekämpft, muss entfernt werden! Man muss dazu Nein sagen! Die Kirche, von der ich weiß, dass sie so sehr darum bemüht ist, die Gewissen zu bilden, muss sich immer mehr dafür einsetzen, dass das Gute siegen kann. Das fordern unsere Kinder von uns, das verlangen unsere Jugendlichen von uns, die Hoffnung brauchen. Um diesen Erfordernissen entsprechen zu können, kann der Glaube uns helfen. Jene, die in ihrem Leben diesem Weg des Bösen folgen, wie die Mafiosi, stehen nicht in Gemeinschaft mit Gott: Sie sind exkommuniziert!

Das bekennen wir heute mit dem Blick auf den Leib und das Blut des Herrn, auf das Altarsakrament, gerichtet. Und für diesen Glauben widersagen wir dem Satan und all seinen Verlockungen; widersagen wir den Götzen des Geldes, der Eitelkeit, des Stolzes, der Macht, der Gewalt. Wir Christen wollen nichts und niemanden in dieser Welt anbeten außer Jesus Christus, der in der heiligen Eucharistie gegenwärtig ist.

Predigt, Ebene von Sibari, 21. Juni 2014

Wagen wir mehr

Die Kirche ›im Aufbruch‹ ist die Gemeinschaft der missionarischen Jünger, die die Initiative ergreifen, die sich einbringen, die begleiten, die Frucht bringen und feiern. Die evangelisierende Gemeinde spürt, dass der Herr die Initiative ergriffen hat, ihr in der Liebe zuvorgekommen ist (vgl. 1 Joh 4,10), und deshalb weiß sie voranzugehen, versteht sie, furchtlos die Initiative zu ergreifen, auf die anderen zuzugehen, die Fernen zu suchen und zu den Wegkreuzungen zu gelangen, um die Ausgeschlossenen einzuladen. Sie empfindet einen unerschöpflichen Wunsch, Barmherzigkeit anzubieten – eine Frucht der eigenen Erfahrung der unendlichen Barmherzigkeit des himmlischen Vaters und ihrer Tragweite. Wagen wir ein wenig mehr, die Initiative zu ergreifen! Als Folge weiß die Kirche sich ›einzubringen‹. Jesus hat seinen Jüngern die Füße gewaschen. Der Herr bringt sich ein und bezieht die Seinen ein, indem er vor den anderen niederkniet, um sie zu waschen. Aber dann sagt er zu den Jüngern: »Wenn ihr das wisst – selig seid ihr, wenn ihr danach handelt« (Joh 13,17). Die evangelisierende Gemeinde stellt sich durch Werke und Gesten in das Alltagsleben der anderen, verkürzt die Distanzen, erniedrigt sich nötigenfalls bis zur Demütigung und nimmt das menschliche Leben an, indem sie im Volk mit dem leidenden Leib Christi in Berührung kommt. So haben die Evangelisierenden den ›Geruch der Schafe‹, und diese hören auf ihre Stimme.

Evangelii gaudium 24

Die Kirche ist Mutter

Wir sind stets zutiefst berührt, wenn wir die Bilder von unter-
ernährten und kranken Kindern sehen, die uns in vielen Teilen
der Welt gezeigt werden. Gleichzeitig berührt uns auch der
strahlende Blick vieler Kinder, die nichts haben, und Schulen
besuchen, die aus nichts bestehen, wenn sie stolz ihren Bleistift
und ihr Heft zeigen. Und wie liebevoll sie ihren Lehrer oder ihre
Lehrerin anschauen! Die Kinder wissen wirklich, dass der
Mensch nicht nur vom Brot allein lebt! Auch die familiäre
Zuneigung; im Elend leiden die Kinder, weil sie Liebe, familiäre
Bindungen wollen. Wir Christen müssen den von der Armut
geprüften Familien näher sein. Denkt einmal nach, ihr alle
kennt jemanden: der Vater arbeitslos, die Mutter arbeitslos …
und die Familie leidet, die Bindungen werden geschwächt. Das
ist schlimm. Tatsächlich trifft das soziale Elend die Familie und
zerstört sie manchmal.

Die Kirche ist Mutter, und sie darf dieses Drama ihrer Kinder
nicht vergessen. Auch sie muss arm sein, um fruchtbar zu werden und auf so viel Elend zu antworten. Eine arme Kirche ist eine
Kirche, die eine freiwillige Bescheidenheit im eigenen Leben
praktiziert – in ihren eigenen Einrichtungen, im Lebensstil ihrer
Mitglieder –, um jede trennende Mauer einzureißen, vor allem
gegen über den Armen. Es bedarf des Gebets und der Aktion.
Bitten wir den Herrn inständig, dass er uns aufrütteln möge, um
unsere christlichen Familien zu Protagonisten dieser Revolution
der familiären Nähe zu machen, die wir heute so dringend brauchen!

Familienkatechese, 3. Juni 2015

Der Balken im eigenen Auge

Böses Gerede schadet dem Geist der kirchlichen Einheit. Das böse Gerede führt dazu, dass wir uns auf die Fehler und Mängel der anderen konzentrieren, weil wir glauben, dass wir uns dann besser fühlen. Das Gebet des Zöllners im Tempel veranschaulicht dieses Phänomen (Lk 18,11–12), und Jesus hat uns davor gewarnt, den Splitter im Auge des anderen zu sehen und darüber den Balken zu vergessen, den wir im eigenen Auge haben. Schlecht vom anderen zu reden schadet der ganzen Kirche, weil es nicht beim bloßen Gerede bleibt, sondern sich dieses Gerede (zumindest im Herzen) in Aggression verwandelt. Gebe Gott, dass wir darauf verzichten, schlecht über unsere Mitmenschen zu reden.

J. M. Bergoglio, Über die Selbstanklage

Ihr Blick ist ein Geschenk

Wir hören, wie Jesus seine Mutter angesehen hat. Vom Kreuz herab sah er sie an, wies auf uns alle und sagte zu ihr: »Da ist dein Sohn, da sind deine Kinder.« Und Maria wird sich, als sie diesen Blick Jesu auf sich spürte, an jenen anderen Blick erinnert haben, der sie gut 30 Jahre zuvor, als sie noch ein junges Mädchen war, in Jubel hatte ausbrechen lassen: den Blick des Vaters. Und sie fühlte, dass der Vater auf ihre Niedrigkeit geschaut hatte. Auf die kleine Maria, unsere Mutter, zu der wir heute gekommen sind, um ihrem Blick zu begegnen. Denn ihr Blick ist wie die Fortsetzung jenes Blickes, mit dem der Vater auf ihre Niedrigkeit geschaut und sie zur Mutter Gottes gemacht hat. Und wie der Blick des Sohnes am Kreuz, der sie zu unserer Mutter gemacht hat. Mit diesem Blick sieht sie uns heute an. Das ist der Blick der Jungfrau: ein Ort der Ruhe.

Wir brauchen ihren zärtlichen, ihren mütterlichen Blick, der den Schleier von unserer Seele nimmt. Ihren Blick voller Mitgefühl und Fürsorge. Und deshalb sagen wir heute zu ihr: »Mutter, schenk uns deinen Blick.« Denn der Blick der Jungfrau ist ein Geschenk, man kann ihn nicht kaufen. Er ist Ihr Geschenk. Er ist ein Geschenk des Vaters und ein Geschenk des gekreuzigten Jesus. »Mutter, schenk uns deinen Blick.«

Predigt, 25. Jugendwallfahrt nach Luján, 1999

Europa und die »Schule von Athen«

Wie kann man der Zukunft wieder Hoffnung verleihen, sodass – angefangen bei den jungen Generationen – das Vertrauen wiedergewonnen wird, das große Ideal eines vereinten und friedvollen, kreativen und unternehmungsfreudigen Europas zu verfolgen, das die Rechte achtet und sicher der eigenen Pflichten bewusst ist?

Um diese Frage zu beantworten, gestatten Sie mir, auf ein Bild zurückzugreifen. Eine der berühmtesten Fresken Raffaels im Vatikan stellt die sogenannte Schule von Athen dar. In ihrem Mittelpunkt stehen Platon und Aristoteles. Der erste deutete mit dem Finger nach oben, zur Welt der Ideen, zum Himmel, könnten wir sagen; der zweite streckt die Hand nach vorne, auf den Betrachter zu, zur Erde, der konkreten Wirklichkeit. Das scheint mir ein Bild zu sein, das Europa und seine Geschichte gut beschreibt, die aus der fortwährenden Begegnung zwischen Himmel und Erde besteht, wobei der Himmel die Öffnung zum Transzendenten, zu Gott beschreibt, die den europäischen Menschen immer gekennzeichnet hat, und die Erde seine praktische und konkrete Fähigkeit darstellt, die Situationen und Probleme anzugehen.

Die Zukunft Europas hängt von der Wiederentdeckung der lebendigen und untrennbaren Verknüpfung dieser beiden Elemente ab. Ein Europa, das nicht mehr fähig ist, sich der transzendenten Dimension des Lebens zu öffnen, ist ein Europa, das in Gefahr gerät, allmählich seine Seele zu verlieren und auch jenen »humanistischen Geist«, den es doch liebt und verteidigt.

Ansprache vor dem Europaparlament, Straßburg,
25. November 2014

Die Kirche und Europa

Am Wiederaufblühen eines zwar müden, aber immer noch an Energien und Kapazitäten reichen Europas kann und soll die Kirche mitwirken. Ihre Aufgabe fällt mit ihrer Mission zusammen, der Verkündigung des Evangeliums. Diese zeigt sich heute mehr denn je vor allem dahin, dass wir dem Menschen mit seinen Verletzungen entgegenkommen, indem wir ihm die starke und zugleich schlichte Gegenwart Christi bringen, seine tröstende und ermutigende Barmherzigkeit. Gott möchte unter den Menschen wohnen, aber das kann er nur mit Männern und Frauen erreichen, die – wie einst die großen Glaubensboten des Kontinents – von ihm angerührt sind und das Evangelium leben, ohne nach etwas anderem zu suchen. Nur eine Kirche, die reich an Zeugen ist, vermag von Neuem das reine Wasser des Evangeliums auf die Wurzeln Europas zu geben. Dabei ist der Weg der Christen auf die volle Gemeinschaft hin ein großes Zeichen der Zeit, aber auch ein dringendes Erfordernis, um dem Ruf des Herrn zu entsprechen, dass alle eins sein sollen (vgl. Joh 17,21).

Ansprache, Verleihung des Karlspreises, 6. Mai 2016

Maria und ihre Kinder

Maria versteht es, mit ein paar ärmlichen Windeln und einer Fülle zärtlicher Liebe einen Tierstall in das Haus Jesu zu verwandeln. Sie ist die Magd des Vaters, die in Lobpreis ausbricht. Sie ist die Freundin, die stets aufmerksam ist, dass der Wein in unserem Leben nicht fehlt. Sie, deren Herz von einem Schwert durchdrungen wurde, versteht alle Nöte. Als Mutter von allen ist sie Zeichen der Hoffnung für die Völker, die Geburtswehen leiden, bis die Gerechtigkeit hervorbricht. Sie ist die Missionarin, die uns nahe kommt, um uns im Leben zu begleiten, und dabei in mütterlicher Liebe die Herzen dem Glauben öffnet. Als wahre Mutter geht sie mit uns, streitet für uns und verbreitet unermüdlich die Nähe der Liebe Gottes. Durch die verschiedenen marianischen Anrufungen, die gewöhnlich mit den Heiligtümern verbunden sind, teilt sie die Geschichte jedes Volkes, das das Evangelium angenommen hat, und wird zu einem Teil seiner geschichtlichen Identität. Viele christliche Väter bitten darum, dass ihre Kinder in einem Marienheiligtum getauft werden, und zeigen damit ihren Glauben an das mütterliche Wirken Marias, die für Gott neue Kinder hervorbringt. Dort in den Heiligtümern kann man beobachten, wie Maria ihre Kinder um sich versammelt, die unter großer Anstrengung als Pilger kommen, um sie zu sehen und von ihr gesehen zu werden. Hier finden sie die Kraft Gottes, um die Leiden und Mühen des Lebens zu ertragen.

Evangelii gaudium 286

Die Kirche und die alten Menschen

Die Kirche kann und will sich nicht einer Mentalität der Unduldsamkeit anpassen, und schon gar nicht der Gleichgültigkeit und der Verachtung gegenüber dem Alter. Wir müssen das kollektive Bewusstsein der Dankbarkeit, der Anerkennung, der Annahme neu erwecken, damit der alte Mensch sich als lebendiger Teil seiner Gemeinschaft fühlt. Die alten Menschen sind Männer und Frauen, Väter und Mütter, die vor uns auf unserem Weg, in unserem Haus waren, in unserem täglichen Kampf um ein Leben in Würde. Es sind Männer und Frauen, von denen wir viel empfangen haben. Der alte Mensch ist kein Fremder. Der alte Mensch sind wir: über kurz oder lang, auf jeden Fall unabwendbar, auch wenn wir nicht daran denken. Und wenn wir nicht lernen, die alten Menschen gut zu behandeln, dann wird man uns ebenso behandeln. Wir alten Menschen sind alle etwas gebrechlich. Einige sind jedoch besonders schwach, viele sind allein und von der Krankheit gezeichnet. Einige sind angewiesen auf unerlässliche Behandlungen und die Fürsorge anderer. Sollen wir deshalb einen Schritt zurück tun? Sollen wir sie ihrem Schicksal überlassen? Eine Gesellschaft ohne Nähe, wo Unentgeltlichkeit und Liebe ohne Gegenleistung – auch unter Fremden – im Verschwinden begriffen sind, ist eine pervertierte Gesellschaft. Die Kirche, dem Wort Gottes treu, kann solche Entartungen nicht dulden. Eine christliche Gemeinschaft, in der Nähe und Unentgeltlichkeit nicht mehr als unverzichtbar betrachtet würden, verlöre mit ihnen ihre Seele. Wo die alten Menschen nicht geehrt werden, gibt es keine Zukunft für die jungen Menschen.

Familienkatechese, 4. März 2015

Maria und die verletzte Welt

Maria, die Mutter, die für Jesus sorgte, sorgt jetzt mit mütterlicher Liebe und mit Schmerz für diese verletzte Welt. Wie sie mit durchbohrtem Herzen den Tod Jesu beweinte, so fühlt sie jetzt Mitleid mit den Armen an ihren Kreuzen und mit den durch menschliche Macht zugrunde gerichteten Geschöpfen. Sie lebt mit Jesus in völliger Verklärung, und alle Geschöpfe besingen ihre Schönheit. Sie ist die Frau »mit der Sonne bekleidet, unter ihren Füßen der Mond und auf ihrem Haupt ein Kranz von zwölf Sternen« (Offb 12,1). In den Himmel erhoben, ist sie Mutter und Königin der ganzen Schöpfung. In ihrem verherrlichten Leib, vereint mit dem auferstandenen Christus, hat ein Teil der Schöpfung die ganze Fülle ihrer Schönheit erreicht. Sie schaut in ihrem Herzen nicht nur auf das ganze Leben Jesu, das sie dort sorgsam bewahrte (vgl. Lk 2,19.51), sondern versteht jetzt auch den Sinn von allem. Darum können wir sie bitten, dass sie uns hilft, diese Welt mit weiseren Augen zu betrachten.

Laudato si 241

Lebendige Einheit

Als der heilige Paulus zu den Christen in Rom von diesem einen Leib spricht, den in Christus alle bilden, ermahnt er sie, sich nicht zu rühmen; jeder soll sich hingegen beurteilen »nach dem Maß des Glaubens, das Gott ihm zugeteilt hat« (Röm 12,3). Der Gläubige lernt, sich selbst von dem Glauben her zu sehen, den er bekennt. Die Gestalt Christi ist der Spiegel, in dem er die Verwirklichung des eigenen Bildes entdeckt. Und wie Christus in sich alle Gläubigen umfasst, die seinen Leib bilden, begreift der Christ sich selbst in diesem Leib, in ursprünglicher Beziehung zu Christus und zu seinen Brüdern und Schwestern im Glauben. Das Bild des Leibes will den Gläubigen nicht auf einen bloßen Teil eines anonymen Ganzen reduzieren, auf ein einfaches Rädchen in einem großen Getriebe, sondern will vielmehr die lebendige Einheit Christi mit den Gläubigen und aller Gläubigen untereinander unterstreichen. Die Christen sind ›einer‹ (vgl. Gal 3,28), ohne ihre Individualität zu verlieren, und im Dienst an den anderen gewinnt jeder sein eigenes Sein bis ins Letzte.

Lumen fidei 22

Freundlichkeit der Liebe

Um sich für eine wirkliche Begegnung mit dem anderen zu bereiten, muss man mit einem liebenswürdigen Blick auf ihn schauen. Das ist nicht möglich, wenn ein Pessimismus herrscht, der die fremden Schwächen und Fehler herausstellt, vielleicht um die eigenen Komplexe zu kompensieren. Ein liebenswürdiger Blick ermöglicht, dass wir uns nicht so sehr bei den Begrenzungen des anderen aufhalten und so, auch wenn wir verschieden sind, ihn tolerieren und uns zu einem gemeinsamen Projekt zusammentun können. Die freundliche Liebe schafft Verbindungen, pflegt Bindungen, knüpft neue Netze der Eingliederung und baut ein festes soziales Gefüge auf. Auf diese Weise schützt man sich selbst, da man ohne ein Gefühl der Zugehörigkeit keine Hingabe an die anderen aufrechterhalten kann, jeder schließlich nur den eigenen Vorteil sucht und das Zusammenleben unmöglich wird.

Ein unsozialer Mensch meint, dass die anderen dafür da sind, seine Bedürfnisse zu befriedigen, und wenn sie es tun, nur ihre Pflicht erfüllen. Dann ist kein Raum für die Freundlichkeit der Liebe und ihre Sprache. Wer liebt, kann Worte der Ermutigung sagen, die wieder Kraft geben, die aufbauen, die trösten und die anspornen. Sehen wir zum Beispiel einige Worte, die Jesus den Menschen sagte: »Mut, mein Kind!« (Mt 9,2); »Dein Glaube ist groß!« (Mt 15,28); »Steh auf!« (Mk 5,41); »Geh hin in Frieden!« (Lk 7,50); »Fürchtet euch nicht!« (Mt 14,27).

Amoris laetitia 100

Mutter unseres Glaubens

Im Gebet wenden wir uns an Maria, die Mutter der Kirche und die Mutter unseres Glaubens.

Hilf, o Mutter, unserem Glauben! Öffne unser Hören dem Wort, damit wir die Stimme Gottes und seinen Anruf erkennen.

Erwecke in uns den Wunsch, seinen Schritten zu folgen, indem wir aus unserem Land wegziehen und seine Verheißung annehmen.

Hilf uns, dass wir uns von seiner Liebe anrühren lassen, damit wir ihn im Glauben berühren können.

Hilf uns, dass wir uns ihm ganz anvertrauen, an seine Liebe glauben, vor allem in den Augenblicken der Bedrängnis und des Kreuzes, wenn unser Glaube gerufen ist zu reifen.

Säe in unseren Glauben die Freude des Auferstandenen.

Erinnere uns daran: Wer glaubt, ist nie allein.

Lehre uns, mit den Augen Jesu zu sehen, dass er Licht sei auf unserem Weg; und dass dieses Licht des Glaubens in uns immerfort wachse, bis jener Tag ohne Untergang kommt, Jesus Christus selbst, dein Sohn, unser Herr!

Gegeben zu Rom, bei St. Peter, am 29. Juni, dem Hochfest der heiligen Apostel Petrus und Paulus, im Jahr 2013, dem ersten meines Pontifikats.

Lumen fidei 60

Kirche muss Ort der Barmherzigkeit sein

Kirche sein bedeutet Volk Gottes sein, in Übereinstimmung mit dem großen Plan der Liebe des Vaters. Das schließt ein, das Ferment Gottes inmitten der Menschheit zu sein. Es bedeutet, das Heil Gottes in dieser unserer Welt zu verkünden und es hineinzutragen in diese unsere Welt, die sich oft verliert, die es nötig hat, Antworten zu bekommen, die ermutigen, die Hoffnung geben, die auf dem Weg neue Kraft verleihen. Die Kirche muss der Ort der ungeschuldeten Barmherzigkeit sein, wo alle sich aufgenommen und geliebt fühlen können, wo sie Verzeihung erfahren und sich ermutigt fühlen können, gemäß dem guten Leben des Evangeliums zu leben.

Evangelii gaudium 114

Die Engel der Kinder

Auch in unserer Zeit, ebenso wie in der Vergangenheit, stellt die Kirche ihre Mutterschaft in den Dienst der Kinder und ihrer Familien. Den Eltern und Kindern unserer Welt bringt sie den Segen Gottes, die mütterliche Zärtlichkeit, die strenge Zurechtweisung und die entschiedene Verurteilung. Mit Kindern scherzt man nicht! Stellt euch vor, wie es wäre, wenn die Gesellschaft sich ein für allemal entschließen würde, dieses Prinzip aufzustellen: »Es stimmt, dass wir nicht vollkommen sind und dass wir viele Fehler machen. Aber wenn es um die Kinder geht, die zur Welt kommen, dann darf kein Opfer der Erwachsenen als zu kostspielig oder zu groß betrachtet werden, wenn dadurch vermieden wird, dass ein Kind meint, es selbst sei ein Fehler, es sei nichts wert und es sei den Wunden des Lebens und der Überheblichkeit der Menschen ausgeliefert.« Wie schön wäre eine solche Gesellschaft! Ich sage, dass einer solchen Gesellschaft viele ihrer zahlreichen Fehler vergeben würden. Wirklich viele.

Der Herr beurteilt unser Leben nach dem, was ihm die Engel der Kinder berichten, jene Engel, die stets das Angesicht des himmlischen Vaters sehen (vgl. Mt 18,10). Wir wollen uns immer fragen: Was werden sie Gott über uns berichten, diese Engel der Kinder?

Familienkatechese, 8. April 2015

Unentbehrlichkeit der Frau

Die Kirche erkennt den unentbehrlichen Beitrag an, den die Frau in der Gesellschaft leistet, mit einem Feingefühl, einer Intuition und gewissen charakteristischen Fähigkeiten, die gewöhnlich typischer für die Frauen sind als für die Männer. Zum Beispiel die besondere weibliche Aufmerksamkeit gegenüber den anderen, die sich speziell, wenn auch nicht ausschließlich, in der Mutterschaft ausdrückt. Ich sehe mit Freude, wie viele Frauen pastorale Verantwortungen gemeinsam mit den Priestern ausüben, ihren Beitrag zur Begleitung von Einzelnen, von Familien oder Gruppen leisten und neue Anstöße zur theologischen Reflexion geben. Doch müssen die Räume für eine wirksamere weibliche Gegenwart in der Kirche noch erweitert werden.

Evangelii gaudium 103

Heilige des Alltags

Wie viele christliche Gemeinden sind heute Gegenstand der Verfolgung! Warum? Der Grund ist der Hass des Geistes der Welt. Wie oft hat man in schwierigen Augenblicken der Geschichte zu hören bekommen: »Heutzutage braucht das Vaterland Helden.« Man kann den Märtyrer als Helden sehen, aber das Wesentliche des Märtyrers ist, dass er ein »Begnadeter« ist: Die Gnade Gottes ist es, die uns zu Märtyrern macht, und nicht der Mut. Heute kann man sich genauso fragen: »Was braucht die Kirche heutzutage?« Sie braucht Märtyrer, Zeugen, das heißt Heilige des Alltags. Denn die Kirche wird von den Heiligen vorangebracht. Von den Heiligen: ohne sie kann die Kirche nicht vorankommen. Die Kirche braucht die Heiligen des Alltags, Heilige des alltäglichen Lebens, die es konsequent leben. Aber sie braucht auch jene, die den Mut haben, die Gnade anzunehmen, Zeugen bis zuletzt zu sein, bis zum Tod. Sie alle sind das lebendige Blut der Kirche. Sie sind die Zeugen, die die Kirche voranbringen, jene, die bezeugen, dass Jesus auferstanden ist, dass Jesus lebt und die dies mit einem konsequenten Leben und der ihnen als Gabe geschenkten Kraft des Heiligen Geistes bezeugen.

Predigt, Basilika »San Bartolomeo« auf der Tiberinsel,
22. April 2017

Heilige Sorge

Brechen wir auf, gehen wir hinaus, um allen das Leben Jesu Christi anzubieten! Ich wiederhole hier für die ganze Kirche, was ich viele Male den Priestern und Laien von Buenos Aires gesagt habe: Mir ist eine ›verbeulte‹ Kirche, die verletzt und beschmutzt ist, weil sie auf die Straßen hinausgegangen ist, lieber, als eine Kirche, die aufgrund ihrer Verschlossenheit und ihrer Bequemlichkeit, sich an die eigenen Sicherheiten zu klammern, krank ist. Ich will keine Kirche, die darum besorgt ist, der Mittelpunkt zu sein, und schließlich in einer Anhäufung von fixen Ideen und Streitigkeiten verstrickt ist. Wenn uns etwas in heilige Sorge versetzen und unser Gewissen beunruhigen soll, dann ist es die Tatsache, dass so viele unserer Brüder und Schwestern ohne die Kraft, das Licht und den Trost der Freundschaft mit Jesus Christus leben, ohne eine Glaubensgemeinschaft, die sie aufnimmt, ohne einen Horizont von Sinn und Leben. Ich hoffe, dass mehr als die Furcht, einen Fehler zu machen, unser Beweggrund die Furcht sei, uns einzuschließen in die Strukturen, die uns einen falschen Schutz geben, in die Normen, die uns in unnachsichtige Richter verwandeln, in die Gewohnheiten, in denen wir uns ruhig fühlen, während draußen eine hungrige Menschenmenge wartet und Jesus uns pausenlos wiederholt: »Gebt ihr ihnen zu essen!« (Mk 6,37).

Evangelii gaudium 49

Die Kirche und die Kranken

Jesus sendet die Jünger aus, um sein Werk fortzuführen, und gibt ihnen die Vollmacht zu heilen, also sich den Kranken zu nähern und sich ihrer bis ins Letzte anzunehmen (vgl. Mt 10,1). Wir müssen uns stets vor Augen halten, was er im Bericht über den Blindgeborenen zu den Jüngern sagte (vgl. Joh 9,1–5). Die Jünger diskutierten – im Beisein des Blinden! – darüber, wer gesündigt hätte, sodass er blind geboren wurde: er selbst oder seine Eltern, was seine Blindheit hervorgerufen hatte. Der Herr sagte ganz deutlich: weder er noch seine Eltern. Er ist so, damit die Werke Gottes an ihm offenbar werden. Und er heilte ihn. Das ist die Herrlichkeit Gottes! Das ist die Aufgabe der Kirche! Den Kranken helfen, sich nicht im Geschwätz verlieren, immer helfen, lindern, den Kranken nahe sein; das ist die Aufgabe. Die Kirche lädt zum beständigen Gebet für die eigenen Angehörigen ein, die von Krankheit betroffen sind. Das Gebet für die Kranken darf niemals fehlen. Im Gegenteil: Wir müssen noch mehr beten, sowohl als Einzelne als auch in Gemeinschaft.

Familienkatechese, 10. Juni 2015

Beten

Beten bedeutet, dass man die Kirche Gott anvertraut, in dem Bewusstsein, dass die Kirche nicht uns gehört, sondern *Ihm,* und dass er sie gerade aus diesem Grund niemals im Stich lassen wird; weil Beten bedeutet, dass man die Welt und die Menschheit Gott anvertraut. Das Gebet ist der Schlüssel, der das Herz Gottes aufschließt; der einzige, dem es gelingt, Gott immer wieder aufs Neue in diese unsere Welt hineinzuführen; und auch der einzige, dem es gelingt, die Menschen und die Welt immer wieder aufs Neue Gott zuzuführen, wie den verlorenen Sohn dem Vater, der ihn so sehr liebt, dass er nur darauf wartet, ihn wieder in die Arme schließen zu können. So geht wahres Beten also mit dem Bewusstsein einher, dass die Welt ohne das Gebet nicht nur die Orientierung verliert, sondern auch die wahre Quelle des Lebens.

Aus dem Vorwort zu: Benedikt XVI., Die Liebe Gottes lehren und lernen

Unter ihrem Schutzmantel

Liebe Pilger, wir haben eine Mutter, wir haben eine Mutter! Wenn wir uns wie Kinder an sie klammern, leben wir in der Hoffnung, die sich auf Jesus stützt, da alle, »die den Überfluss der Gnade und der Gabe der Gerechtigkeit empfangen, leben und herrschen durch den Einen, Jesus Christus« (Röm 5,17). Als Jesus in den Himmel hinaufstieg, brachte er die Menschheit mit an die Seite des himmlischen Vaters – unsere Menschheit, die er im Schoß der Jungfrau Maria angenommen hatte und nie mehr aufgeben wird. Wie einen Anker machen wir unsere Hoffnung in jener Menschheit fest, die im Himmel zur Rechten des Vaters ihren Platz genommen hat (Eph 2,6). Diese Hoffnung möge der Antrieb für unser aller Leben sein! Eine Hoffnung, die uns immer trägt, bis zum letzten Atemzug.

In dieser Hoffnung haben wir uns hier versammelt, um für die unzähligen Gnaden zu danken, die der Himmel in diesen hundert Jahren gewährt hat. Danke, Brüder und Schwestern, dass ihr mich begleitet habt! Ich konnte nicht umhin, hierher zu kommen, um die Jungfrau und Mutter Maria zu verehren und ihr ihre Söhne und Töchter anzuvertrauen. Unter ihrem Schutzmantel gehen sie nicht verloren; aus ihren Armen werden sie die Hoffnung und den Frieden bekommen, deren sie bedürfen.

Predigt Höhle Cova da Ira, 13. Mai 2017, Heilige Messe mit Heiligsprechung der seligen Francisco Marto und Jacinta Marto auf der Pilgerreise zum Heiligtum unserer lieben Frau von Fatima

Fest im Herzen

In der sonntäglichen Eucharistiefeier vollzieht sich das Pascha, der Vorübergang des Herrn, der in die Geschichte hat eintreten wollen, um uns an seinem göttlichen Leben teilhaben zu lassen. Er ruft uns jeden Sonntag als Gottes Familie zusammen, die sich um den Altar versammelt und vom Lebensbrot nährt und die das, was sich unterwegs zugetragen hat, mitbringt und feiert, um ihre Kräfte zu erneuern und weiterhin mit lauter Stimme zu verkünden, dass er unter uns lebt. In der sonntäglichen Messe erfahren wir unsere Herzenszugehörigkeit zu diesem Gottesvolk, dem wir in der Taufe eingegliedert worden sind, und gedenken des »ersten Wochentags« (vgl. Mk 16,2.9). Unsere heutige Welt, die vielerorts an Säkularismus und Konsumsucht krankt, scheint das Feiern und das Zusammenleben als Familie nach und nach zu verlernen. Deshalb ist der Katechet dazu aufgerufen, sein Leben einzusetzen, damit man uns den Sonntag nicht wegnimmt, und dazu beizutragen, dass das Fest im Herzen des Menschen nie endet und seine wöchentliche Pilgerfahrt zu Sinn und Fülle gelangt.

Brief an Katecheten, EAC, März 2001

Blick auf das Gute

Der Blick Jesu geht über die Sünden und die Vorurteile hinaus; er sieht die Person mit den Augen Gottes, der nicht beim vergangenen Übel stehen bleibt, sondern das künftige Gute sieht. Jesus gibt angesichts der Verschlossenheiten nicht auf, sondern öffnet immer, er eröffnet immer neue Räume des Lebens; er hält nicht vor dem Schein ein, sondern schaut auf das Herz. Bisweilen versuchen wir, einen Sünder zu korrigieren oder zu bekehren, indem wir ihn rügen und ihm wegen seiner Fehler und seines unrechten Verhaltens Vorwürfe machen. Die Haltung Jesu gegenüber Zachäus (vgl. Lk 19,1–10) zeigt uns einen anderen Weg: den Weg, jemandem, der einen Fehler macht, seinen Wert zu zeigen, jenen Wert, den Gott trotz allem, trotz all seiner Fehler immer sieht. Das kann eine positive Überraschung hervorrufen, die an das Herz rührt und den Menschen dazu drängt, das Gute herauszuholen, das er in sich hat. Wenn man den Menschen Vertrauen schenkt, lässt sie dies wachsen und sich ändern. So verhält sich Gott mit uns allen: Er ist nicht durch unsere Sünde blockiert, sondern er überwindet sie mit Liebe und lässt uns die Sehnsucht nach dem Guten verspüren. Wir alle haben nach einem Fehler diese Sehnsucht nach dem Guten verspürt. Und so handelt Gott, unser Vater, so handelt Jesus. Es gibt keinen Menschen, der nicht etwas Gutes hat. Und auf das blickt Gott, um ihn aus dem Bösen herauszuholen.

Die Jungfrau Maria helfe uns, das Gute zu sehen, das in den Menschen ist, denen wir alle Tage begegnen, damit alle ermutigt werden, das in ihr Herz eingeprägte Bild Gottes hervortreten zu lassen. Und so können wir uns über die Überraschungen der Barmherzigkeit Gottes freuen! Unseres Gottes, der ein Gott der Überraschungen ist!

Angelus Petersplatz, 30. Oktober 2016

Der Kirche anvertraut

Die Dreifaltigkeit ist Gemeinschaft der göttlichen Personen, die eine mit der anderen, eine für die andere, eine in der anderen sind: diese Gemeinschaft ist das Leben Gottes, das Geheimnis der Liebe des lebendigen Gottes. Und Jesus hat uns dieses Geheimnis offenbart. Er hat zu uns von Gott als dem Vater gesprochen; er hat zu uns vom Heiligen Geist gesprochen; und er hat zu uns von sich selbst als Sohn Gottes gesprochen. Und als er nach seiner Auferstehung die Jünger ausgesandt hat, um die Völker zu evangelisieren, hat er ihnen aufgetragen, sie »auf den Namen des Vaters und des Sohnes und des Heiligen Geistes« zu taufen (Mt 28,19). Dieses Gebot vertraut Christus zu allen Zeiten der Kirche an, die von den Aposteln den Auftrag zur Mission geerbt hat. Er richtet es auch an einen jeden von uns, die wir kraft der Taufe Teil seiner Gemeinde sind.

Die Dreifaltigkeit ist auch das letzte Ziel, auf das unsere Pilgerreise auf Erden ausgerichtet ist. Der Weg des christlichen Lebens ist nämlich ein im Wesentlichen »trinitarischer« Weg: Der Heilige Geist führt uns zur vollen Erkenntnis der Lehren Christi, und er erinnert uns auch an das, was Jesus uns gelehrt hat; und seinerseits ist Jesus auf die Welt gekommen, um uns den Vater erkennen zu lassen, um uns zu ihm zu führen, uns mit ihm zu versöhnen.

Angelus Petersplatz, 31. Mai 2015

Die mächtigen Wehen des Heiligen Geistes

Wie Papst Benedikt XVI. uns oft in seiner Lehre und zuletzt durch seine mutige und demütige Geste daran erinnert hat, ist es Christus, der durch seinen Geist die Kirche leitet. Der Heilige Geist ist die Seele der Kirche mit seiner Kraft, die Leben spendet und Einheit schafft: Aus vielen bildet er einen einzigen Leib, den mystischen Leib Christi. Geben wir nie dem Pessimismus nach, jener Verbitterung, die der Teufel uns jeden Tag bietet; geben wir nicht dem Pessimismus und der Mutlosigkeit nach: Wir haben die feste Gewissheit, dass der Heilige Geist mit seinem mächtigen Wehen der Kirche den Mut schenkt, fortzufahren und auch nach neuen Wegen der Evangelisierung zu suchen, um das Evangelium bis an die Grenzen der Erde zu bringen (vgl. Apg 1,8). Die christliche Wahrheit ist anziehend und gewinnend, denn sie antwortet auf die tiefen Bedürfnisse des menschlichen Daseins, wenn sie auf überzeugende Weise verkündet, dass Christus der einzige Retter des ganzen Menschen und aller Menschen ist. Diese Botschaft bleibt heute gültig, wie sie es vom Anbeginn des Christentums war, als die erste große missionarische Verbreitung des Evangeliums vollbracht wurde.

Ansprache in der Audienz für die Kardinäle Sala Clementina,
15. März 2013

Der gute Priester

Den guten Priester erkennt man daran, wie sein Volk gesalbt wird; das ist ein deutliches Beweismittel. Wenn die uns anvertrauten Menschen mit dem Öl der Freude gesalbt werden, ist das zu merken – zum Beispiel, wenn sie aus der Messe kommen mit dem Gesicht dessen, der eine gute Nachricht erhalten hat. Die Leute mögen es, wenn das Evangelium so gepredigt wird, dass man die Salbung spürt, sie mögen es, wenn das Evangelium, das wir predigen, ihr Alltagsleben erreicht, wenn es wie das Salböl Aarons bis an den »Saum« der Wirklichkeit hinabfließt, wenn es die Grenzsituationen, die »Randgebiete« erleuchtet, wo das gläubige Volk stärker der Invasion derer ausgesetzt ist, die seinen Glauben ausplündern wollen. Die Leute danken uns, weil sie spüren, dass wir unter Einbeziehung der Situation ihres Alltagslebens gebetet haben, mit ihren Leiden und ihren Freuden, ihren Ängsten und ihren Hoffnungen. Und wenn sie spüren, dass der Duft des Gesalbten schlechthin, der Duft Christi, durch uns zu ihnen kommt, fühlen sie sich ermutigt, uns all das anzuvertrauen, von dem sie möchten, dass es den Herrn erreiche: »Beten Sie für mich, Pater, denn ich habe dieses Problem«, »segnen Sie mich, Pater«, »beten Sie für mich« – das sind Zeichen dafür, dass die Salbung am Saum des Gewandes angekommen ist, denn sie wird in Bittgebet verwandelt, in Bittgebet des Gottesvolkes. Wenn wir in dieser Beziehung zu Gott und zu seinem Volk stehen und die Gnade durch uns hindurchfließt, dann sind wir Priester, Mittler zwischen Gott und den Menschen.

Predigt, Vatikanische Basilika, 28. März 2013

Maria, du Quelle der Hoffnung

Unser Glaubensweg ist unlöslich mit dem Marias verbunden, seit der sterbende Jesus sie uns vom Kreuz herab zur Mutter gegeben hat mit den Worten: »Da ist deine Mutter!« (Joh 19,27). Diese Worte haben die Bedeutung eines Testamentes und geben der Welt eine Mutter. Von jenem Augenblick an ist die Mutter Gottes auch unsere Mutter geworden! In der Stunde, in der der Glaube der Jünger durch viele Schwierigkeiten und Unsicherheiten brüchig wurde, vertraute Jesus sie derjenigen an, die die Erste war, die geglaubt hatte und deren Glaube niemals nachlassen sollte. Und die »Frau« wird unsere Mutter in dem Moment, in dem sie ihren göttlichen Sohn verliert. Ihr verwundetes Herz weitet sich, um allen Menschen, guten und bösen, allen Raum zu geben, und liebt sie, wie Jesus sie geliebt hatte. Die Frau, die bei der Hochzeit von Kana in Galiläa ihre Mitwirkung im Glauben zur Offenbarung der Wunder Gottes in der Welt gegeben hatte, hält auf dem Kalvarienberg die Flamme des Glaubens an die Auferstehung ihres Sohnes brennend und vermittelt mit mütterlicher Liebe diesen Glauben den anderen. So wird Maria zur Quelle von Hoffnung und wahrer Freude! Die Mutter des Erlösers geht uns voran und bestärkt uns ständig im Glauben, in der Berufung und in der Mission. Mit ihrem Beispiel der Demut und der Bereitschaft gegenüber dem Willen Gottes hilft sie uns, unseren Glauben umzusetzen in eine frohe und grenzenlose Verkündigung des Evangeliums. So wird unsere Mission fruchtbar sein, weil sie nach dem Vorbild der Mütterlichkeit Marias gebildet ist. Ihr vertrauen wir unseren Glaubensweg, unsere Herzenswünsche, unsere Nöte und die Bedürfnisse der ganzen Welt an, besonders den Hunger und den Durst nach Gerechtigkeit und Frieden und nach Gott.

Predigt, Petersdom, 1. Januar 2014

Mutter des lebendigen Evangeliums

Jungfrau und Mutter Maria, vom Heiligen Geist geführt nahmst du das Wort des Lebens auf, in der Tiefe deines demütigen Glaubens ganz dem ewigen Gott hingegeben.

Hilf uns, unser »Ja« zu sagen angesichts der Notwendigkeit, die dringlicher ist denn je, die Frohe Botschaft Jesu erklingen zu lassen.

Erwirke uns einen neuen Eifer als Auferstandene, um allen das Evangelium des Lebens zu bringen, das den Tod besiegt.

Gib uns den heiligen Wagemut, neue Wege zu suchen, damit das Geschenk der Schönheit, die nie erlischt, zu allen gelange.

Du, Jungfrau des hörenden Herzens und des Betrachtens, Mutter der Liebe, Braut der ewigen Hochzeit, tritt für die Kirche ein, deren reinstes Urbild du bist, damit sie sich niemals verschließt oder stillsteht in ihrer Leidenschaft, das Reich Gottes aufzubauen.

Stern der neuen Evangelisierung, hilf uns, dass wir leuchten im Zeugnis der Gemeinschaft, des Dienstes, des brennenden und hochherzigen Glaubens, der Gerechtigkeit und der Liebe zu den Armen, damit die Freude aus dem Evangelium bis an die Grenzen der Erde gelange und keiner Peripherie sein Licht vorenthalten werde.

Mutter des lebendigen Evangeliums, Quelle der Freude für die Kleinen, bitte für uns. Amen. Halleluja!

Evangelii gaudium 288

JUNI

»Das Evangelium ist die Heilsbotschaft Gottes für die Menschheit«

Die Freude des Evangeliums

Die Freude des Evangeliums erfüllt das Herz und das gesamte Leben derer, die Jesus begegnen. Diejenigen, die sich von ihm retten lassen, sind befreit von der Sünde, von der Traurigkeit, von der inneren Leere und von der Vereinsamung. Mit Jesus Christus kommt immer – und immer wieder – die Freude.

Evangelii gaudium 1

Einladung zur Nüchternheit

Das Evangelium will uns gewiss keine Angst machen, sondern unseren Horizont für die weitere, größere Dimension öffnen, die einerseits die alltäglichen Dinge relativiert, aber sie gleichzeitig kostbar, maßgebend macht. Die Beziehung mit »Gott, der kommt, um uns zu besuchen«, verleiht jeder Geste, allen Dingen ein anderes Licht, eine Substanz, einen symbolischen Wert. Aus dieser Perspektive ergibt sich auch die Einladung zur Nüchternheit, die Aufforderung, sich nicht von den Dingen dieser Welt, von den materiellen Wirklichkeiten beherrschen zu lassen, sondern sie vielmehr in den Griff zu bekommen. Wenn wir uns dagegen von ihnen abhängig machen und überwältigen lassen, vermögen wir nicht wahrzunehmen, dass da etwas viel Wichtigeres ist: unsere endgültige Begegnung mit dem Herrn. Und das ist das Wichtige. Diese Begegnung. Und die alltäglichen Dinge müssen diesen Horizont haben, sie müssen auf jenen Horizont ausgerichtet werden. Auf diese Begegnung mit dem Herrn, der für uns kommt.

Angelus, 27. November 2016

Weltlichkeit ablegen

Die Weltlichkeit tut uns nicht gut. Es ist sehr traurig, wenn man einem Christen begegnet, der dem Geist der Welt verfallen ist und meint, die Sicherheit zu haben, die ihm der Glaube gibt, und auch die, die ihm die Welt gibt. Man kann nicht auf beiden Seiten zugleich agieren. Die Kirche – wir alle – müssen die Weltlichkeit ablegen, die zur Eitelkeit führt, zum Stolz, zum Götzendienst. Jesus selbst hat gesagt: »Niemand kann zwei Herren dienen (…) Ihr könnt nicht Gott dienen und dem Mammon.« (vgl. Mt 6,24) Im Geld lag dieser ganze weltliche Geist; Geld, Eitelkeit, Hochmut, dieser Weg … das dürfen wir nicht … es ist traurig, wenn wir mit der einen Hand auslöschen, was wir mit der anderen schreiben. Das Evangelium ist das Evangelium! Gott ist einzig! Jesus hat sich für uns zum Knecht gemacht und der Geist der Welt hat damit nichts zu tun.

Ansprache, »Sala della Spoliazione«, Bischofshaus, Assisi
4. Oktober 2013

Gutes tun

In den Evangelien berichten viele Abschnitte von den Begegnungen Jesu mit den Kranken und von seinen unermüdlichen Heilungen. Er tritt öffentlich auf als einer, der gegen die Krankheit kämpft und der gekommen ist, um den Menschen von allen Übeln zu heilen: von den Übeln des Geistes und von den Übeln des Leibes. Die Szene, auf die im Evangelium nach Markus kurz angespielt wird, ist bewegend. Dort heißt es: »Als es Abend geworden war, brachte man nach Sonnenuntergang alle Kranken und Besessenen zu ihm.« (1,32). Wenn ich an die großen Städte unserer Zeit denke, dann frage ich mich, wo die Tore sind, vor die man die Kranken bringen kann, in der Hoffnung, dass sie geheilt werden! Jesus ist der Fürsorge für sie nie ausgewichen. Er ist nie vorübergegangen, hat nie das Gesicht abgewandt.

Und wenn ein Vater oder eine Mutter oder auch einfach befreundete Personen einen Kranken zu ihm brachten, damit er ihn berühren und heilen sollte, dann verlor er keine Zeit; die Heilung kam vor dem Gesetz, auch vor einem so heiligen Gesetz wie dem der Sabbatruhe (vgl. Mk 3,1–6). Die Schriftgelehrten machten Jesus Vorwürfe, weil er am Sabbat heilte, am Sabbat Gutes tat. Aber die Liebe Jesu bestand darin, Gesundheit zu schenken, Gutes zu tun: Und das steht immer an erster Stelle!

Familienkatechese, 10. Juni 2015

Globalisierung der Gleichgültigkeit

Wir haben den Sinn für brüderliche Verantwortung verloren; wir sind in die heuchlerische Haltung des Priesters und des Leviten geraten, von der Jesus im Gleichnis vom barmherzigen Samariter sprach: Wir sehen den halbtoten Bruder am Straßenrand, vielleicht denken wir »Der Arme« und gehen auf unserem Weg weiter; es ist nicht unsere Aufgabe; und damit beruhigen wir uns selbst und fühlen uns in Ordnung. Die Wohlstandskultur, die uns dazu bringt, an uns selbst zu denken, macht uns unempfindlich gegen die Schreie der anderen; sie lässt uns in Seifenblasen leben, die schön, aber nichts sind, die eine Illusion des Nichtigen, des Flüchtigen sind, die zur Gleichgültigkeit gegenüber den anderen führen, ja zur Globalisierung der Gleichgültigkeit. In dieser Welt der Globalisierung sind wir in die Globalisierung der Gleichgültigkeit geraten. Wir haben uns an das Leiden des anderen gewöhnt, es betrifft uns nicht, es interessiert uns nicht, es geht uns nichts an! Die Globalisierung der Gleichgültigkeit macht uns alle zu »Ungenannten«, zu Verantwortlichen ohne Namen und ohne Gesicht. Herr, in diesem Gottesdienst, den wir zur Buße feiern, bitten wir um Vergebung für die Gleichgültigkeit gegenüber so vielen Brüdern und Schwestern.

Predigt, Sportplatz »Arena« in Salina, 8. Juli 2013,
Besuch auf der Flüchtlingsinsel Lampedusa

Gerechtigkeit, die im Herzen brennt

Selig sind die unter uns, welche die Sehnsucht nach dieser Gerechtigkeit wachhalten, der wir im Lauf der Geschichte immer und immer wieder nachgejagt sind. Vielleicht wird diese Sehnsucht nie ganz gestillt werden, doch sie sorgt dafür, dass wir von dem Verlangen erfüllt sind, nach größerer Gleichheit zu streben. Denn die Gerechtigkeit selbst ermutigt und belohnt den, der etwas riskiert und sich für sie aufreibt, und sie gibt dem eine Chance, der sich wirklich und ernsthaft bemüht. Selig ist derjenige, der gemäß der Würde der Personen Gerechtigkeit übt; der die Bedürfnisse an dieser Würde misst und nicht seine Freunde bevorzugt, sondern die Menschen, die keine Lobby haben. Selig ist der, der nach der Gerechtigkeit hungert und dürstet – jener Gerechtigkeit, die Ordnung und Frieden bringt, weil sie den Irrtümern und Fehlern »Grenzen setzt«, statt sie zu rechtfertigen; weil sie Missbrauch und Korruption unterbindet, statt sie zu verschleiern oder zu bemänteln; weil sie Lösungen voranbringt, statt sich »die Hände in Unschuld zu waschen« oder vom Unglück anderer zu profitieren. Selig sind wir, wenn uns beim Anblick des Elends unzähliger Menschen auf dieser Welt der Ruf nach Gerechtigkeit im Herzen brennt.

Te Deum, 2006

Geheimnisvolle Natur

Das Neue Testament spricht zu uns nicht nur vom irdischen Jesus und seiner so konkreten und liebevollen Beziehung zur Welt. Es zeigt ihn auch als den Auferstandenen und Verherrlichten, der mit seiner allumfassenden Herrschaft in der gesamten Schöpfung gegenwärtig ist: »Gott wollte mit seiner ganzen Fülle in ihm wohnen, um durch ihn alles zu versöhnen. Alles im Himmel und auf Erden wollte er zu Christus führen, der Friede gestiftet hat am Kreuz durch sein Blut.« (1 Kol 19–20). Das versetzt uns ans Ende der Zeiten, wenn der Sohn dem Vater alles übergibt und Gott alles in allem ist (vgl. 1 Kor 15,28). Auf diese Weise erscheinen uns die Geschöpfe dieser Welt nicht mehr als eine bloß natürliche Wirklichkeit, denn geheimnisvoll umschließt sie der Auferstandene und richtet sie auf eine Bestimmung der Fülle aus. Die gleichen Blumen des Feldes und die Vögel, die er mit seinen menschlichen Augen voll Bewunderung betrachtete, sind jetzt erfüllt von seiner strahlenden Gegenwart.

Laudato si 100

Das Evangelium mit dem Herzen lesen

Wie schön ist es, vor einem Kreuz zu stehen oder vor dem Aller-
heiligsten zu knien und einfach vor seinen Augen da zu sein!
Wie gut tut es uns, zuzulassen, dass er unser Leben wieder
anrührt und uns antreibt, sein neues Leben mitzuteilen! Was
also geschieht, ist letztlich, dass wir das, »was wir also gesehen
und gehört haben, […] verkündigen« (1 Joh 1,3). Die beste
Motivation, sich zu entschließen, das Evangelium mitzuteilen,
besteht darin, es voll Liebe zu betrachten, auf seinen Seiten zu
verweilen und es mit dem Herzen zu lesen. Wenn wir es auf diese
Weise angehen, wird uns seine Schönheit in Staunen versetzen,
uns wieder und wieder faszinieren. Dazu ist es notwendig, einen
kontemplativen Geist wiederzuerlangen, der uns jeden Tag neu
entdecken lässt, dass wir Träger eines Gutes sind, das menschlicher macht und hilft, ein neues Leben zu führen. Es gibt nichts
Besseres, das man an die anderen weitergeben kann.

Evangelii gaudium 264

Mut, das Evangelium zu bringen

Den Aposteln schenkte Jesus zusammen mit seinem Frieden den Heiligen Geist, damit sie in der Welt die Vergebung der Sünden verbreiten können, jene Vergebung, die allein Gott schenken kann und die mit dem Blut des Sohnes bezahlt wurde (vgl. Joh 20,21–23). Die Kirche ist vom auferstandenen Christus gesandt, den Menschen die Vergebung der Sünden zu vermitteln und so das Reich der Liebe wachsen zu lassen, den Frieden in den Herzen zu säen, damit er sich auch in den Beziehungen, in der Gesellschaft, in den Institutionen behaupte. Und der Geist des auferstandenen Christus vertreibt die Angst aus den Herzen der Apostel und drängt sie, aus dem Abendmahlssaal herauszugehen, um den Menschen das Evangelium zu bringen. Auch wir wollen mehr Mut haben, den Glauben an den auferstandenen Christus zu bezeugen! Wir dürfen keine Angst haben, Christen zu sein und als Christen zu leben! Wir müssen diesen Mut haben, hinzugehen und den auferstandenen Christus zu verkündigen, da er unser Friede ist, er hat Frieden gestiftet mit seiner Liebe, mit seiner Vergebung, mit seinem Blut, mit seiner Barmherzigkeit.

Ansprache vor dem Regina Coeli Petersplatz, 7. April 2013

Werkzeug der Kraft

Seine Auferstehung gehört nicht der Vergangenheit an; sie beinhaltet eine Lebenskraft, die die Welt durchdrungen hat. Wo alles tot zu sein scheint, sprießen wieder überall Anzeichen der Auferstehung hervor. Es ist eine unvergleichliche Kraft. Es ist wahr, dass es oft so scheint, als existiere Gott nicht: Wir sehen Ungerechtigkeit, Bosheit, Gleichgültigkeit und Grausamkeit, die nicht aufhören. Es ist aber auch gewiss, dass mitten in der Dunkelheit immer etwas Neues aufkeimt, das früher oder später Frucht bringt. Auf einem eingeebneten Feld erscheint wieder das Leben, hartnäckig und unbesiegbar. Es mag viel Dunkles geben, doch das Gute neigt dazu, immer wiederzukommen, aufzukeimen und sich auszubreiten. Jeden Tag wird in der Welt die Schönheit neu geboren, die durch die Stürme der Geschichte verwandelt wieder aufersteht. Die Werte tendieren dazu, immer wieder auf neue Weise zu erscheinen, und tatsächlich ist der Mensch oft aus dem, was unumkehrbar schien, zu neuem Leben erstanden. Das ist die Kraft der Auferstehung, und jeder Verkünder des Evangeliums ist ein Werkzeug dieser Dynamik.

Evangelii gaudium 276

Glaube und Gedächtnis

Wie können wir sicher sein, über die Jahrhunderte hinweg auf den ›wahren Jesus‹ zurückzugehen? Wenn der Mensch ein vereinzeltes Wesen wäre, wenn wir allein vom individuellen ›Ich‹, das die Sicherheit seiner Erkenntnis in sich suchen möchte, ausgehen wollten, wäre diese Gewissheit unmöglich. Von mir selbst aus kann ich nicht sehen, was in einer von mir so weit entfernten Epoche geschehen ist. Doch ist dies nicht die einzige Art und Weise, wie der Mensch Kenntnis erwirbt. Der Mensch lebt stets in Beziehung. Er kommt von anderen, gehört anderen, und sein Leben wird größer durch die Begegnung mit anderen. Die Sprache selbst, die Worte, mit denen wir unser Leben und unsere Wirklichkeit deuten, kommt durch andere auf uns; sie ist im lebendigen Gedächtnis der anderen bewahrt. Die Kenntnis unserer selbst ist nur möglich, wenn wir an einem größeren Gedächtnis teilhaben. Die Vergangenheit des Glaubens, jener Akt der Liebe Jesu, der in der Welt ein neues Leben hervorgebracht hat, kommt auf uns durch das Gedächtnis der anderen, der Zeugen, und ist lebendig in dem einzigartigen Subjekt des Gedächtnisses, der Kirche. Die Kirche ist eine Mutter, die uns lehrt, die Sprache des Glaubens zu sprechen. In seinem Evangelium hat der heilige Johannes Nachdruck auf diesen Aspekt gelegt, indem er Glaube und Gedächtnis zusammenfügte und beide dem Wirken des Heiligen Geistes assoziierte, der – wie Jesus sagt – »euch an alles erinnern« wird (Joh 14,26). Die Liebe, die der Geist ist und in der Kirche wohnt, hält alle Zeiten untereinander geeint und macht uns zu ›Zeitgenossen‹ Jesu. So leitet er unser Unterwegssein im Glauben.

Lumen fidei 38

Eucharistie ist Gedächtnis

»Das lebendige Brot, das vom Himmel herabgekommen ist« (Joh 6,51), ist das *Sakrament des Gedächtnisses*, das uns auf reale und greifbare Weise an die Liebesgeschichte Gottes mit uns erinnert. In der Eucharistie ist der ganze Genuss der Worte und der Handlungen Jesu, der Geschmack seines Paschamysteriums, der Duft seines Geistes. Wenn wir sie empfangen, prägt sich unserem Herzen die Gewissheit ein, von ihm geliebt zu sein. So bildet die Eucharistie in uns ein *dankbares* Gedächtnis heran, weil wir uns als vom Vater geliebte Kinder erkennen, deren Hunger er stillt; ein *freies* Gedächtnis, weil die Liebe Jesu, seine Vergebung, die Wunden der Vergangenheit heilt und die Erinnerung an erlittenes und auferlegtes Unrecht heilt; ein *geduldiges* Gedächtnis, weil wir in den Widrigkeiten wissen, dass der Geist Jesu in uns bleibt. Die Eucharistie ermutigt uns: Auch auf dem holprigsten Weg sind wir nicht alleine, der Herr vergisst uns nicht, und jedes Mal, wenn wir zu ihm gehen, erquickt er uns mit Liebe. Die Eucharistie erinnert uns auch daran, dass wir keine Individuen sind, sondern *ein Leib*. Wie das Volk in der Wüste das vom Himmel gefallene Manna aufsammelte und es in der Familie teilte (vgl. Ex 16), so ruft uns Jesus, das Brot vom Himmel, zusammen, um ihn zu empfangen, ihn gemeinsam zu empfangen und unter uns zu teilen. Dieses Brot der Einheit möge in uns die Freude erwecken, uns ohne Rivalität, Neid und gehässiges Gerede zu lieben.

Predigt, Piazza San Giovanni in Laterano, 18. Juni 2017

Die gute Nachricht

»Geht hinaus in alle Welt und verkündet das Evangelium«. »Lehrt sie alles halten, was ich euch aufgetragen habe« – nämlich das Gebot der Liebe. Das Evangelium ist eine Gute Nachricht, und wir haben den Auftrag, diese Nachricht allen zu verkünden und sie »von den Dächern zu rufen«. Und wenn wir noch etwas genauer hinsehen, dann werden wir feststellen, dass die Kriterien einer zutiefst menschlichen Verkündigung – die auch für die neuen Medien gelten müssen – aus dem Evangelium stammen. Andererseits ist die Herausforderung, vor die uns die sozialen Kommunikationsmittel mit ihrer Technologie, ihrer globalen Reichweite, ihrer Allgegenwart und ihrem Einfluss auf die Kulturgesellschaft stellen, auch eine Einladung, mit ihnen ins Gespräch zu kommen und die Medien auf dem Weg der »Inkulturation« zu evangelisieren.

Predigt, 3. Kongress der Medienschaffenden, Oktober 2002

Hermeneutik

Wenn es stimmt, dass wir Christen die Schriften manchmal falsch interpretiert haben, müssen wir heute mit Nachdruck zurückweisen, dass aus der Tatsache, als Abbild Gottes erschaffen zu sein, und dem Auftrag, die Erde zu beherrschen, eine absolute Herrschaft über die anderen Geschöpfe gefolgert wird. Es ist wichtig, die biblischen Texte in ihrem Zusammenhang zu lesen, mit einer geeigneten Hermeneutik, und daran zu erinnern, dass sie uns einladen, den Garten der Welt zu »bebauen« und zu »bewachen« (vgl. Gen 2,15). Während »bebauen« kultivieren, pflügen oder bewirtschaften bedeutet, ist mit »bewachen« schützen, beaufsichtigen, bewahren, erhalten, bewachen gemeint. Das schließt eine Beziehung verantwortlicher Wechselseitigkeit zwischen dem Menschen und der Natur ein. Jede Gemeinschaft darf von der Erde das nehmen, was sie zu ihrem Überleben braucht, hat aber auch die Pflicht, sie zu schützen und das Fortbestehen ihrer Fruchtbarkeit für die kommenden Generationen zu gewährleisten. Denn »des Herrn ist die Erde« (Ps 24,1), ihm gehört letztlich »die Erde und alles, was auf ihr ist« (Dtn 10,14).

Laudato si 67

Unverhältnismäßigkeit

Die Gute Nachricht von der Brotvermehrung ist eine jener Episoden, die sich dem Gedächtnis der Kirche für alle Zeiten eingeprägt haben. Nie werden wir es müde, über das zu staunen, was sich an jenem Abend zugetragen hat, und der Erzählung dieser »unerhörten Tat« Jesu zu lauschen. Es war ein Fest; ein einfaches Fest, ein Fest des Glaubens. Einfach, weil es nur Brote und Fische gab – die aber mit ihrer schieren Überfülle Staunen weckten, und mit dem Staunen den Glauben und die Freude, als Brüder an einem Tisch zu sitzen und dieses Brot zu teilen … Es muss so gewesen sein, wir können es uns nicht anders vorstellen: In freudiger Überraschung brachen die Menschen das Brot und teilten es mit ihren Nachbarn.

Die Erinnerung an die Brotvermehrung hat uns (genau wie das Geschehen auf der Hochzeit zu Kana) so etwas wie ein Evangelium der Unverhältnismäßigkeit ins Herz gelegt. Aus den segnenden Händen des Herrn ergießt sich eine verschwenderische Menge Brot: Aus fünf Broten werden 5000. Dieses Übermaß ging weit über alle menschlichen Berechnungen. Sie war Überfülle: Alle aßen und wurden satt. Ja, sie war geradezu Verschwendung: Mit den Resten füllten sie zwölf Körbe. Eine Verschwendung jedoch, die nichts wegwirft und damit ganz anders ist als die skandalöse Verschwendung der Reichen und Berühmten, an die wir uns fast schon gewöhnt haben.

Die Botschaft des Evangeliums ist klar, einleuchtend, warmherzig und überwältigend: Wo Jesus ist, da verlieren menschliche Verhältnisse ihre Gültigkeit.

Predigt, Fronleichnam 2001

Der Duft des Evangeliums

Ebenso wie der organische Zusammenhang zwischen den Tugenden verhindert, irgendeine von ihnen aus dem christlichen Ideal auszuschließen, wird auch keine Wahrheit geleugnet. Man darf die Vollständigkeit der Botschaft des Evangeliums nicht verstümmeln. Außerdem versteht man jede Wahrheit besser, wenn man sie in Beziehung zu der harmonischen Ganzheit der christlichen Botschaft setzt, und in diesem Zusammenhang haben alle Wahrheiten ihre Bedeutung und erhellen sich gegenseitig. Wenn die Predigttätigkeit treu gegenüber dem Evangelium ist, zeigt sich in aller Klarheit die Zentralität einiger Wahrheiten, und es wird deutlich, dass die christliche Morallehre keine stoische Ethik ist, dass sie mehr ist als eine Askese, dass sie weder eine bloße praktische Philosophie ist, noch ein Katalog von Sünden und Fehlern. Das Evangelium lädt vor allem dazu ein, dem Gott zu antworten, der uns liebt und uns rettet – ihm zu antworten, indem man ihn in den anderen erkennt und aus sich selbst herausgeht, um das Wohl aller zu suchen. Diese Einladung darf unter keinen Umständen verdunkelt werden! Alle Tugenden stehen im Dienst dieser Antwort der Liebe. Wenn diese Einladung nicht stark und anziehend leuchtet, riskiert das moralische Gebäude der Kirche, ein Kartenhaus zu werden, und das ist unsere schlimmste Gefahr. Denn dann wird es nicht eigentlich das Evangelium sein, was verkündet wird, sondern einige lehrmäßige oder moralische Schwerpunkte, die aus bestimmten theologischen Optionen hervorgehen. Die Botschaft läuft Gefahr, ihre Frische zu verlieren und nicht mehr ›den Duft des Evangeliums‹ zu haben.

Evangelii gaudium 39

Unvoreingenommen sein

Die Schafe, welche die Stimme des Hirten kennen, wissen sehr genau zu unterscheiden, wer ein Hirte ist und wer nicht, wer nur ein Lohnknecht ist, wer sie beschützen wird, wenn der Wolf kommt, und wer das Weite suchen wird. Deshalb sagt Jesus zu ihnen: »Meine Schafe hören meine Stimme und ich kenne sie und sie folgen mir« (Joh 10, 27). »Ihr glaubt nicht. Die Werke, die ich im Namen meines Vaters vollbringe, legen Zeugnis für mich ab. Aber ihr glaubt nicht, weil ihr nicht zu meinen Schafen gehört« (Joh 10, 25), ihr glaubt nicht, weil ihr nicht seht, was ich tue, weil ihr voreingenommen seid – und alle, die sich auf irgendeine Weise gegen das Volk Gottes und das Evangelium oder gegen seinen Hirten stellen, sind voreingenommen, haben einen Standpunkt außerhalb des Evangeliums eingenommen, von dem aus sie das Evangelium interpretieren. Ihre Herzen sind – wie die Herzen der Pharisäer – nicht offen für den Ruf Jesu.

Zum 30. Todestag von Bischof Enrique Angelelli, August 2006

Dort spricht Jesus

Ich frage euch etwas: lest ihr jeden Tag einen Abschnitt aus dem Evangelium? Ja, nein … ja, nein … halb und halb … Einige ja und einige nein. Aber das ist wichtig! Lest ihr das Evangelium? Das ist eine gute Sache; es ist eine gute Sache, ein kleines Evangelienbuch zu haben, ein kleines, und es immer bei sich zu haben, in der Jackentasche, in der Handtasche, um dann zu einer beliebigen Tageszeit einen kleinen Abschnitt zu lesen. An irgendeinem Moment des Tages nehme ich das Evangelium aus der Tasche und lese etwas, einen kleinen Abschnitt. Dort, im Evangelium, spricht Jesus! Denkt daran. Das ist nicht schwer, und es ist nicht einmal notwendig, dass es alle vier sind: eines der Evangelien, ganz klein, das bei uns ist. Immer mit dem Evangelium bei uns, weil es das Wort Jesu ist, um darauf hören zu können.

Angelus, 16. März 2014

Glaube ist keine Privatsache

Der Glaube hat eine notwendig kirchliche Gestalt; er wird vom Innern des Leibes Christi aus bekannt, als konkrete Gemeinsamkeit der Gläubigen. Von diesem kirchlichen Ort her macht er den einzelnen Christen offen für alle Menschen. Das einmal gehörte Wort Christi verwandelt sich durch seine Eigendynamik im Christen in Antwort und wird selbst verkündetes Wort, Bekenntnis des Glaubens. Der heilige Paulus sagt, dass man »mit dem Herzen glaubt … und mit dem Mund bekennt« (Röm 10,10). Der Glaube ist keine Privatsache, keine individualistische Auffassung, keine subjektive Meinung, sondern er geht aus einem Hören hervor und ist dazu bestimmt, sich auszudrücken und Verkündigung zu werden. Denn »wie sollen sie nun den anrufen, an den sie nicht glauben? Wie sollen sie an den glauben, von dem sie nichts gehört haben? Wie sollen sie hören, wenn niemand verkündet?« (Röm 10,14). Der Glaube wird also im Christen wirksam von der empfangenen Gabe her, der Liebe, die zu Christus hinzieht (vgl. Gal 5,6), und lässt ihn teilnehmen am Weg der Kirche, die durch die Geschichte pilgernd unterwegs ist zur Vollendung. Für den, der auf diese Weise verwandelt worden ist, öffnet sich eine neue Sichtweise, wird der Glaube zum Licht für seine Augen.

Lumen fidei 22

Marias Stil

Es gibt einen marianischen Stil bei der missionarischen Tätigkeit der Kirche. Denn jedes Mal, wenn wir auf Maria schauen, glauben wir wieder an das Revolutionäre der Zärtlichkeit und der Liebe. An ihr sehen wir, dass die Demut und die Zärtlichkeit nicht Tugenden der Schwachen, sondern der Starken sind, die nicht andere schlecht zu behandeln brauchen, um sich wichtig zu fühlen. Wenn wir auf Maria schauen, sehen wir, dass diejenige, die Gott lobte, weil er »Gewaltige ... vom Thron gestürzt« »und Reiche leer davongeschickt« (hat) (vgl. Lk 1,52.53), in unsere Suche nach Gerechtigkeit Geborgenheit bringt. Auch bewahrt sie sorgfältig »alle diese Worte und erwog sie in ihrem Herzen« (vgl. Lk 2,19). Maria weiß, die Spuren des Geistes Gottes in den großen Geschehnissen zu erkennen und auch in denen, die nicht wahrnehmbar scheinen. Sie betrachtet das Geheimnis Gottes in der Welt, in der Geschichte und im täglichen Leben von jedem und allen Menschen. Sie ist die betende und arbeitende Frau in Nazaret, und sie ist auch unsere Frau von der unverzüglichen Bereitschaft, die aus ihrem Dorf aufbricht, um den anderen »eilends« (vgl. Lk 1,39) zu helfen. Diese Dynamik der Gerechtigkeit und der Zärtlichkeit, des Betrachtens und des Hingehens zu den anderen macht Maria zu einem kirchlichen Vorbild für die Evangelisierung.

Wir bitten sie, dass sie uns mit ihrem mütterlichen Gebet helfe, damit die Kirche ein Haus für viele werde, eine Mutter für alle Völker, und dass die Entstehung einer neuen Welt möglich werde. Der Auferstandene sagt uns mit einer Macht, die uns mit großer Zuversicht und fester Hoffnung erfüllt: »Seht, ich mache alles neu« (Offb 21,5).

Evangelii gaudium 288

In Liebe zurechtweisen

Der auferstandene Jesus sagt, als er zum ersten Mal den Seinen erscheint: »Empfangt heiligen Geist! 23 Wem ihr die Sünden vergebt, dem sind sie vergeben, und wem ihr sie nicht vergebt, dem bleiben sie unvergeben« (Joh 20, 22f). Jesus verurteilt die Seinen nicht, die ihn während seiner Passion verlassen und verleugnet hatten, sondern er gibt ihnen den Geist der Vergebung. Der Geist ist die erste Gabe des Auferstandenen und wird vor allem gegeben, um die Sünden zu vergeben. Hier ist der Beginn der Kirche, hier das Bindemittel, das uns zusammenhält, der Zement, der die Bausteine des Hauses vereint: die Vergebung. Weil die Vergebung die Gabe in höchster Potenz ist, ist sie die größere Liebe, jene, die trotz allem vereint hält, die den Zusammenbruch verhindert, die kräftigt und festigt. Die Vergebung befreit das Herz und erlaubt, von Neuem anzufangen: die Vergebung verleiht die Hoffnung, ohne Vergebung kann man die Kirche nicht aufbauen. Der Geist der Vergebung, der alles in der Eintracht kuriert, treibt uns dazu an, andere Wege von uns zu weisen: die voreiligen Wege desjenigen, der urteilt, die ausweglosen Pfade desjenigen, der jede Tür verschließt, die Einbahnstraßen desjenigen, der die anderen kritisiert.

Bitten wir um die Gnade, das Angesicht unserer Mutter Kirche immer schöner zu machen, indem wir uns dank der Vergebung erneuern und uns selbst bessern: nur dann werden wir die anderen in der Liebe zurechtweisen können. Darum wollen wir den Heiligen Geist bitten, das Liebesfeuer, das in der Kirche und in uns brennt, auch wenn wir es oft mit der Asche unserer Schuld bedecken.

Predigt, Vatikanische Basilika, Sonntag 4. Juni 2017

Kein leeres Wort

Das Evangelium, liebe Freunde, betrifft nicht nur die Religion, es betrifft den Menschen, den ganzen Menschen, es betrifft die Welt, die Gesellschaft, die menschliche Zivilisation. Das Evangelium ist die Heilsbotschaft Gottes für die Menschheit. Aber wenn wir »Heilsbotschaft« sagen, dann ist das nicht nur eine Floskel, nicht nur ein einfaches, leeres Wort, wie es heute so viele gibt! Die Menschheit bedarf dringend der Rettung! Das sehen wir jeden Tag, wenn wir Zeitung lesen, wenn wir uns die Nachrichten im Fernsehen ansehen; aber wir sehen es auch in unserem Umfeld, in den Personen, den Situationen; und wir sehen es an uns selbst! Jeder von uns bedarf der Rettung! Alleine schaffen wir es nicht! Wir bedürfen der Rettung! Rettung wovor? Vor dem Bösen. Das Böse ist am Wirken, es tut seine Arbeit. Aber das Böse ist nicht unbesiegbar, und ein Christ gibt sich nicht geschlagen, wenn er mit dem Bösen konfrontiert wird. Und ihr, junge Freunde, wollt ihr euch geschlagen geben, wenn ihr mit dem Bösen, mit Unrecht und mit Schwierigkeiten zu kämpfen habt? Wollt ihr, oder wollt ihr nicht? [Die Jugendlichen rufen: Nein!] Ah, sehr gut. Das hört man gern! Unser Geheimnis ist, dass Gott größer ist als das Böse: und das stimmt! Gott ist größer als das Böse. Gott ist unendliche Liebe, grenzenlose Barmherzigkeit, und diese Liebe hat das Böse an der Wurzel besiegt im Tod und in der Auferstehung Christi. Das ist das Evangelium, die Frohbotschaft: Die Liebe Gottes hat gesiegt! Christus ist für unsere Sünden am Kreuz gestorben und auferstanden von den Toten. Mit ihm können wir gegen das Böse kämpfen und es jeden Tag besiegen.

Ansprache, Platz vor der Basilika Santa Maria degli Angeli, Assisi, 4. Oktober 2013, Begegnung mit der umbrischen Jugend, Pastoralbesuch in Assisi

Mitgefühl Jesu

Erwägen wir heute in unserem Herzen den Blick, mit dem der Herr so oft voller Bewegung auf die Zerbrechlichkeit seines Volkes blickt. Das innige Mitgefühl Jesu war nichts, was ihn absorbierte, war keine lähmende Hilflosigkeit, wie sie uns so oft befällt, sondern genau das Gegenteil: Es war ein Mitgefühl, das ihn kraftvoll und kühn aus sich herausgehen ließ, um zu verkündigen und auszusenden, auszusenden, um zu heilen, wie wir es im Evangelium gelesen haben.

Predigt, Chrisammesse 2004

Das Evangelium lädt zur Freude ein

Das Evangelium, in dem das Kreuz Christi ›glorreich‹ erstrahlt, lädt mit Nachdruck zur Freude ein. Nur einige Beispiele: »Chaire – freue dich«, ist der Gruß des Engels an Maria (Lk 1,28). Der Besuch Marias bei Elisabet lässt Johannes im Mutterschoß vor Freude hüpfen (vgl. Lk 1,41). In ihrem Lobgesang bekundet Maria: »Mein Geist jubelt über Gott, meinen Retter« (Lk 1,47). Als Jesus sein öffentliches Wirken beginnt, ruft Johannes aus: »Diese meine Freude ist jetzt in Erfüllung gegangen« (Joh 3,29). Jesus selber »rief … voll Freude vom Heiligen Geist erfüllt aus …« (Lk 10,21). Seine Botschaft ist Quelle der Freude: »Das habe ich zu euch gesagt, damit meine Freude in euch ist und euere Freude vollkommen wird« (Joh 15,11). Unsere christliche Freude entspringt der Quelle seines überfließenden Herzens. Er verheißt seinen Jüngern: »Ihr werdet weinen und klagen, die Welt aber wird sich freuen. Ihr werdet traurig sein, aber euere Trauer wird sich in Freude verwandeln.« (Joh 16,20), und beharrt darauf: »Ich werde euch wiedersehen. Da wird sich euer Herz freuen und eure Freude nimmt euch niemand weg.« (Joh 16,22). Als sie ihn später als Auferstandenen sahen, »freuten« sie sich (Joh 20,20). Die Apostelgeschichte erzählt von der ersten Gemeinde: Sie »brachen reihum in den Häusern das Brot und nahmen Speise zu sich in Fröhlichkeit« (2,46). Wo die Jünger vorbeikamen, »herrschte große Freude« (8,8), und sie selber waren mitten in der Verfolgung »(voll) Freude« (13,52).

Warum wollen nicht auch wir in diesen Strom der Freude eintreten?

Evangelii gaudium 5

In der Gegenwart des Herrn

Der auferstandene Jesus ist den verfolgten und diskriminierten Christen nahe; er ist allen Männern und Frauen nahe, die leiden. Er ist uns allen nahe, auch heute. Der Herr ist bei uns! Glaubt ihr das? Dann sagen wir es gemeinsam: Der Herr ist bei uns! Als Jesus in den Himmel zurückkehrt, bringt er dem Vater ein Geschenk mit. Was für ein Geschenk? Seine Wunden. Sein Leib ist wunderschön, ohne Blutergüsse, ohne die Verletzungen der Geißelung, doch er bewahrt die Wunden. Wenn der Vater auf die Wunden Jesu blickt, vergibt er uns immer, nicht weil wir gut sind, sondern weil Jesus für uns bezahlt hat. Indem der Vater auf die Wunden Jesu blickt, wird er barmherziger. Das ist etwas Schönes, das uns dazu drängt, keine Angst zu haben, um Vergebung zu bitten. Der Vater vergibt immer, weil er auf die Wunden Jesu blickt; er schaut auf unsere Sünde und vergibt sie. Doch Jesus ist auch durch die Kirche gegenwärtig, die seine Sendung fortsetzen soll. Das letzte Wort Jesu an die Jünger ist der Auftrag aufzubrechen: »Geht und macht alle Völker zu Jüngern« (Mt 28,19). Seinen missionarischen Jüngern sagt Jesus: »Ich bin bei euch alle Tage bis ans Ende der Welt« (V. 20). Allein, ohne Jesus, vermögen wir nichts! Für das apostolische Werk sind unsere Kräfte, unsere Ressourcen, unsere Strukturen nicht ausreichend, auch wenn sie notwendig sind. Ohne die Gegenwart des Herrn und ohne die Kraft seines Geistes ist unsere auch gut organisierte Arbeit wirkungslos. Und so gehen wir hin, um den Leuten zu sagen, wer Jesus ist.

Angelus, 1. Juni 2014

Anbeten und unterwegs sein

Vielleicht sind wir uns nicht immer bis ins Letzte bewusst, was das bedeutet, welche Konsequenzen unser Glaubensbekenntnis hat oder haben sollte. Unser Glaube an die Realpräsenz Jesu Christi, wahrer Mensch und wahrer Gott, im geweihten Brot und Wein, ist echt, wenn wir uns bemühen, ihm nachzufolgen und mit ihm zu gehen. Anbeten und unterwegs sein: ein Volk, das anbetet, ist ein Volk, das unterwegs ist! Mit ihm gehen und ihm nachfolgen, im Bestreben, sein Gebot umzusetzen, das er den Jüngern beim Letzten Abendmahl gegeben hat: »Wie ich euch geliebt habe, so sollt auch ihr einander lieben« (Joh 13,34). Das Volk, das Gott in der Eucharistie anbetet, ist das Volk, das in der Liebe unterwegs ist. Gott in der Eucharistie anbeten, mit Gott in der brüderlichen Liebe unterwegs sein.

Predigt, Ebene von Sibari, 21. Juni 2014

Die Torheit des Evangeliums

Wenn ich zu den Menschen spreche und dabei denke: »Ah, diese dummen Leute, die keine Ahnung von Religion haben. Ich werde ihnen zeigen, werde sie lehren, was man tun muss…« Bitte nicht! Besser du bleibst zu Hause und betest einen Rosenkranz. Das wird besser für dich sein, als in Mission zu gehen. Ich weiß nicht, ob ihr das verstanden habt.

Und warum muss ich diese Menschen lieben? Diese Opfer der Droge, des Alkohols, der Gewalt, der Verführung durch den Bösen? Hinter all diesen Situationen, die du erwähnt hast, gibt es eine Gewissheit, die wir nicht vergessen dürfen, eine Gewissheit, die uns in der Hoffnung »dickköpfig« machen muss: Um missionarisch aktiv zu sein, muss man stur sein in der Hoffnung. Nicht nur Liebe, sondern auch Hoffnung, und dickköpfig. In jedem dieser Menschen, die Opfer schwieriger Situationen sind, ist ein Bild Gottes, das aus verschiedenen Gründen misshandelt, mit Füßen getreten wurde. Da gibt es eine Geschichte des Schmerzes, der Wunden, die wir nicht ignorieren dürfen. Und das ist die Verrücktheit des Glaubens.

Wenn Jesus zu uns sagt: »Du bist ins Gefängnis gekommen und hast mich besucht« – »Aber du bist verrückt!«: Das ist die Verrücktheit des Glaubens. Die Torheit des Kreuzes, von der der heilige Paulus spricht; die Torheit der Verkündigung des Evangeliums. Dort ist Jesus, und das bedeutet, mit den Augen Jesu sehen zu lernen: so wie Jesus diese Menschen anblickt. Wie er sie anblickt.

Ansprache, Heiligtum Unserer Lieben von Frau von der Wache,
27. Mai 2017

Bis zum Ende der Welt

»Ich bin bei euch alle Tage bis ans Ende der Welt« (Mt 28,20). Diese letzten Worte des Matthäusevangeliums rufen die prophetische Verkündigung in Erinnerung, die wir bereits am Anfang finden: »Man wird ihm den Namen Immanuel geben, das heißt übersetzt: Gott mit uns« (Mt 1,23; vgl. Jes 7,14). Gott wird mit uns sein, alle Tage, bis zum Ende der Welt. Jesus wird mit uns gehen, alle Tage, bis zum Ende der Welt. Das ganze Evangelium ist von diesen beiden Zitaten umschlossen: von Worten, die das Geheimnis Gottes mitteilen, dessen Name, dessen Identität das »Mit-Sein« ist. Er ist kein isolierter Gott, er ist ein »Gott mit«, insbesondere »mit uns«, also mit dem menschlichen Geschöpf.

Unser Gott ist kein abwesender Gott, der in einen fernen Himmel entführt wurde; sondern er ist ein Gott mit »Leidenschaft« für den Menschen, den er so zärtlich liebt, dass er nicht in der Lage ist, sich von ihm zu trennen. Wir Menschen sind fähig, Verbindungen und Brücken abzubrechen. Er dagegen nicht. Wenn unser Herz erkaltet, bleibt sein Herz immer glühend. Unser Gott begleitet uns immer, auch wenn wir ihn unglücklicherweise vergessen sollten. Auf dem Grat, der die Ungläubigkeit vom Glauben trennt, ist die Entdeckung entscheidend, von unserem Vater geliebt und begleitet zu sein, von ihm nie alleingelassen zu werden.

Generalaudienz, 26. April 2017

193

Mut der Apostel

Die Apostelgeschichte stellt uns die von der Verfolgung bedrängte erste christliche Gemeinde vor Augen. Eine Gemeinde, die von Herodes grausam verfolgt wird. Ich möchte heute dem Mut der Apostel der ersten christlichen Gemeinde Ehre erweisen: ihrem Mut, ohne Furcht vor Tod und Martyrium im gesellschaftlichen Rahmen eines heidnischen Reiches die Evangelisierung voranzutreiben, und ihrem christlichen Leben, das für uns Gläubige von heute ein starker Aufruf zum Gebet, zum Glauben und zum Zeugnis ist.

Die Gemeinde war eine betende Kirche: »So wurde Petrus im Kerker gehalten. Die Gemeinde aber betete ohne Unterlass für ihn zu Gott.« (Apg 12,5). Die Gemeinde von Petrus und Paulus lehrt uns, dass eine betende Kirche eine starke Kirche ist, die »auf den Beinen« und in Bewegung ist! Ein betender Christ ist nämlich ein beschützter, behüteter und unterstützter Christ, vor allem aber ist er nicht allein.

»Posten hielten vor der Tür Wache. Plötzlich trat ein Engel des Herrn ein und Licht erstrahlte in der Zelle. Er stieß Petrus in die Seite … Da fielen die Ketten von seinen Händen.« (12,6–7).

Denken wir daran, wie oft der Herr unser Gebet erhört und uns einen Engel gesandt hat? Wie viele Engel schickt er uns über den Weg! Wir aber, in einem Anfall von Angst oder Unglauben oder auch von Euphorie, lassen sie vor der Türe stehen. Keine christliche Gemeinde kann vorankommen ohne die Unterstützung des beharrlichen Gebetes! Des Gebetes, das Begegnung mit Gott ist, mit dem Gott, der nie enttäuscht; mit dem Gott, der sein Wort hält; mit dem Gott, der seine Kinder nicht verlässt.

Predigt, Vatikanische Basilika, 29. Juni 2015

… und Jesus ist da

Ich stelle euch eine Frage, aber ich möchte nicht, dass ihr antwortet: Wie viele von euch lesen jeden Tag einen Abschnitt aus dem Evangelium? Aber wie viele von euch beeilen sich, mit der Arbeit fertig zu werden, damit sie nicht eine Fernsehsoap verpassen … Das Evangelium in Händen haben, das Evangelium auf dem Nachttisch haben, das Evangelium in der Handtasche haben, das Evangelium in der Tasche haben und es öffnen, um das Wort Jesu zu lesen: so kommt das Reich Gottes. Der Kontakt mit dem Wort Jesu bringt uns dem Reich Gottes näher. Denkt daran: Ein kleines Evangelium immer in Reichweite, man öffnet es zufällig an einer Stelle und man liest, was Jesus sagt, und Jesus ist da.

Predigt, Platz vor dem Schloss von Caserta, 26. Juli 2014

JULI

»Die Diagnose, die Jesus der Welt stellt, ist ein Aufruf zu energischem Handeln«

Eine neue Welt

Die Kinder dürfen keine Angst haben vor der Aufgabe, eine neue Welt aufzubauen: Zu Recht wünschen sie, dass sie besser sein soll als jene, die sie empfangen haben! Das muss jedoch ohne Arroganz, ohne Anmaßung geschehen. Man muss den Wert der Kinder anerkennen, und man muss die Eltern stets ehren. Das vierte Gebot verlangt von den Kindern – und das sind wir alle! –, den Vater und die Mutter zu ehren (vgl. Ex 20,12). Dieses Gebot kommt sofort nach denen, die Gott selbst betreffen. Denn es enthält etwas Heiliges, etwas Göttliches, etwas, das an der Wurzel jeder anderen Form der Achtung zwischen den Menschen liegt. Und in der biblischen Formulierung des vierten Gebotes wird hinzugefügt: »damit du lange lebst in dem Land, das der Herr, dein Gott, dir gibt«. Die liebevolle Verbindung zwischen den Generationen garantiert die Zukunft, und sie garantiert eine wirklich menschliche Geschichte. Eine Gesellschaft mit Kindern, die ihre Eltern nicht ehren, ist eine Gesellschaft ohne Ehre; wenn man die Eltern nicht ehrt, dann verliert man die eigene Ehre! Eine solche Gesellschaft ist dazu verurteilt, sich mit gefühllosen und habgierigen jungen Menschen zu füllen. Aber auch eine fortpflanzungsarme Gesellschaft, die sich nicht gern mit Kindern umgibt, die sie vor allem als Sorge, als Last, als Risiko betrachtet, ist eine trübselige Gesellschaft.

Familienkatechese, 11. Februar 2015

Gottes Erbarmen als Antrieb spüren

Nach dem Lukasevangelium macht Maria sich nach dem Empfang der Botschaft des Engels und ihres Ja, die Mutter des Erlösers zu werden, auf den Weg und eilt ihre Cousine Elisabet zu besuchen, die im sechsten Monat schwanger ist (vgl. 1,36.39). Maria ist sehr jung. Was ihr verkündigt wurde, ist ein riesengroßes Geschenk, doch es bringt auch sehr große Herausforderungen mit sich. Der Herr hat ihr seine Nähe und seine Hilfe zugesagt, aber in ihrem Verstand und ihrem Herzen sind viele Dinge noch unklar. Dennoch schließt sich Maria nicht zu Hause ein, sie lässt sich nicht von der Angst oder vom Stolz lähmen. Maria ist nicht der Typ dafür, der – um es sich gut gehen zu lassen – ein Sofa braucht, auf dem man es sich bequem und gemütlich macht. Sie ist keine Sofa-Jugendliche! Wenn ihre alte Cousine Unterstützung braucht, dann verliert sie keine Zeit und macht sich sofort auf den Weg. Vom Glauben Marias berührt ruft Elisabet aus: »Selig, die geglaubt hat, dass sich erfüllt, was ihr vom Herrn gesagt wurde« (V. 45). Ja, eine der großen Gaben, welche die Jungfrau Maria erhalten hat, ist der Glaube. An Gott zu glauben ist ein unschätzbares Geschenk, es muss aber auch angenommen werden; und Elisabet preist Maria dafür. Sie antwortet ihrerseits mit dem Lobgesang des Magnificat (vgl. Lk 1,46–55). Ihr Lied hilft uns, das Erbarmen des Herrn als Antriebskraft der Geschichte zu begreifen, sowohl der persönlichen Geschichte eines jeden von uns als auch der ganzen Menschheit.

Botschaft zum XXXII. Weltjugendtag, aus dem Vatikan,
27. Februar 2017

Jesu Wunden

Schon beim ersten Mal, als Jesus am Abend des Tages nach dem Sabbat, am Tag der Auferstehung, den Aposteln erschien, zeigte er ihnen seine Wunden. An jenem Abend war aber Thomas, wie wir gehört haben, nicht dabei. Und als die anderen ihm sagten, dass sie den Herrn gesehen hatten, antwortete er, er werde nicht glauben, bevor er jene Wunden nicht gesehen und berührt habe. Acht Tage darauf erschien Jesus erneut im Abendmahlssaal inmitten der Jünger, und auch Thomas war da. Jesus wandte sich an ihn und forderte ihn auf, seine Wunden zu berühren. Und da kniete dieser ehrliche Mann, der daran gewöhnt war, alles selbst zu überprüfen, vor Jesus nieder und sagte: »Mein Herr und mein Gott!« (Joh 20,28).

Die Wunden Jesu sind ein Ärgernis für den Glauben, aber sie sind auch ein Nachweis für den Glauben. Darum verschwinden die Wunden am Leib des auferstandenen Christus nicht; sie bleiben, denn diese Wunden sind das ständige Zeichen der Liebe Gottes zu uns, und sie sind unerlässlich für den Glauben an Gott. Nicht um zu glauben, dass Gott existiert, sondern um zu glauben, dass Gott Liebe, Barmherzigkeit und Treue ist. Der heilige Petrus nimmt die Worte des Propheten Jesaja auf und schreibt an die Christen: »Durch seine Wunden wurdet ihr geheilt« (1 Petr 2,24; vgl. Jes 53,5).

Predigt, Petersplatz, 27. April 2014

Wegwerfkultur

Die Armut wird sichtbarer. Man muss kämpfen, um zu leben, und häufig, um nicht einmal würdevoll zu leben. Eine der Ursachen für diese Situation ist meiner Ansicht nach in der Beziehung zu finden, die wir zum Geld haben, indem wir seine Herrschaft über uns und unsere Gesellschaft akzeptieren. So lässt uns die Finanzkrise, die wir gerade erleben, deren eigentlichen Ursprung vergessen: eine tiefe anthropologische Krise – die Negation des Primats des Menschen! Wir haben neue Götzen geschaffen. Die Anbetung des alten goldenen Kalbes (vgl. Ex 32,15–34) hat ein neues und grausames Bild gefunden im Fetischismus des Geldes und in der Diktatur der gesichtslosen Wirtschaft ohne wirklich menschliche Ziele und Zwecke. Die globale Krise, von der Finanz und Wirtschaft betroffen sind, scheint deren Deformierung und vor allem das schwerwiegende Fehlen ihrer anthropologischen Perspektive ins Licht zu rücken, die den Menschen auf ein einziges Bedürfnis reduziert: den Konsum. Und schlimmer noch, heute wird der Mensch selbst als Konsumgut betrachtet, das man benutzen und wegwerfen kann. Wir haben diese Wegwerfkultur begonnen.

Ansprache an die neuen, beim heiligen Stuhl akkreditierten Botschafter aus Kirgistan, Antigua und Barbuda, Luxemburg und Botswana, Clementina-Saal, 16. Mai 2013

Aktiv beteiligen

An der Diagnose, die Jesus der Welt stellt, ist nichts Wehleidiges, nichts Lähmendes, im Gegenteil: Sie ist ein Aufruf zu energischem Handeln. Und die größte Kühnheit liegt gerade darin, dass dieses Handeln inklusiv ist und alle Lieblinge des Vaters einbezieht: die Ärmsten, die Gefangenen, die Blinden ... Sie einbezieht, um sie zu Teilhabern der Guten Nachricht zu machen, zu Teilhabern seiner neuen Sicht der Dinge, zu Teilhabern an der Mission, andere einzubeziehen, sobald sie befreit sind. In unserer heutigen Sprache könnten wir sagen, dass der Blick Jesu die Zerbrechlichkeit nicht unter »karitativen« Aspekten sieht. Der Herr heilt die Blinden nicht, damit sie sich das Medienspektakel dieser Welt besser anschauen, sondern damit sie die Wunder sehen können, die Gott inmitten seines Volkes wirkt. Der Herr befreit die Gefangenen – Opfer ihrer eigenen Schuld oder ungerechter Strukturen – nicht, damit sie sich ein schönes Leben machen, sondern um sie auszusenden. Der Herr ruft kein Gnadenjahr aus, damit jeder sich seiner neugewonnenen Gesundheit erfreut und ein Sabbatjahr einlegt, sondern damit wir in Gemeinschaft mit ihm unser Leben führen und uns aktiv an allem beteiligen, was unsere Würde als Kinder des lebendigen Gottes ausmacht.

Predigt, Chrisammesse 2004

Ganzheitliche Politik

Wir brauchen eine Politik, deren Denken einen weiten Horizont umfasst und die einem neuen, ganzheitlichen Ansatz zum Durchbruch verhilft, indem sie die verschiedenen Aspekte der Krise in einen interdisziplinären Dialog aufnimmt. Oft ist die Politik selbst für den Verlust ihres Ansehens verantwortlich, aufgrund von Korruption oder wegen des Mangels an guter öffentlicher Politik. Wenn der Staat in einer Region seine Rolle nicht erfüllt, können einige Wirtschaftsgruppen als Wohltäter auftreten und unrechtmäßig die reale Macht übernehmen, indem sie sich bevollmächtigt fühlen, gewisse Normen nicht einzuhalten, und sogar Anlass geben zu verschiedenen Formen organisierter Kriminalität, zu Menschenhandel, Drogenhandel und Gewalt – Übel, die sehr schwer auszurotten sind. Wenn die Politik nicht imstande ist, eine perverse Logik zu durchbrechen, und wenn auch sie nicht über armselige Reden hinauskommt, werden wir weitermachen, ohne die großen Probleme der Menschheit in Angriff zu nehmen.

Eine Strategie für eine wirkliche Veränderung verlangt, die Gesamtheit der Vorgänge zu überdenken, denn es reicht nicht, oberflächliche ökologische Überlegungen einzubeziehen, während man nicht die Logik infrage stellt, die der gegenwärtigen Kultur zugrunde liegt. Eine gesunde Politik müsste fähig sein, diese Herausforderung anzunehmen.

Laudato si 197

Gottes Handeln bekennen

Gerade weil Jesus der Sohn ist, weil er ganz im Vater verwurzelt ist, hat er den Tod überwinden und das Leben in Fülle erstrahlen lassen können. Unsere Kultur hat die Wahrnehmung dieser konkreten Gegenwart Gottes, seines Handelns in der Welt, verloren. Wir meinen, Gott befinde sich nur jenseits, auf einer anderen Ebene der Wirklichkeit, getrennt von unseren konkreten Beziehungen. Wenn es aber so wäre, wenn Gott unfähig wäre, in der Welt zu handeln, wäre seine Liebe nicht wirklich mächtig, nicht wirklich real und wäre folglich nicht einmal eine wahre Liebe, die das Glück zu vollbringen vermag, das sie verspricht. Dann wäre es völlig gleichgültig, ob man an ihn glaubt oder nicht. Die Christen bekennen dagegen die konkrete und mächtige Liebe Gottes, der wirklich in der Geschichte handelt und ihr endgültiges Los bestimmt – eine Liebe, der man begegnen kann, die sich im Leiden und Sterben und in der Auferstehung Christi vollends offenbart hat.

Lumen fidei 17

Die alten Menschen nicht übersehen

Dank des medizinischen Fortschritts ist das Leben länger geworden: Aber die Gesellschaft hat sich nicht zum Leben hin »erweitert«! Die Zahl der alten Menschen hat sich vervielfacht, aber unsere Gesellschaften haben sich nicht ausreichend organisiert, um Raum für sie zu schaffen, zusammen mit der rechten Achtung und konkreten Berücksichtigung ihrer Schwachheit und ihrer Würde. Solange wir jung sind, sind wir verleitet, das Alter zu ignorieren, so als wäre es eine Krankheit, die ferngehalten werden muss. Wenn wir dann alt werden, besonders wenn wir arm sind, wenn wir krank und allein sind, erfahren wir die Mängel einer Gesellschaft, die auf Leistung programmiert ist und infolgedessen die alten Menschen übersieht. Und die alten Menschen sind ein Reichtum, man darf sie nicht übersehen.

Eine Zivilisation, in der es keinen Platz für die alten Menschen gibt, oder wo sie ausgesondert werden, weil sie Probleme verursachen, diese Gesellschaft trägt den Virus des Todes in sich.

Familienkatechese, 4. März 2015

Zur Größe berufen

»Wärest du doch kalt oder heiß! Weil du aber lau bist und weder heiß noch kalt, will ich dich aus meinem Mund auspeien« (Offb 3,15f.).

Diese Lauheit kommt zuweilen als Mittelmäßigkeit daher, als kleinliche Gleichgültigkeit oder als jenes »Misch dich nicht ein« oder »Ich war's nicht«, das unter uns schon so viel Schaden angerichtet hat.

Was die Begegnung und das Zusammenleben der Menschen angeht, gibt es keine halben Sachen. Wir sind ein Volk.

Wir sind mit den anderen und durch die anderen und ebendeshalb auch für die anderen, füreinander da. Weil wir für andere, mit anderen und durch andere da sind, sind wir ein Volk und nichts weniger als das.

Wir sind Männer und Frauen mit der Fähigkeit zum Unendlichen, mit einem kritischen Bewusstsein und mit Hunger nach Gerechtigkeit und Brüderlichkeit. Mit dem Drang, Bescheid zu wissen, damit man uns nicht manipuliert, mit einem Sinn für Feste, Freundschaft und Schönheit. Wir sind als Volk unterwegs und singen Lieder des Lobes. Wir sind ein verwundetes Volk und ein Volk mit offenen Armen, das hoffnungsvoll voranschreitet: geduldig in schwierigem Gelände und manchmal ein wenig zu rasch, um die Gunst der Stunde zu nutzen. Wir sind ein Volk, das zur Größe berufen ist.

Botschaft an Erziehungsgemeinschaften, 2006

Weiblicher Genius

Zweifellos müssen wir viel mehr für die Frau tun, wenn wir der Gegenseitigkeit von Männern und Frauen mehr Kraft verleihen wollen. Denn die Frau muss nicht nur mehr gehört werden, sondern ihre Stimme muss echtes Gewicht, anerkannte Autorität in der Gesellschaft und in der Kirche haben. Die Haltung Jesu der Frau gegenüber – in einem weniger günstigen Umfeld als dem unseren, denn in jener Zeit stand die Frau wirklich an zweiter Stelle – und der Umgang Jesu mit ihr sind ein helles Licht, das einen Weg erleuchtet, der uns weit führt und von dem wir erst ein kleines Stück gegangen sind. Wir haben noch nicht tief genug verstanden, was der weibliche Genius uns geben kann, was die Frau der Gesellschaft und auch uns geben kann: Die Frau sieht die Dinge mit anderen Augen, die das Denken der Männer ergänzen. Dieser Weg muss mit mehr Kreativität und Kühnheit beschritten werden.

Familienkatechese, 15. April 2015

Nichts ist überflüssig

Wenn wir auf der Aussage bestehen, dass der Mensch ein Abbild Gottes ist, dürfte uns das nicht vergessen lassen, dass jedes Geschöpf eine Funktion besitzt und keines überflüssig ist. Das ganze materielle Universum ist ein Ausdruck der Liebe Gottes, seiner grenzenlosen Zärtlichkeit uns gegenüber. Der Erdboden, das Wasser, die Berge – alles ist eine Liebkosung Gottes. Die Geschichte der eigenen Freundschaft mit Gott entwickelt sich immer in einem geographischen Raum, der sich in ein ganz persönliches Zeichen verwandelt, und jeder von uns bewahrt in seinem Gedächtnis Orte, deren Erinnerung ihm sehr gut tut. Wer in den Bergen aufgewachsen ist oder wer sich als Kind zum Trinken am Bach niedergesetzt hat oder wer auf dem Platz in seinem Wohnviertel gespielt hat, fühlt sich, wenn er an diese Orte zurückkehrt, gerufen, seine eigene Identität wiederzuerlangen.

Laudato si 84

Alle sollen eins sein

Die spirituelle Weltlichkeit führt einige Christen dazu, im Krieg mit anderen Christen zu sein, die sich ihrem Streben nach Macht, Ansehen, Vergnügen oder wirtschaftlicher Sicherheit in den Weg stellen. Außerdem hören einige auf, sich von Herzen zur Kirche gehörig zu fühlen, um einen Geist der Streitbarkeit zu nähren. Mehr als zur gesamten Kirche mit ihrer reichen Vielfalt, gehören sie zu dieser oder jener Gruppe, die sich als etwas Anderes oder etwas Besonderes empfindet.

Die Welt wird von Kriegen und von Gewalt heimgesucht oder ist durch einen verbreiteten Individualismus verletzt, der die Menschen trennt und sie gegeneinander stellt, indem jeder dem eigenen Wohlstand nachjagt. In verschiedenen Ländern leben Konflikte und alte Spaltungen wieder auf, die man teilweise für überwunden hielt. Die Christen aller Gemeinschaften der Welt möchte ich besonders um ein Zeugnis brüderlichen Miteinanders bitten, das anziehend und erhellend wird. Damit alle bewundern können, wie ihr euch umeinander kümmert, wie ihr euch gegenseitig ermutigt und wie ihr einander begleitet: »Daran werden alle erkennen, dass ihr meine Jünger seid, wenn ihr untereinander Liebe habt« (Joh 13,35).

Das ist es, was Jesus mit intensivem Gebet vom Vater erbeten hat: »Alle sollen eins sein … in uns … (damit) die Welt glaubt« (Joh 17,21). Achten wir auf die Versuchung des Neids! Wir sind im selben Boot und steuern denselben Hafen an! Erbitten wir die Gnade, uns über die Früchte der anderen zu freuen, die allen gehören.

Evangelii gaudium 98 & 99

Das Volk braucht Zeugen

Unser Volk ist der Worte müde: Es braucht keine Schulmeister, sondern Zeugen … Und der Zeuge schöpft seine Kraft aus der Innerlichkeit, aus der Begegnung mit Jesus Christus. Jeder Christ und erst recht der Katechet muss vor allem in der Kunst des Betens unablässig ein Schüler seines Meisters sein. »Beten muss man lernen, indem man diese Kunst immer aufs Neue gleichsam von den Lippen des göttlichen Meisters selbst abliest. So haben es die ersten Jünger getan: ›Herr, lehre uns beten!‹ (Lk 11,1). Im Gebet entwickelt sich jener Dialog mit Christus, der uns zu seinen engsten Vertrauten macht.

Deshalb müssen wir die Einladung Jesu, hinaus auf den See zu fahren, als einen Appell und eine Ermutigung verstehen, uns in die Tiefe des Gebets hineinfallen zu lassen. Diese Tiefe verhindert, dass der Same unter den Dornen erstickt. Manchmal ist unser Fischfang erfolglos, weil wir ihn nicht in seinem Namen durchführen; weil wir allzu sehr an unsere eigenen Netze denken … und vergessen, mit ihm und für ihn zu arbeiten.

Die Zeit, in der wir leben, ist nicht einfach; es ist keine Zeit für flüchtigen Enthusiasmus oder für sporadische, sentimentale oder gnostische Formen der Spiritualität. Die katholische Kirche verfügt über eine reiche spirituelle Tradition mit zahlreichen und ganz unterschiedlichen Lehrern, die uns Anleitung und Kraft für eine echte Spiritualität geben können – eine Spiritualität, die uns in der heutigen Zeit zu einer Diakonie des Zuhörens und einer Pastoral der Begegnung befähigt.

Brief an Katecheten, EAC, März 2001

210

Echte Menschlichkeit

Die menschliche Freiheit ist in der Lage, die Technik zu beschränken, sie zu lenken und in den Dienst einer anderen Art des Fortschritts zu stellen, der gesünder, menschlicher, sozialer und ganzheitlicher ist. Die Befreiung vom herrschenden technokratischen Paradigma geschieht tatsächlich in manchen Situationen, zum Beispiel wenn Gemeinschaften von Kleinproduzenten sich für weniger verschmutzende Produktionssysteme entscheiden und dabei ein Modell des Lebens, des Wohlbefindens und des nicht konsum-orientierten Miteinanders vertreten; oder wenn die Technik sich vorrangig darauf ausrichtet, die konkreten Probleme der anderen zu lösen, in dem Wunsch, ihnen zu helfen, in größerer Würde und in weniger Leid zu leben; oder auch wenn der Wille, Schönes zu schaffen, und die Betrachtung des Schönen bewirken, dass die Macht, die das Gegenüber nur als Objekt wahrnimmt, überwunden wird in einer Art Erlösung, die sich im Schönen und in seinem Betrachter vollzieht. Die echte Menschlichkeit, die zu einer neuen Synthese einlädt, scheint inmitten der technologischen Zivilisation zu leben – gleichsam unmerklich, wie der Nebel, der unter der geschlossenen Tür hindurchdringt. Wird sie trotz allem eine fortwährende Verheißung sein, die wie ein zäher Widerstand des Echten hervorsprießt?

Laudato si 112

211

Das Maß des Menschen ist Gott

Der Mammon, das Geld ist in der modernen Welt das universale »Maß aller Dinge«. Alles hat seinen Preis. Der Wert, der jedem Ding innewohnt, wird beziffert. Erinnern Sie sich noch an das, was man vor einigen Jahren gesagt hat: dass es aus ökonomischer Sicht egal sei, ob man nun Panzer oder Bonbons produziere, solange nur die Zahlen dieselben seien? Dann wäre es auch egal, ob man Drogen oder Bücher verkauft, wenn die Zahlen stimmen. Wenn das Maß des Wertes eine Zahl ist, ist alles gleich viel wert, solange die Zahl sich nicht verändert. Doch das Maß jedes Menschen ist Gott, nicht das Geld. Das bedeutet »transzendente Würde«. Menschen kann man nicht »zählen« und auch nicht »verbuchen«. Eine Person und die übrigen Dinge dieser Welt lassen sich nicht auf einen (numerischen oder sonstigen) gemeinsamen Nenner bringen.

Jeder ist einzigartig. Alle sind insgesamt und im Einzelnen wichtig. Alle müssen für uns wichtig sein. Keine Sache oder Idee rechtfertigt auch nur eine einzige Verletzung der Würde einer Frau oder eines Mannes. Keine.

Müssen wir noch sagen, dass dieser Satz, wenn man ihn wirklich ernst nähme, eine totale Revolution der Kultur, der Gesellschaft, der Wirtschaft, der Politik, ja sogar der Religion auslösen würde? Müssen wir die in den modernen Gesellschaften allgemein akzeptierten Praktiken wirklich noch beim Namen nennen, für die es keinerlei Rechtfertigung gäbe, wenn man die transzendente Würde der Person über alle anderen Erwägungen stellen würde?

Botschaft an Erziehungsgemeinschaften, 2007

Das Klima schützen

Das Klima ist ein gemeinschaftliches Gut von allen und für alle. Es ist auf globaler Ebene ein kompliziertes System, das mit vielen wesentlichen Bedingungen für das menschliche Leben verbunden ist. Es besteht eine sehr starke wissenschaftliche Übereinstimmung darüber, dass wir uns in einer besorgniserregenden Erwärmung des Klimasystems befinden. In den letzten Jahrzehnten war diese Erwärmung von dem ständigen Anstieg des Meeresspiegels begleitet, und außerdem dürfte es schwierig sein, sie nicht mit der Zunahme extremer meteorologischer Ereignisse in Verbindung zu bringen, abgesehen da- von, dass man nicht jedem besonderen Phänomen eine wissenschaftlich bestimmbare Ursache zuschreiben kann. Die Menschheit ist aufgerufen, sich der Notwendigkeit bewusst zu werden, Änderungen im Leben, in der Produktion und im Konsum vorzunehmen, um diese Erwärmung oder zumindest die menschlichen Ursachen, die sie hervorrufen und verschärfen, zu bekämpfen.

Laudato si 23

Betäubt vom Wohlstand

Ebenso wie das Gebot ›du sollst nicht töten‹ eine deutliche Grenze setzt, um den Wert des menschlichen Lebens zu sichern, müssen wir heute ein ›Nein zu einer Wirtschaft der Ausschließung und der Disparität der Einkommen‹ sagen. Diese Wirtschaft tötet. Es ist unglaublich, dass es kein Aufsehen erregt, wenn ein alter Mann, der gezwungen ist, auf der Straße zu leben, erfriert, während eine Baisse um zwei Punkte in der Börse Schlagzeilen macht. Das ist Ausschließung. Es ist nicht mehr zu tolerieren, dass Nahrungsmittel weggeworfen werden, während es Menschen gibt, die Hunger leiden. Das ist soziale Ungleichheit. Heute spielt sich alles nach den Kriterien der Konkurrenzfähigkeit und nach dem Gesetz des Stärkeren ab, wo der Mächtigere den Schwächeren zunichte macht. Als Folge dieser Situation sehen sich große Massen der Bevölkerung ausgeschlossen und an den Rand gedrängt: ohne Arbeit, ohne Aussichten, ohne Ausweg. Der Mensch an sich wird wie ein Konsumgut betrachtet, das man gebrauchen und dann wegwerfen kann.

Fast ohne es zu merken, werden wir unfähig, Mitleid zu empfinden gegenüber dem schmerzvollen Aufschrei der anderen, wir weinen nicht mehr angesichts des Dramas der anderen, noch sind wir daran interessiert, uns um sie zu kümmern, als sei all das eine uns fern liegende Verantwortung, die uns nichts angeht. Die Kultur des Wohlstands betäubt uns, und wir verlieren die Ruhe, wenn der Markt etwas anbietet, was wir noch nicht gekauft haben, während alle diese wegen fehlender Möglichkeiten unterdrückten Leben uns wie ein bloßes Schauspiel erscheinen, das uns in keiner Weise erschüttert.

Evangelii gaudium 53 & 54

Christliche Verantwortung

Die kulturelle Produktion und insbesondere das Fernsehangebot konfrontieren unsere Kinder und Jugendlichen mit Programmen, die den Zusammenhalt der Familie untergraben, eine würdelose und frivole Sexualität propagieren, Unwerte als Werte verkaufen, Gewalt verherrlichen und einer verantwortungslosen und eigensüchtigen Freiheit das Wort reden. Die geldgebenden Konzerne und Institutionen und die zuständigen Kontrollorgane, die tatenlos zusehen, sind mitschuldig daran, dass unsere Jugend sich die dort dargestellten Verhaltensweisen zum Vorbild nimmt.

Das beweist, dass der moralische Verfall immer weiter und tiefer greift und wir uns fragen müssen, wie wir den Respekt vor dem Leben und der Würde unserer Kinder wieder herstellen können. Vielen von ihnen rauben wir ihre Kindheit, und wir verpfänden ihre und unsere Zukunft: Diese Verantwortung tragen wir als Gesellschaft gemeinsam, und sie lastet besonders auf den Schultern der Mächtigen, Gebildeten und Wohlhabenden.

Blicken wir auch auf die religiöse Situation: Wie viele Kinder können nicht beten! Wie viele haben nie gelernt, das Antlitz des himmlischen Vaters zu suchen und zu betrachten, der sie liebt, dessen Lieblinge sie sind! Diese schwere Not betrifft das Menschsein selbst, das eigentliche Wesen der Person.

All diese Dinge erschüttern uns und konfrontieren uns mit unserer christlichen Verantwortung, mit unserer Bürgerpflicht, mit unserer Solidarität als Mitglieder einer Gemeinschaft, die, wenn es nach uns geht, eigentlich jeden Tag brüderlicher, würdiger und der Würde des Menschen und der Gesellschaft zuträglicher werden sollte.

Brief über die Kinder; 31. Jugendwallfahrt nach Luján, 2005

Unsichtbare Tyrannei

Die Finanzkrise, die wir durchmachen, lässt uns vergessen, dass an ihrem Ursprung eine tiefe anthropologische Krise steht: die Leugnung des Vorrangs des Menschen! Während die Einkommen einiger weniger exponentiell steigen, sind die der Mehrheit immer weiter entfernt vom Wohlstand dieser glücklichen Minderheit. Dieses Ungleichgewicht geht auf Ideologien zurück, die die absolute Autonomie der Märkte und die Finanzspekulation verteidigen. Darum bestreiten sie das Kontrollrecht der Staaten, die beauftragt sind, über den Schutz des Gemeinwohls zu wachen. Es entsteht eine neue, unsichtbare, manchmal virtuelle Tyrannei, die einseitig und unerbittlich ihre Gesetze und ihre Regeln aufzwingt. Außerdem entfernen die Schulden und ihre Zinsen die Länder von den praktikablen Möglichkeiten ihrer Wirtschaft und die Bürger von ihrer realen Kaufkraft. Zu all dem kommt eine verzweigte Korruption und eine egoistische Steuerhinterziehung hinzu, die weltweite Dimensionen angenommen haben. Die Gier nach Macht und Besitz kennt keine Grenzen. In diesem System, das dazu neigt, alles aufzusaugen, um den Nutzen zu steigern, ist alles Schwache wie die Umwelt wehrlos gegenüber den Interessen des vergötterten Marktes, die zur absoluten Regel werden.

Eine Finanzreform, welche die Ethik nicht ignoriert, würde einen energischen Wechsel der Grundeinstellung der politischen Führungskräfte erfordern. Das Geld muss dienen und nicht regieren! Der Papst liebt alle, Reiche und Arme, doch im Namen Christi hat er die Pflicht daran zu erinnern, dass die Reichen den Armen helfen, sie achten und fördern müssen. Ich ermahne euch zur uneigennützigen Solidarität und zu einer Rückkehr von Wirtschaft und Finanzleben zu einer Ethik zugunsten des Menschen.

Evangelii gaudium 55 & 56 & 58

Das Wort Gottes ist größer

Der Himmel wird vergehen, die Erde wird vergehen, die menschlichen Hoffnungen werden zunichte werden, aber das Wort Gottes ist größer als alles und wird nicht vergehen. Und er wird der Gott mit uns sein, der Gott Jesus, der mit uns geht. Es wird keinen Tag in unserem Leben geben, an dem das Herz Gottes aufhören wird, für uns Sorge zu tragen. Jetzt könnte jemand fragen: »Was sagen Sie denn da?« Ich sage dies: Es wird keinen Tag in unserem Leben geben, an dem das Herz Gottes aufhören wird, für uns Sorge zu tragen.

Er sorgt für uns, und er geht mit uns. Und warum tut er das? Einfach weil er uns liebt. Habt ihr das verstanden? Er liebt uns! Und Gott wird sicher Sorge tragen für all unsere Nöte, er wird uns in der Zeit der Prüfung und der Finsternis nicht verlassen. Diese Gewissheit will in unserem Herzen wohnen, um nie zu verlöschen. Einige bezeichnen sie als »Vorsehung«. Die Nähe Gottes, die Liebe Gottes, das Unterwegssein Gottes mit uns wird also auch als die »Vorsehung Gottes« bezeichnet: Er trägt Sorge für unser Leben. Nicht zufällig ist unter den christlichen Symbolen der Hoffnung eines, das mir sehr gefällt: der Anker. Er bringt zum Ausdruck, dass unsere Hoffnung nicht vage ist: Sie darf nicht verwechselt werden mit dem wandelbaren Gefühl dessen, der die Dinge dieser Welt zaghaft verändern will, indem er nur auf die eigene Willensstärke setzt.

Generalaudienz 26. April 2017

Traum von Europa

Ich träume von einem jungen Europa, das fähig ist, noch Mutter zu sein: eine Mutter, die Leben hat, weil sie das Leben achtet und Hoffnung für das Leben bietet. Ich träume von einem Europa, das sich um das Kind kümmert, das dem Armen brüderlich beisteht und ebenso dem, der Aufnahme suchend kommt, weil er nichts mehr hat und um Hilfe bittet. Ich träume von einem Europa, das die Kranken und die alten Menschen anhört und ihnen Wertschätzung entgegenbringt, auf dass sie nicht zu unproduktiven Abfallsgegenständen herabgesetzt werden.

Ich träume von einem Europa, in dem das Migrantsein kein Verbrechen ist, sondern vielmehr eine Einladung zu einem größeren Einsatz mit der Würde der ganzen menschlichen Person. Ich träume von einem Europa, wo die jungen Menschen die reine Luft der Ehrlichkeit atmen, wo sie die Schönheit der Kultur und eines einfachen Lebens lieben, die nicht von den endlosen Bedürfnissen des Konsumismus beschmutzt ist; wo das Heiraten und der Kinderwunsch eine Verantwortung wie eine große Freude sind und kein Problem darstellen, weil es an einer hinreichend stabilen Arbeit fehlt.

Ich träume von einem Europa, das die Rechte des Einzelnen fördert und schützt, ohne die Verpflichtungen gegenüber der Gemeinschaft außer Acht zu lassen.

Ich träume von einem Europa, von dem man nicht sagen kann, dass sein Einsatz für die Menschenrechte an letzter Stelle seiner Visionen stand.

Ansprache, Verleihung des Karlspreises, 6. Mai 2016

Apostelin der Hoffnung

Heute begegnen wir der Frau, die den Evangelien zufolge als Erste den auferstandenen Jesus sah: Maria von Magdala. Jesus ruft sie: »Maria!« Die Revolution ihres Lebens, die Revolution, die dazu bestimmt ist, das Dasein jedes Mannes und jeder Frau zu verwandeln, beginnt mit einem Namen, der im Garten des leeren Grabes widerhallt. Die Evangelien beschreiben uns die Freude Marias: Die Auferstehung Jesu ist keine Freude, die tröpfchenweise verabreicht wird, sondern ein Wasserfall, der über das ganze Leben hereinbricht. Die christliche Existenz ist nicht durchwoben mit seichten Glücksgefühlen, sondern mit Wogen, die alles mitreißen. Maria möchte ihren Herrn umarmen, aber er ist bereits auf den himmlischen Vater ausgerichtet, während sie gesandt wird, den Brüdern die Botschaft zu überbringen. Und so ist diese Frau, die, bevor sie Jesus begegnete, in der Gewalt des Bösen war (vgl. Lk 8,2), zur Apostelin der neuen und größten Hoffnung geworden. Ihre Fürsprache möge uns helfen, dass auch wir diese Erfahrung machen: in der Stunde der Trauer und in der Stunde der Verlassenheit den auferstandenen Jesus zu hören, der uns beim Namen ruft, und mit dem Herzen voll Freude hinzugehen und zu verkünden: »Ich habe den Herrn gesehen!« (Joh 20, 18). Ich habe mein Leben geändert, weil ich den Herrn gesehen habe! Jetzt bin ich anders als vorher, ich bin ein anderer Mensch. Ich habe mich verändert, weil ich den Herrn gesehen habe. Das ist unsere Kraft, und das ist unsere Hoffnung.

Audienz, Petersplatz, 17. Mai 2017

Zeichen der Liebe Gottes sein

Der christliche Same der radikalen Gleichheit unter den Ehegatten muss heute neue Früchte tragen. Das Zeugnis der gesellschaftlichen Würde der Ehe wird eben auf diesem Weg, dem Weg des anziehenden Zeugnisses, dem Weg der Wechselseitigkeit zwischen ihnen, der gegenseitigen Ergänzung zwischen ihnen, überzeugend werden. Daher müssen wir als Christen in dieser Hinsicht anspruchsvoller werden. Zum Beispiel: das Recht auf gleiche Vergütung für gleiche Arbeit mit Entschlossenheit unterstützen. Warum gilt es als selbst- verständlich, dass Frauen weniger verdienen als Männer? Nein! Sie haben dieselben Rechte. Die Ungleichheit ist ein reiner Skandal! Gleichzeitig muss die Mutterschaft der Frauen und die Vaterschaft der Männer als stets wertvoller Reichtum anerkannt werden, vor allem zum Wohl der Kinder. Ebenso ist die Tugend der Gastfreundschaft der christlichen Familien heute von entscheidender Bedeutung, besonders in Situationen von Armut, Elend, familiärer Gewalt.

Liebe Brüder und Schwestern, wir dürfen keine Angst haben, Jesus zur Hochzeitsfeier einzuladen, ihn in unser Zuhause einzuladen, damit er bei uns ist und die Familie beschützt. Und haben wir keine Angst, auch seine Mutter Maria einzuladen! Wenn Christen sich »im Herrn« vermählen, werden sie in ein wirksames Zeichen der Liebe Gottes verwandelt. Christen heiraten nicht nur für sich selbst: Sie heiraten im Herrn zugunsten der ganzen Gemeinschaft, der gesamten Gesellschaft.

Familienkatechese, 29. April 2015

In den Schwachen den Gekreuzigten erkennen

Jesus, der Evangelisierende schlechthin und das Evangelium in Person, identifiziert sich speziell mit den Geringsten (vgl. Mt 25,40). Das erinnert uns daran, dass wir Christen alle berufen sind, uns um die Schwächsten der Erde zu kümmern. Doch in dem geltenden ›privatrechtlichen‹ Erfolgsmodell scheint es wenig sinnvoll, zu investieren, damit diejenigen, die auf der Strecke geblieben sind, die Schwachen oder die weniger Begabten es im Leben zu etwas bringen können.

Es ist unerlässlich, neuen Formen von Armut und Hinfälligkeit – den Obdachlosen, den Drogenabhängigen, den Flüchtlingen, den eingeborenen Bevölkerungen, den immer mehr vereinsamten und verlassenen alten Menschen und so weiter– unsere Aufmerksamkeit zu widmen. Wir sind berufen, in ihnen den leidenden Christus zu erkennen und ihm nahe zu sein, auch wenn uns das augenscheinlich keine greifbaren und unmittelbaren Vorteile bringt. Die Migranten stellen für mich eine besondere Herausforderung dar, weil ich Hirte einer Kirche ohne Grenzen bin, die sich als Mutter aller fühlt. Darum rufe ich die Länder zu einer großherzigen Öffnung auf, die, anstatt die Zerstörung der eigenen Identität zu befürchten, fähig ist, neue kulturelle Synthesen zu schaffen. Wie schön sind die Städte, die das krankhafte Misstrauen überwinden, die anderen mit ihrer Verschiedenheit eingliedern und aus dieser Integration einen Entwicklungsfaktor machen! Wie schön sind die Städte, die auch in ihrer architektonischen Planung reich sind an Räumen, die verbinden, in Beziehung setzen und die Anerkennung des anderen begünstigen!

Evangelii gaudium 209 & 210

Wohnzimmerchristen

Fragen wir uns, ob wir Wohnzimmerchristen sind, die darüber schwatzen, wie die Dinge in der Kirche und in der Welt laufen, oder Apostel auf dem Weg, die Jesus mit dem Leben bekennen, weil sie ihn im Herzen haben. Wer Jesus bekennt, weiß, dass er nicht bloß gehalten ist, Meinungen abzugeben, sondern das Leben hinzugeben. Er weiß, dass er nicht auf laue Weise glauben kann, sondern gerufen ist, aus Liebe zu »brennen«. Er weiß, dass er im Leben nicht auf dem Wohlbefinden »dahintreiben« und es sich gut gehen lassen kann. Er muss vielmehr das Risiko eingehen, auf die hohe See hinauszufahren, indem er sich jeden Tag neu selbst hingibt. Wer Jesus bekennt, macht es wie Petrus und Paulus: Er folgt ihm bis zum Ende; nicht nur bis zu einem bestimmten Punkt, sondern bis zum Äußersten; er folgt ihm auf der Straße des Herrn, nicht auf unseren Straßen. Seine Straße ist der Weg des neuen Lebens, der Freude und der Auferstehung, der aber auch über das Kreuz und die Verfolgungen geht.

Predigt, Vatikanische Basilika, 29. Juni 2017

Ehre der Ehe

Die gesellschaftliche Abwertung des stabilen und fruchtbaren Bundes von Mann und Frau ist sicher ein Verlust für alle. Wir müssen Ehe und Familie wieder zu Ehren bringen! Die Bibel sagt etwas Schönes: Der Mann findet die Frau, sie begegnen einander, und der Mann muss etwas verlassen, um sie in ganzer Fülle zu finden. Daher wird der Mann seinen Vater und seine Mutter verlassen, um zu ihr zu gehen. Das ist schön! Das bedeutet, einen neuen Weg zu beginnen. Der Mann ist ganz für die Frau da, und die Frau ist ganz für den Mann da. Die Wahrung dieses Bundes von Mann und Frau, auch wenn beide sündig und verletzt, verwirrt und gedemütigt, misstrauisch und unsicher sind, ist daher für uns Gläubige unter den heutigen Umständen eine anspruchsvolle und begeisternde Berufung. Der Bericht von der Schöpfung und der Sünde schenkt uns in seinem letzten Teil ebenfalls ein wunderschönes Bild dafür: »Gott, der Herr, aber machte Adam und seiner Frau Kleider aus Fellen und bekleidete sie damit« (Gen 3,21). Es ist ein Bild der Zärtlichkeit gegenüber jenem sündigen Paar, das uns staunen lässt: die Zärtlichkeit Gottes gegenüber dem Mann und gegenüber der Frau! Es ist ein Bild der väterlichen Fürsorge für das menschliche Paar. Gott selbst kümmert sich um sein Meisterwerk und beschützt es.

Familienkatechese, 22. April 2015

Zuhören statt mailen

Zuhören ist nicht immer leicht. Manchmal ist es einfacher, sich taub zu stellen, sich die Kopfhörer aufzusetzen und niemanden zu hören. Statt zuzuhören, mailen wir lieber, verschicken SMS oder »chatten«, aber auf diese Weise rauben wir unserem Zuhören die Wirklichkeit der Gesichter, Blicke und Umarmungen. Oder wir treffen eine Auswahl und hören nur denen zu, die uns sagen, was wir hören wollen. Es fehlt im kirchlichen Bereich nie an Schmeichlern, die uns das ins Ohr flüstern, was wir gern hören.

Zuhören heißt achtgeben, verstehen wollen, wertschätzen, respektieren, die Aussage des anderen gelten lassen … Man muss die nötigen Voraussetzungen schaffen, um gut zuzuhören, um alle zu Wort kommen zu lassen, um zu verstehen, was der Einzelne jeweils meint. Es ist etwas Märtyrerhaftes an diesem Zuhören, ein Sich-selbst-Sterben, das an die rituelle Geste aus dem Buch Exodus erinnert: Zieh die Schuhe von deinen Füßen, tritt behutsam auf, trample nichts nieder. Schweig, dies hier ist heiliger Boden, da ist jemand, der dir etwas zu sagen hat! Zuhören können ist eine sehr große Gabe! Es ist ein Geschenk, um das man bitten und das man durch Übung pflegen muss.

Es hat mich immer besonders berührt, dass Jesus auf die Frage nach dem wichtigsten Gebot mit dem berühmtesten jüdischen Gebet antwortet: dem »Schma Jisrael«. Das Wort »Schma« bedeutet »Höre« und hat einem der bedeutendsten Texte der Heiligen Schrift seinen Namen gegeben (Dtn 6,4–8).

Brief an Katecheten, August 2006

Sorge um das gemeinsame Haus

Nicht alle sind berufen, direkt in der Politik zu arbeiten, doch im Schoß der Gesellschaft keimt eine zahllose Vielfalt von Vereinigungen auf, die sich für das Gemeinwohl einsetzen, indem sie die natürliche und städtische Umwelt schützen. Sie kümmern sich zum Beispiel um ein öffentliches Objekt (ein Bauwerk, einen Brunnen, ein verwahrlostes Denkmal, eine Landschaft, einen Platz), um etwas, das allen gehört, zu schützen, zu sanieren, zu verbessern oder zu verschönern. In ihrer Umgebung entwickeln sich Bindungen oder werden solche zurückgewonnen, und es entsteht ein neues örtliches soziales Gewebe. So befreit sich eine Gemeinschaft von der konsumorientierten Gleichgültigkeit. Das schließt die Bildung einer gemeinsamen Identität ein, einer Geschichte, die bleibt und weitergegeben wird. Auf diese Weise wird für die Welt und für die Lebensqualität der Ärmsten gesorgt, mit einem solidarischen Empfinden, das zugleich das Bewusstsein ist, in einem gemeinsamen Haus zu wohnen, das Gott uns anvertraut hat. Diese gemeinschaftlichen Aktionen können, wenn sie Ausdruck einer hingebungsvollen Liebe sind, zu intensiven spirituellen Erfahrungen werden.

Laudato si 232

Wahrer Dialog

Oft begegnen wir den Brüdern nicht, auch wenn wir an ihrer Seite leben – vor allem dann, wenn wir unsere Position über die des anderen stellen. Wir führen keinen Dialog, wenn wir nicht richtig zuhören oder dazu neigen, den anderen zu unterbrechen, um zu zeigen, dass wir Recht haben. Wie oft, wie oft hören wir eine Person an, unterbrechen sie und sagen: »Nein! Nein! So ist es nicht!« und lassen die Person nicht ausreden und erklären, was sie sagen will. Und das verhindert den Dialog: Das ist Aggression. Der wahre Dialog dagegen braucht Augenblicke der Stille, in denen wir das wunderbare Geschenk der Gegenwart Gottes im Bruder erfassen können.

Liebe Brüder und Schwestern, miteinander im Dialog zu stehen hilft den Menschen, die Beziehungen menschlicher zu gestalten und Unverständnisse zu überwinden. Es gibt viel Bedarf an Dialog in unseren Familien, und wie viel leichter würden sich Probleme lösen lassen, wenn man lernen würde, einander zuzuhören! So ist es in der Beziehung zwischen Ehemann und Ehefrau sowie zwischen Eltern und Kindern. Wie viel Hilfe kann auch aus dem Dialog zwischen Lehrern und ihren Schülern kommen oder zwischen Betriebsleitern und Arbeitern, um die besten Arbeitsbedingungen zu finden. Vom Dialog lebt auch die Kirche – mit den Männern und Frauen aller Zeiten, um die Nöte zu verstehen, die im Herzen eines jeden Menschen sind, und um zur Verwirklichung des Gemeinwohls beizutragen.

Audienz, 22. Oktober 2016

Gefahr der Gleichgültigkeit

Es gibt vielerlei Gründe, an die Fähigkeit der Menschheit zu glauben, gemeinsam zu handeln, in Solidarität und unter Anerkennung der gegenseitigen Bindung und Abhängigkeit, und dabei die schwächsten Glieder sowie die Wahrung des Gemeinwohls besonders im Auge zu haben. Diese Haltung einer solidarischen Mitverantwortung ist die Basis für die grundlegende Berufung zu Geschwisterlichkeit und Gemeinschaftsleben. Die Würde und die zwischenmenschlichen Beziehungen gehören wesentlich zum Menschen, den Gott ja als sein Abbild und ihm ähnlich erschaffen wollte. Als Geschöpfe, die mit einer unveräußerlichen Würde begabt sind, existieren wir in Beziehung zu unseren Brüdern und Schwestern, denen gegenüber wir eine Verantwortung tragen und uns solidarisch verhalten. Ohne diese Beziehung würde man weniger menschlich sein. Gerade deshalb stellt die Gleichgültigkeit eine Bedrohung für die Menschheitsfamilie dar.

Botschaft zur Feier des Weltfriedenstages, 1. Januar 2016

Nicht von dieser Welt

»Der Messias Gottes …, der Auserwählte«, »der König« (Lk 23, 35.37) erscheint ohne Macht und Ruhm: Er hängt am Kreuz und scheint eher Besiegter als Sieger zu sein. Sein Königtum ist paradox: Sein Thron ist das Kreuz, seine Krone ist aus Dornen; er hat kein Zepter, sondern ein Rohr wird ihm in die Hand gedrückt; er trägt keine prunkvollen Gewänder, sondern wird seiner Kleider beraubt; er trägt keine funkelnden Ringe am Finger, sondern seine Hände sind von Nägeln durchbohrt; er besitzt keine Schätze, sondern wird für dreißig Silberstücke verkauft.

Sein Reich ist wirklich nicht von dieser Welt (vgl. Joh 18,36), aber genau in ihm, wie uns der Apostel Paulus in der zweiten Lesung sagt, finden wir Erlösung und Vergebung (vgl. Kol 1,13–14). Denn die Größe seines Reiches besteht nicht in der Macht nach Maßstäben der Welt, sondern gemäß der Liebe Gottes, einer Liebe, die alles erreichen und heilen kann. Aufgrund dieser Liebe hat sich Christus bis zu uns herab erniedrigt, hat in unserem menschlichen Elend Wohnung genommen, hat unser widrigstes Menschsein erfahren: Ungerechtigkeit, Verrat, Verlassenheit; er hat Tod, Grab und Hölle erfahren. Auf diese Weise ging unser König bis an die Grenzen des Universums, um alles Leben zu umarmen und zu retten. Er hat uns nicht verdammt, er hat uns auch nicht bezwungen, er hat nie unsere Freiheit verletzt, sondern er hat sich einen Weg gebahnt durch die demütige Liebe, die alles erträgt, die allem standhält, die alles hofft (vgl. 1 Kor 13,7). Nur diese Liebe hat unsere großen Widersacher Sünde, Tod und Angst besiegt und besiegt sie weiter.

Predigt, Petersplatz, 20. November 2016

AUGUST

»Lassen wir uns die Freude nicht nehmen«

Die Freude kann uns niemand nehmen

Die Freude aus dem Evangelium kann nichts und niemand uns je nehmen (vgl. Joh 16,22). Die Übel unserer Welt – und die der Kirche – dürften niemals Entschuldigungen sein, um unseren Einsatz und unseren Eifer zu verringern. Betrachten wir sie als Herausforderungen, um zu wachsen. Außerdem ist der Blick des Glaubens fähig, das Licht zu erkennen, das der Heilige Geist immer inmitten der Dunkelheit verbreitet. Er vergisst nicht, dass »wo die Sünde sich mehrte, ist die Gnade übergroß geworden« (Röm 5,20). Unser Glaube ist herausgefordert, den Wein zu erahnen, in den das Wasser verwandelt werden kann, und den Weizen zu entdecken, der inmitten des Unkrauts wächst. Fünfzig Jahre nach dem Zweiten Vatikanischen Konzil darf der größte Realismus nicht weniger Vertrauen auf den Geist, noch weniger Großherzigkeit bedeuten, auch wenn die Schwächen unserer Zeit uns schmerzen und wir weit entfernt sind von naiven Optimismen.

Evangelii gaudium 84

Standhaft gegen Hass

Wenn wir genauer hinschauen, dann sehen wir, dass die Ursache jeder Verfolgung der Hass ist: der Hass des Fürsten dieser Welt gegen all jene, die von Jesus durch seinen Tod und durch seine Auferstehung gerettet und erlöst worden sind. Im Evangelium (vgl. Joh 15,12–19), gebraucht Jesus ein eindrückliches und erschreckendes Wort: das Wort »Hass«. Er, der Lehrmeister der Liebe, der so gerne von Liebe sprach, spricht hier über den Hass. Denn er wollte die Dinge stets beim Namen nennen. Und er sagt uns: »Wenn die Welt euch hasst, so bedenkt, dass sie mich schon vor euch gehasst hat« (V.18). Jesus hat uns erwählt und uns losgekauft durch ein unentgeltliches Geschenk seiner Liebe. Mit seinem Tod und seiner Auferstehung hat er uns aus der Macht der Welt, aus der Macht des Teufels, aus der Macht des Fürsten dieser Welt losgekauft. Und das ist der Ursprung des Hasses: Denn wir sind von Jesus erlöst, und der Fürst der Welt will dies nicht, er hasst uns und bewirkt Verfolgung, die sich seit der Zeit Jesu und der frühen Kirche bis in unsere Tage fortsetzt.

Predigt, Basilika »San Bartolomeo« auf der Tiberinsel, 22. April 2017

Sich öffnen

Oft sind wir auf uns selbst zurückgebeugt, in uns verschlossen und schaffen viele unzugängliche und unwirtliche Inseln. Sogar die elementarsten zwischenmenschlichen Beziehungen schaffen bisweilen Gegebenheiten, die zu einer gegenseitigen Öffnung unfähig sind: das in sich verschlossene Ehepaar, die in sich verschlossene Familie, die in sich verschlossene Gruppe, die in sich verschlossene Pfarrei, das in sich verschlossene Vaterland … Und das stammt nicht von Gott! Das kommt von uns, das ist unsere Sünde. Und doch stehen am Ursprung unseres christlichen Lebens, bei der Taufe, gerade jene Gesten und jenes Wort Jesu: »Effata! – Öffne dich!« Und das Wunder ist vollbracht: Wir sind von der Taubheit des Egoismus und von der Stummheit des Verschlossenseins und der Sünde geheilt worden, und wir wurden in die große Familie der Kirche aufgenommen. Wir können Gott hören, der zu uns spricht, und sein Wort all jenen mitteilen, die es nie gehört oder die es vergessen und unter den Dornen der Sorgen und der Täuschungen der Welt zu Grab getragen haben.

Angelus, 6. September 2015

Missionarische Freude

Im Wort Gottes erscheint ständig diese Dynamik des ›Aufbruchs‹, die Gott in den Gläubigen auslösen will. Abraham folgte dem Aufruf, zu einem neuen Land aufzubrechen (vgl. Gen 12,1–3). Mose gehorchte dem Ruf Gottes: »So geh nun! Ich will dich … senden« (Ex 3,10), und führte das Volk hinaus, dem verheißenen Land entgegen (vgl. Ex 3,17). Zu Jeremia sagte Gott: »Wohin immer ich dich sende, dahin wirst du gehen« (Jer 1,7). Die Freude aus dem Evangelium, die das Leben der Gemeinschaft der Jünger erfüllt, ist eine missionarische Freude. Die zweiundsiebzig Jünger, die voll Freude von ihrer Sendung zurückkehren, erfahren sie (vgl. Lk 10,17). Jesus erlebt sie, als er im Heiligen Geist vor Freude jubelt und den Vater preist, weil seine Offenbarung die Armen und die Kleinsten erreicht (vgl. Lk 10,21). Voll Verwunderung spüren sie die Ersten, die sich bekehren, als am Pfingsttag, in der Predigt der Apostel, »jeder … sie in seiner eigenen Sprache reden« hört (Apg 2,6). Diese Freude ist ein Zeichen, dass das Evangelium verkündet wurde und bereits Frucht bringt. Aber sie hat immer die Dynamik des Aufbruchs und der Gabe, des Herausgehens aus sich selbst, des Unterwegsseins und des immer neuen und immer weiteren Aussäens. Der Herr sagt: »Lasst uns anderswohin gehen, in die umliegenden Ortschaften, damit ich auch dort predige; denn dazu bin ich gekommen!« (Mk 1,38). Wenn der Same an einem Ort ausgesät ist, hält Jesus sich dort nicht mehr auf, um etwas besser zu erklären oder um weitere Zeichen zu wirken, sondern der Geist führt ihn, zu anderen Dörfern aufzubrechen.

Evangelii gaudium 20 & 21

Zeit zu beten

Es ist Vorsicht geboten: Wir kämpfen nicht gegen menschliche Mächte, sondern gegen die Macht der Finsternis (vgl. Eph 6,12). Wie Jesus selbst (vgl. Mt 4,1–11) versucht der Satan auch uns zu verführen, uns zu verwirren, uns »gangbare Alternativen« anzubieten. Wir können es uns nicht leisten, vertrauensselig oder eitel zu sein. Es stimmt, wir sollen mit allen Menschen reden – aber mit der Versuchung redet man nicht. Hier bleibt uns nur eins: uns wie der Herr in der Wüste in die Kraft des Wortes Gottes und in das flehentliche Gebet zu flüchten – das Gebet der Kinder, der armen und einfachen Menschen; das Gebet derer, die wissen, dass sie Söhne und Töchter sind, und die deshalb ihren Vater um Hilfe bitten; das Gebet der Kleinen und Mittellosen. Die Kleinen, die Unmündigen haben nichts zu verlieren; mehr noch: Ihnen wird der Weg offenbart (Mt 11,25f.). Wir sollten uns klarmachen, dass dies nicht die Zeit der Zinsen, des Triumphs und der Ernte ist; dass vielmehr in unserer Kultur der Feind neben dem Weizen des Herrn Unkraut aus- gesät hat und dass beide gemeinsam wachsen. Es ist nicht die Zeit, sich daran zu gewöhnen, sondern sich zu bücken und die fünf Steine für Davids Schleuder aufzulesen (vgl. 1 Sam 17,40). Es ist Zeit, zu beten.

Brief an die Priester und die gottgeweihten Männer und Frauen des Erzbistums, 2007

Auf Seine Stimme hören

Jesus »nahm Petrus, Jakobus und dessen Bruder Johannes beiseite und führte sie auf einen hohen Berg« (Mt 17,1). Der Berg steht in der Bibel für den Ort der Nähe zu Gott und der innigen Begegnung mit ihm; der Ort des Gebets, wo man in der Gegenwart des Herrn ist. Dort oben auf dem Berg zeigt sich Jesus den drei Jüngern verklärt, leuchtend, wunderschön; und dann erscheinen Mose und Elija, die mit ihm reden. Sein Gesicht leuchtet derart und seine Kleider sind so blendend weiß, dass Petrus wie geblendet ist und er dort bleiben möchte, gleichsam als wolle er jenen Augenblick festhalten. Sogleich erklingt aus der Höhe die Stimme des Vaters und erklärt, dass Jesus sein geliebter Sohn ist, und er sagt: »Auf ihn sollt ihr hören« (V. 5). Diese Worte sind wichtig! Unser Vater, der zu diesen Aposteln gesprochen hat, sagt auch zu uns: »Ihr sollt auf Jesus hören, weil er mein geliebter Sohn ist«. Wir, die Jünger Jesu, sind aufgerufen, Menschen zu sein, die auf seine Stimme hören und seine Worte ernst nehmen. Um auf Jesus zu hören, muss man ihm nahestehen, ihm nachfolgen, wie dies die Menschenmengen im Evangelium taten, die ihm auf den Straßen Palästinas nachliefen. Jesus hatte keinen Lehrstuhl und auch keine feste Kanzel, er war ein Wanderprediger, der seine Lehren – Lehren, die ihm der Vater gegeben hatte – entlang der Straßen erteilte und dabei nicht immer vorhersehbare und bisweilen wenig bequeme Wege einschlug. Doch wir hören Jesus auch in seinem geschriebenen Wort, im Evangelium.

Angelus, Petersplatz 16. März 2014

Der Teufel ist der Vater der Lüge

Und nun stellt euch vor, dass es unter dem Kreuz Jesu Menschen gegeben hat, die Zwietracht säten, die zu Jesus sagten: »Steig herab!«, und zu den anderen: »Seht ihr? Er steigt nicht herab: Er ist nicht Gott!« Das, was uns daran hindert, wie Brüder und Schwestern zu leben, ist die Zwietracht, der Neid und die Gewalt. »Mutter, nimm die Zwietracht aus unseren Herzen, nimm den Neid fort, nimm die Gewalt fort, denn wir sind darauf angewiesen, als Brüder zu leben.« Das sagen wir ihr heute.

Schon im Augenblick des Kreuzes gab es solche, die Zwietracht säten, und es gab sie im Lauf der Geschichte immer wieder. Der Teufel verhält sich nicht still, er ist der Vater der Lüge, er ist der Vater der Zwietracht, der Vater der Spaltung, der Vater der Gewalt. Diesen Vater lieben wir nicht, denn dieser Vater macht uns nicht zu Geschwistern, sondern entzweit uns. »Mutter, wir sind darauf angewiesen, als Brüder und Schwestern zu leben. Wir sind darauf angewiesen, uns zu erinnern, Mutter, uns daran zu erinnern, wie man das macht: als Brüder leben; vergessen wir nicht, wie man als Brüder lebt.« Möge sie uns die Gnade erwirken, uns zu erinnern, wie man als Geschwister lebt.

Predigt, 32. Jugendwallfahrt nach Luján, 2006

Seid niemals traurig!

Jesus ist Gott, doch er hat sich erniedrigt, unseren Weg mitzuge-hen. Er ist unser Freund, unser Bruder. Hier gibt er uns Licht auf unserem Weg. Und so haben wir ihn heute empfangen. Und dies ist das erste Wort, das ich euch sagen möchte: Freude! Seid nie-mals traurige Menschen: Ein Christ darf das niemals sein! Lasst euch niemals von Mutlosigkeit überwältigen! Unsere Freude entspringt nicht aus dem Besitzen vieler Dinge, sondern daraus, einer Person begegnet zu sein: Jesus, der in unserer Mitte ist; sie entspringt aus dem Wissen, dass wir mit ihm niemals einsam sind, selbst in schwierigen Momenten nicht, auch dann nicht, wenn der Lebensweg auf Probleme und Hindernisse stößt, die unüberwindlich scheinen, und davon gibt es viele! Und in die-sem Moment kommt der Feind, kommt der Teufel, oftmals als Engel verkleidet, und heimtückisch sagt er uns ein Wort. Hört nicht auf ihn! Folgen wir Jesus! Wir begleiten, wir folgen Jesus, aber vor allem wissen wir, dass er uns begleitet und uns auf seine Schultern lädt: darin liegt unsere Freude, die Hoffnung, die wir in diese unsere Welt tragen müssen. Und bitte lasst euch die Hoffnung nicht nehmen! Lasst nicht zu, dass die Hoffnung geraubt wird! Jene, die Jesus uns schenkt.

Predigt, Petersplatz, 24. März 2013

Wahre Selbstverwirklichung

Das Gute neigt immer dazu, sich mitzuteilen. Jede echte Erfahrung von Wahrheit und Schönheit sucht von sich aus, sich zu
verbreiten, und jeder Mensch, der eine tiefe Befreiung erfährt,
erwirbt eine größere Sensibilität für die Bedürfnisse der anderen. Wenn man das Gute mitteilt, fasst es Fuß und entwickelt
sich. Darum gibt es für jeden, der ein würdiges und erfülltes
Leben zu führen wünscht, keinen anderen Weg, als den anderen
anzuerkennen und sein Wohl zu suchen. So dürften uns also
einige Worte des heiligen Paulus nicht verwundern: »Die Liebe
Christi drängt uns« (2 Kor 5,14); »Wehe mir, wenn ich das Evangelium nicht verkünde!« (1 Kor 9,16).

Wenn die Kirche zum Einsatz in der Verkündigung aufruft,
tut sie nichts anderes, als den Christen die wahre Dynamik der
Selbstverwirklichung aufzuzeigen. Folglich dürfte ein Verkünder des Evangeliums nicht ständig ein Gesicht wie bei einer
Beerdigung haben. Gewinnen wir den Eifer zurück, mehren wir
ihn.

Evangelii gaudium 9 & 10

Das Gute ist stärker als das Böse

Der Glaube lässt uns durch die Offenbarung der Liebe Gottes, des Schöpfers, die Natur mehr achten, da er uns in ihr eine von Gott eingeschriebene Grammatik und eine Wohnstatt erkennen lässt, die uns anvertraut ist, damit wir sie pflegen und hüten. Er hilft uns, Entwicklungsmodelle zu finden, die nicht allein auf Nutzen und Profit gründen, sondern die Schöpfung als Gabe anerkennen, deren Schuldner wir alle sind. Er lehrt uns, gerechte Regierungsformen zu ermitteln und dabei anzuerkennen, dass die Autorität von Gott kommt, um sich in den Dienst des Gemeinwohls zu stellen. Der Glaube bietet auch die Möglichkeit zur Vergebung, die oftmals Zeit, Mühe, Geduld und Einsatz benötigt; eine Vergebung, die möglich ist, wenn man entdeckt, dass das Gute stets ursprünglicher und stärker ist als das Böse, dass das Wort, mit dem Gott unser Leben bejaht, tiefer ist als all unser Nein. Übrigens ist die Einheit auch unter rein anthropologischem Gesichtspunkt dem Konflikt überlegen; wir müssen auch den Konflikt auf uns nehmen, aber das Einlassen auf ihn muss uns dazu bringen, ihn zu lösen, zu überwinden, indem wir ihn in ein Glied einer Kette, in Entwicklung zur Einheit hin verwandeln.

Lumen fidei 55

Gabe der Freude

Wir sind eingeladen, den Heiligen Geist um die Gabe der Freude und Heiterkeit zu bitten: Sie ist »eine Frucht des Heiligen Geistes. Dieser Geist, der in Fülle in der Person Jesu Christi wohnt, machte ihn während seines Erdenlebens empfänglich für die Freuden des täglichen Lebens, so zartfühlend und überzeugend, um dadurch auch die Sünder wieder auf den Weg einer erneuerten Jugend des Herzens und des Geistes zurückzuführen! Dies ist derselbe Geist, der die Jungfrau Maria und alle Heiligen beseelt hat. Es ist derselbe Geist, der noch heute so vielen Christen die Freude vermittelt, jeden Tag ihre besondere Berufung in dem Frieden und der Hoffnung zu leben, die alle Enttäuschungen und Leiden übersteigen.«

Gaudete in Domino 74

Selig, die die nicht sehen und doch glauben

Jesus wandte sich gerade an ihn, er lud ihn ein, die Wunden anzusehen, sie zu berühren; und Thomas rief aus: »Mein Herr und mein Gott!« (Joh 20,28). So sagte Jesus: »Weil du mich gesehen hast, glaubst du? Selig, die nicht sehen und doch glauben« (V. 29). Und wer waren diese Menschen, die geglaubt hatten, ohne zu sehen? Andere Jünger, andere Männer und Frauen aus Jerusalem, die – ob- wohl sie dem auferstandenen Jesus nicht begegnet waren – auf das Zeugnis der Apostel und der Frauen hin geglaubt hatten. Das ist ein sehr wichtiges Wort über den Glauben, wir können es die Seligpreisung des Glaubens nennen.

Selig sind, die nicht gesehen und doch geglaubt haben: Das ist die Seligpreisung des Glaubens! Zu allen Zeiten und an jedem Ort sind selig jene, die durch das in der Kirche verkündete und von den Christen bezeugte Wort glauben, dass Jesus Christus die Mensch gewordene Liebe Gottes, die Mensch gewordene Barmherzigkeit ist. Und das gilt für einen jeden von uns!

Regina Coeli, 7. April 2013

Apostolische Kühnheit

Wir wissen um die Versuchung, sich von jener lähmenden Angst fesseln zu lassen, die mal als Vorsicht und realistisches Kalkül und dann wieder als Routine und Wiederholung da- herkommt. Immer aber verbirgt sich dahinter die feige und konformistische Lockung einer minimalistischen Kultur, die sich drückt und immer nur auf ihre Sicherheit bedacht ist.

Apostolische Kühnheit heißt, sich auf die Suche zu machen, kreativ zu sein und in See zu stechen!

In dieser Spiritualität des Unterwegsseins gerät man überdies leicht in Versuchung, den gemeinschaftlichen Aspekt der Pilgerschaft aus den Augen zu verlieren: Man verrät sein Volk und läuft wie ein Verrückter den Marathon des Erfolgs. Damit gefährden wir unseren Stil und werden zu Mitläufern in einer Kultur der Ausgrenzung, in der alte Menschen keinen Platz mehr haben, Kinder als störend empfunden werden und niemand Zeit hat, am Wegrand stehen zu bleiben. Besonders groß ist die Versuchung, wenn man den neuen, modernen Dogmen der Effizienz und des Pragmatismus anhängt. Deshalb braucht es sehr viel Mut, um gegen den Strom zu schwimmen, um nicht auf die mögliche Utopie zu verzichten: dass es nämlich die Inklusion ist, die den Stil und Rhythmus unserer Schritte prägt.

Wenn man als Volk unterwegs ist, kommt man langsamer vorwärts. Und niemand verkennt, dass der Weg lang und mühselig ist.

Brief an Katecheten, August 2004

Nicht schwarzmalen

Einen Glauben zu bekennen und ein bestimmtes Menschenbild, eine bestimmte Art des Menschseins zu vertreten, ist in unserer von Relativismus und verlorenen Gewissheiten geprägten Gegenwart nicht unbedingt en vogue. »Im Trüben ist gut fischen«: Je weniger Gewissheiten es gibt, desto leichteres Spiel haben diejenigen, die uns davon überzeugen wollen, dass die Botschaft der Bilder und Slogans das einzig Sichere und Verlässliche ist.

Doch das Letzte, was wir tun dürfen, ist, uns zu verschanzen und uns verbittert über die schlechten Zeiten zu beklagen. Wir können es uns nicht leisten, alles von vorneherein »schwarzzumalen« (Schwarzmalerei ist nicht dasselbe wie ein kritischer Geist, sondern seine abgestumpfte Version), uns in unsere kleine Welt zurückzuziehen und einander zu der dogmatischen Klarheit und Unbestechlichkeit zu gratulieren, mit der wir die Wahrheit verteidigen – und letztlich doch nur unsere eigene Eitelkeit befriedigen. Es geht um etwas anderes: um positive Beiträge. Es geht um Verkündigung, es geht darum, dass wir beginnen, unserem Leben eine andere Art von Fülle zu geben, dass wir zu Zeugen und Erbauern eines anderen Menschseins werden, das sich, davon dürfen wir überzeugt sein, nicht mit griesgrämiger Miene und verdrießlichem Gemüt realisieren lässt. Es geht darum, unserer tiefsten Berufung nachzukommen: das Talent nicht zu vergraben, sondern in die Welt hinauszugehen – weil wir davon überzeugt sind, dass die Dinge sich ändern können, ja mehr noch, dass sie sich ändern müssen und dass wir diejenigen sind, die sie ändern können.

Botschaft an Erziehungsgemeinschaften 2007

Lobgesang der Menschheit

Die Aufnahme Marias in den Himmel ist ein großes Geheimnis, das einen jeden von uns betrifft, es betrifft unsere Zukunft. Maria nämlich geht uns voran auf dem Weg, den jene eingeschlagen haben, die durch die Taufe ihr Leben an Jesus gebunden haben, wie Maria dies mit ihrem Leben getan hat. Das heutige Fest lässt uns zum Himmel blicken, es kündigt den »neuen Himmel und die neue Erde« an, mit dem Sieg des auferstandenen Christus über den Tod und mit der endgültigen Niederlage Satans. Daher wird das im Lobgesang des Magnifikats zum Ausdruck kommende Frohlocken des demütigen Mädchens aus Galiläa zum Lobgesang der ganzen Menschheit, die sich freut zu sehen, wie der Herr sich über alle Männer und alle Frauen beugt, schwache, niedrige Geschöpfe, und sie bei sich in den Himmel aufnimmt.

Der Herr beugt sich über die Niedrigen, um sie zu erhöhen, wie der Lobgesang des Magnifikat verkündet. Dieser Lobgesang Marias führt uns auch dazu, an die vielen schmerzhaften aktuellen Situationen zu denken, besonders an die Frauen, die von der Last des Lebens und dem Drama der Gewalt überwältigt werden, an die Frauen, die durch die Arroganz der Mächtigen versklavt werden, an die zu unmenschlicher Arbeit gezwungenen Mädchen, an die Frauen, die genötigt werden, sich in Leib und Geist der Begierlichkeit der Männer zu unterwerfen. Wir wollen den Herrn bitten, dass er selbst sie an die Hand nehme, sie auf den Weg des Lebens führe und von diesen Formen der Sklaverei befreie.

Angelus, 15. August 2016

Tiefe Freude ohne Konsum

Die christliche Spiritualität schlägt ein anderes Verständnis von Lebensqualität vor und ermutigt zu einem prophetischen und kontemplativen Lebensstil, der fähig ist, sich zutiefst zu freuen, ohne auf Konsum versessen zu sein. Es ist wichtig, eine alte Lehre anzunehmen, die in verschiedenen religiösen Traditionen und auch in der Bibel vorhanden ist. Es handelt sich um die Überzeugung, dass »weniger mehr ist«. Die ständige Anhäufung von Möglichkeiten zum Konsum lenkt das Herz ab und verhindert, jedes Ding und jeden Moment zu würdigen. Dagegen öffnet das gelassene Sich-Einfinden vor jeder Realität, und sei sie noch so klein, uns viel mehr Möglichkeiten des Verstehens und der persönlichen Verwirklichung. Die christliche Spiritualität regt zu einem Wachstum mit Mäßigkeit an und zu einer Fähigkeit, mit dem Wenigen froh zu sein. Es ist eine Rückkehr zu der Einfachheit, die uns erlaubt innezuhalten, um das Kleine zu würdigen, dankbar zu sein für die Möglichkeiten, die das Leben bietet, ohne uns an das zu hängen, was wir haben, noch uns über das zu grämen, was wir nicht haben. Das setzt voraus, die Dynamik der Herrschaft und der bloßen Anhäufung von Vergnügungen zu meiden.

Laudato si 222

Herz voll Jubel

Es wäre gut, wenn wir uns heute als Priester und als priesterliches Volk fragen würden, was unser Herz mit Jubel erfüllt. Diese Frage ist nicht nebensächlich oder belanglos. Wenn wir uns fragen, ob Jubel in unserem Herzen herrscht – um dafür zu danken und darum zu bitten –, dann fragen wir nach dem, was uns in der Heiligkeit eint und unsere Seelsorgearbeit wirksam macht; wir fragen nach unserer Demut und unserer Stärke.

Predigt, Chrisammesse 2000

Worte der Großmutter

Das Gebet reinigt auch unablässig das Herz. Der Lobpreis Gottes und die Fürbitte beugen der Verhärtung des Herzens im Groll und im Egoismus vor. Wie hässlich ist der Zynismus eines alten Menschen, der das Bewusstsein für sein Zeugnis verloren hat, junge Menschen verachtet und keine Lebensweisheit vermittelt! Wie schön ist dagegen die Ermutigung, die der alte Mensch dem jungen Menschen geben kann, der auf der Suche nach dem Sinn des Glaubens und des Lebens ist! Das ist wirklich die Sendung der Großeltern, die Berufung der alten Menschen. Die Worte der Großeltern haben etwas Besonderes für die jungen Menschen. Und sie wissen es. Die Worte, die meine Großmutter mir am Tag meiner Priesterweihe schriftlich überreichte, trage ich immer noch bei mir, immer im Brevier, und ich lese sie oft, und es tut mir gut. Wie sehr möchte ich eine Kirche, die die Wegwerfkultur herausfordert mit der überreichen Freude einer neuen Umarmung zwischen jungen und alten Menschen! Und das ist es, was ich heute vom Herrn erbitte: diese Umarmung!

Familienkatechese, 11. März 2015

Erfüllt leben

Die Genügsamkeit, die unbefangen und bewusst gelebt wird, ist befreiend. Sie bedeutet nicht weniger Leben, sie bedeutet nicht geringere Intensität, sondern ganz das Gegenteil. In Wirklichkeit kosten diejenigen jeden einzelnen Moment mehr aus und erleben ihn besser, die aufhören, auf der ständigen Suche nach dem, was sie nicht haben, hier und da und dort etwas aufzupicken: Sie sind es, die erfahren, was es bedeutet, jeden Menschen und jedes Ding zu würdigen, und die lernen, mit den einfachsten Dingen in Berührung zu kommen und sich daran zu freuen. So sind sie fähig, die unbefriedigten Bedürfnisse abzubauen, und reduzieren die Ermüdung und das versessene Streben. Man kann wenig benötigen und erfüllt leben, vor allem, wenn man fähig ist, das Gefallen an anderen Dingen zu entwickeln und in den geschwisterlichen Begegnungen, im Dienen, in der Entfaltung der eigenen Charismen, in Musik und Kunst, im Kontakt mit der Natur und im Gebet Erfüllung zu finden. Das Glück erfordert, dass wir verstehen, einige Bedürfnisse, die uns betäuben, einzuschränken, und so ansprechbar bleiben für die vielen Möglichkeiten, die das Leben bietet.

Laudato si 223

Die Freude der Evangelisierung

Wenn wir mehr missionarische Dynamik brauchen, die der Erde Salz und Licht bringt, fürchten viele Laien, jemand könne sie einladen, irgendeine apostolische Aufgabe zu erfüllen, und versuchen, jeder Verpflichtung auszuweichen, die ihnen ihre Freizeit nehmen könnte. Das ist oft darauf zurückzuführen, dass sie das dringende Bedürfnis haben, ihre Freiräume zu bewahren, als sei ein Evangelisierungsauftrag ein gefährliches Gift anstatt eine freudige Antwort auf die Liebe Gottes, der uns zur Mission ruft und uns erfüllt und fruchtbar macht.

Es entwickelt sich die Grabespsychologie, die die Christen allmählich in Mumien für das Museum verwandelt. Enttäuscht von der Wirklichkeit, von der Kirche oder von sich selbst, leben sie in der ständigen Versuchung, sich an eine hoffnungslose, süßliche, Traurigkeit zu klammern, die sich des Herzens bemächtigt. Berufen, um Licht und Leben zu vermitteln, lassen sie sich schließlich von Dingen faszinieren, die nur Dunkelheit und innere Müdigkeit erzeugen und die apostolische Dynamik schwächen. Aus diesen Gründen erlaube ich mir, darauf zu beharren: Lassen wir uns die Freude der Evangelisierung nicht nehmen!

Evangelii gaudium 81 & 82 & 83

Gerufen

Der Glaube öffnet uns den Weg und begleitet unsere Schritte in der Geschichte. Darum müssen wir, wenn wir verstehen wollen, was der Glaube ist, seinen Verlauf beschreiben, den zuerst im Alten Testament bezeugten Weg der gläubigen Menschen. Ein außergewöhnlicher Platz kommt dabei dem Abraham zu, unserem Vater im Glauben. In seinem Leben ereignet sich etwas Überwältigendes: Gott richtet sein Wort an ihn, er offenbart sich als ein Gott, der redet und ihn beim Namen ruft. Der Glaube ist an das Hören gebunden. Abraham sieht Gott nicht, aber er hört seine Stimme. Auf diese Weise nimmt der Glaube einen persönlichen Charakter an. Gott erweist sich so nicht als der Gott eines Ortes und auch nicht als der Gott, der an eine bestimmte heilige Zeit gebunden ist, sondern als der Gott einer Person, eben als der Gott Abrahams, Isaaks und Jakobs, der fähig ist, mit dem Menschen in Kontakt zu treten und einen Bund mit ihm zu schließen. Der Glaube ist die Antwort auf ein Wort, das eine persönliche Anrede ist, auf ein Du, das uns bei unserem Namen ruft.

Lumen fidei 8

Selbsthingabe

Das Wort und die Gesten des Herrn befreien und öffnen allen die Augen. Niemand bleibt gleichgültig. Das Wort des Herrn verlangt immer eine Entscheidung. Entweder bekehrt man sich und bittet um mehr Licht, oder man verschließt sich und beharrt nur umso starrsinniger auf seinen Ketten und seiner Dunkelheit.

Die Sendung, die der Herr erfüllt, ist keine äußerliche Aufgabe – ich verkündige, den Rest erledigt ihr –, sondern ein Auftrag, der für ihn die totale Selbsthinhabe bedeutet und den alle, die ihn empfangen, ganz und gar empfangen müssen. Das erklärt auch die Salbung. Die Salbung ist eine allumfassende Gabe. Salben kann nur, wer gesalbt ist, und gesalbt werden kann nur, wer sich selbst verleugnet und sich hingibt, um diese allumfassende Gabe entgegenzunehmen. Jesus, der geliebte Sohn, ist der Gesalbte, weil er alles vom Vater empfangen hat. Der Herr behält nichts für sich und tut nichts für sich: Alles an ihm ist empfangene Salbung und Erfüllung des Sendungsauftrags. Wie er alles empfangen hat, so schenkt er auch durch den Dienst und die Hingabe seines Lebens am Kreuz alles weiter. Um eine so umfassende Gabe entgegenzunehmen, sind wir darauf angewiesen, dass der Herr uns lehrt, uns von uns selbst zu lösen, uns selbst zu erniedrigen, uns selbst zu verleugnen.

Predigt, Chrisammesse 2006

Barmherzigkeit ohne Werke ist tot

Eine Sache ist es, über Barmherzigkeit zu sprechen, etwas anderes ist es, die Barmherzigkeit zu leben. In Anlehnung an ein Wort des heiligen Apostels Jakobus (vgl. 2,14–17) können wir sagen: Die Barmherzigkeit für sich allein ist tot, wenn sie nicht Werke vorzuweisen hat. Genauso ist es! Was die Barmherzigkeit lebendig macht, ist die beständige Dynamik des Zugehens auf die Bedürfnisse und Nöte der Menschen, die sich in geistlicher und materieller Not befinden. Die Barmherzigkeit hat Augen, um hinzusehen; Ohren, um zuzuhören; Hände, um wieder aufzurichten … Der Alltag gibt vielfältige Gelegenheiten, viele Bedürfnisse der Armen und Leidtragenden mit Händen zu greifen. Es bedarf der besonderen Aufmerksamkeit unsererseits, um das Leiden und die Bedürftigkeit vieler Brüder und Schwestern zu erkennen. Manchmal begegnen wir Situationen dramatischer Armut, und sie scheinen uns nicht zu berühren; alles geht weiter als wenn nichts wäre, in einer Gleichgültigkeit, die uns letztlich zu Heuchlern macht und, ohne dass wir es merken, in eine Form geistlicher Trägheit einmündet, die das Herz gefühllos und das Leben unfruchtbar macht. Menschen, die vorübergehen, die im Leben weitermachen, ohne die Not der Anderen zu erkennen, ohne die ganze spirituelle und materielle Not zu sehen, sind Menschen, die vorübergehen, ohne zu leben, sind Menschen, die den anderen nicht dienen. Erinnert euch gut daran: Wer nicht lebt, um zu dienen, versteht nicht zu leben.

Audienz, Petersplatz, 30. Juni 2016

Wie Heilung möglich wird

Der Korrupte bemerkt seine Korruptheit nicht. Es geschieht das Gleiche wie beim schlechten Atem: Derjenige, der ihn hat, kann ihn nur schwer wahrnehmen. Es sind die anderen, die ihn spüren und es ihm sagen müssen. So kann sich auch der Korrupte nur schwer durch innere Gewissensbisse aus seiner Lage befreien. Die gute Luft wird in seiner Gegenwart anästhesiert. Normalerweise rettet ihn der Herr durch Prüfungen, die er in bestimmten Situationen zu bestehen hat (Krankheiten, materielle Einbußen, Verlust geliebter Menschen usw.). Sie sind es, die den Panzer der Korruption aufsprengen und der Gnade Einlass gewähren können. Auf diese Weise wird Heilung möglich.

J. M. Bergoglio, Korruption und Sünde

Strahlende Freude

Die vorherrschende Empfindung, die aus den Berichten über die Auferstehung im Evangelium durchscheint, ist eine von Staunen erfüllte Freude, ja von großem Staunen! Die Freude kommt von innen! Und in der Liturgie erleben wir erneut den Gemütszustand der Jünger aufgrund der Nachricht, die ihnen die Frauen gebracht hatten: Jesus ist auferstanden! Wir haben ihn gesehen!

Lassen wir es zu, dass sich diese dem Evangelium eingeprägte Erfahrung auch in unsere Herzen einprägt und in unserem Leben durchscheint. Lassen wir es zu, dass das freudige Staunen des Ostersonntags in die Gedanken, Blicke, Haltungen, Gesten und Worte ausstrahlt… Wären wir doch so strahlend! Doch das ist keine Kosmetik! Es kommt von innen, von einem in die Quelle dieser Freude eingetauchten Herzen, wie das von Maria Magdalena, die wegen des Verlustes ihres Herrn weinte und ihren Augen nicht traute, als sie sah, dass er auferstanden war. Wer diese Erfahrung macht, wird Zeuge der Auferstehung, weil er in einem gewissen Sinn selbst auferstanden ist, weil sie selbst auferstanden ist. Dann ist man fähig, einen »Strahl« des Lichts des Auferstandenen in die verschiedenen Lebenssituationen hineinzutragen: in die glücklichen Situationen, die er schöner macht und vor dem Egoismus bewahrt; in die schmerzhaften Situationen, indem er Gelassenheit und Hoffnung bringt.

Regina coeli, 21. April 2014

Begegnung zwischen Mensch und Gott

Im Glauben Israels erscheint auch die Figur des Mose, des Mittlers. Das Volk kann das Angesicht Gottes nicht sehen; Mose kommt die Aufgabe zu, auf dem Berg mit jhwh zu sprechen und allen den Willen des Herrn mitzuteilen. Mit dieser Präsenz des Mittlers hat Israel gelernt, in Einheit seinen Weg zu gehen. Der Glaubensakt des Einzelnen gliedert sich in eine Gemeinschaft ein, in das gemeinsame Wir des Volkes, das im Glauben wie ein einziger Mensch ist, ›mein erstgeborener Sohn‹, wie Gott ganz Israel nennt (vgl. Ex 4,22). Die Vermittlung wird hier nicht ein Hindernis, sondern eine Öffnung: In der Begegnung mit den anderen öffnet sich der Blick auf eine Wahrheit, die größer ist als wir selbst. Von einem individualistischen und begrenzten Verständnis der Erkenntnis her kann man den Sinn der Vermittlung nicht verstehen, diese Fähigkeit, an der Sicht des anderen teilzuhaben, ein Mit-Wissen, welches das ganz eigene Wissen der Liebe ist. Der Glaube ist eine unentgeltliche Gabe Gottes, welche die Demut und den Mut verlangt, zu vertrauen und sich anzuvertrauen, um den lichtvollen Weg der Begegnung zwischen Gott und den Menschen zu sehen, die Heilsgeschichte.

Lumen fidei 14

Glaubensfreude durch Erinnerung

Das Gedächtnis ist eine Dimension unseres Glaubens, die wir ›deuteronomisch‹ nennen könnten, in Analogie zum Gedächtnis Israels. Jesus hinterlässt uns die Eucharistie als tägliches Gedächtnis der Kirche, das uns immer mehr in das Paschageheimnis einführt (vgl. Lk 22,19). Die Freude der Verkündigung erstrahlt immer auf dem Hintergrund der dankbaren Erinnerung: Es ist eine Gnade, die wir erbitten müssen. Die Apostel haben nie den Moment vergessen, in dem Jesus ihr Herz anrührte: »Es war ungefähr die zehnte Stunde« (Joh 1,39). Gemeinsam mit Jesus vergegenwärtigt uns das Gedächtnis eine wahre »Wolke von Zeugen« (Hebr 12,1). Unter ihnen heben sich einige Personen hervor, die besonders prägend dazu beigetragen haben, dass unsere Glaubensfreude aufkeimte: »Denkt an eure Vorsteher, die euch das Wort Gottes verkündet haben« (Hebr 13,7). Manchmal handelt es sich um einfache Menschen in unserer Nähe, die uns in das Glaubensleben eingeführt haben: »Ich habe deinen aufrichtigen Glauben in guter Erinnerung, der schon in deiner Großmutter Loïs und in deiner Mutter Eunike gewohnt hat« (2 Tim 1,5). Der Gläubige ist grundsätzlich ein ›Erinnerungsmensch‹.

Evangelii gaudium 13

Kein Selbstmitleid!

Angesichts der großen »Warum« des Lebens haben wir zwei Wege: Wir können traurig auf die Gräber von gestern und heute blicken oder Jesus zu unseren Gräbern bringen. Ja, denn jeder von uns hat bereits ein kleines Grab, eine Zone im Herzen, die ein wenig tot ist: eine Wunde; ein erlittenes oder begangenes Unrecht; ein Groll, der keine Ruhe gibt; ein Gewissensbiss, der immer wiederkommt; eine Sünde, die zu überwinden uns nicht gelingt. Wir wollen heute unsere kleinen Gräber ausfindig machen, die wir in uns haben, und Jesus dorthin einladen. Es ist seltsam, aber oft ziehen wir es vor, in den dunklen Grotten unseres Inneren allein zu bleiben, statt Jesus dorthin einzuladen. Wir sind versucht, beständig uns selbst zu suchen, indem wir grübeln, in Angst versinken, unsere Wunden lecken, anstatt zu ihm zu gehen, der zu uns sagt: »Kommt alle zu mir, die ihr mühselig und beladen seid; ich will euch Ruhe verschaffen« (Mt 11,28).

Lassen wir uns nicht von der Versuchung gefangen nehmen, allein und mutlos zu bleiben, um in Selbstmitleid zu zerfließen über das, was uns passiert. Wir wollen nicht der nutzlosen und fruchtlosen Logik der Angst nachgeben, dem resignierten Wiederholen, dass alles schlecht ist und nichts mehr so ist wie früher. Das ist die Atmosphäre des Grabes. Der Herr dagegen möchte den Weg des Lebens eröffnen, den Weg der Begegnung mit ihm, des Vertrauens in ihn, der Auferstehung des Herzens, den Weg des »Steh auf! Steh auf, komm heraus!« Das ist es, wozu der Herr uns auffordert, und er ist an unserer Seite, um es zu tun.

Predigt, Platz der Märtyrer (Carpi), 2. April 2017

Das Sofa gegen Schuhe tauschen

Meine Freunde, Jesus ist der Herr des Risikos, er ist der Herr des immer »darüber hinaus«. Jesus ist nicht der Herr des Komforts, der Sicherheit und der Bequemlichkeit. Um Jesus zu folgen, muss man eine gewisse Dosis an Mut besitzen, muss man sich entscheiden, das Sofa gegen ein Paar Schuhe auszutauschen, die dir helfen, Wege zu gehen, die du dir nie erträumt hast und die du dir nicht einmal vorstellen konntest: Wege, die neue Horizonte eröffnen können, die fähig sind, Freude zu übertragen – jene Freude, die aus der Liebe Gottes hervorgeht, die Freude, die durch jede Geste, durch jede Haltung der Barmherzigkeit in deinem Herzen verbleibt. Auf Wegen gehen und dem »Irrsinn« unseres Gottes folgen, der uns lehrt, ihm zu begegnen im Hungrigen, im Durstigen, im Nackten, im Kranken; im Freund, mit dem es schlecht ausgegangen ist, im Gefangenen, im Flüchtling und im Migranten, im einsamen Nachbarn. Auf den Wegen unseres Gottes gehen, der uns auffordert, politisch Handelnde, Denker, gesellschaftliche Vorreiter zu sein; der uns anregt, eine solidarischere Wirtschaft zu ersinnen, als diese. Die Liebe Gottes fordert uns auf, in alle Bereiche, in denen ihr euch befindet, die Frohe Botschaft zu tragen und das eigene Leben zu einem Geschenk an Gott und an die anderen zu machen. Und das bedeutet, mutig zu sein, das bedeutet, frei zu sein.

Predigt, Campus Misericordiae Krakau, 30. Juli 2016

Die Freude des Priesters

Gott ist »voll Freude« (Lk 15,5): Seine Freude hat ihren Grund in der Vergebung; in dem Leben, das neu ersteht; in dem Sohn, der wieder die Luft des Elternhauses atmet. Die Freude Jesu, des Guten Hirten, ist keine Freude über sich, sondern eine Freude über die anderen und mit den anderen, die wahre Freude der Liebe. Das ist auch die Freude des Priesters. Er wird verwandelt durch die Barmherzigkeit, die er gegenleistungsfrei erweist. Im Gebet entdeckt er den Trost Gottes und erfährt, dass nichts stärker ist als seine Liebe. Darum ist er innerlich ausgeglichen und ist glücklich, ein Kanal der Barmherzigkeit zu sein und den Menschen dem Herzen Gottes nahezubringen. Traurigkeit ist für ihn nicht normal, sondern vorübergehend; Härte ist ihm fremd, denn er ist ein Hirte gemäß dem milden Herzen Gottes.

Predigt, Petersplatz, 3. Juni 2016

Kostbare Perle

Alles, was Jesus und auch wir Priester verkünden, ist frohe Kunde. Sie ist freudig erfüllt von der Freude des Evangeliums: sie offenbart die Freude dessen, der in seinen Sünden mit dem Öl der Vergebung gesalbt wurde und in seinem Charisma mit dem Öl der Sendung, um die anderen zu salben. Und so wie Jesus verleiht der Priester der Verkündigung mit seiner ganzen Person freudige Gestalt. Wenn er die Homilie – wenn möglich kurz – hält, tut er dies mit der Freude, die das Herz der ihm anvertrauten Menschen mit dem Wort anrührt, durch das der Herr ihn selbst während seines Gebets angerührt hat. Wie jeder missionarische Jünger verleiht der Priester mit seinem ganzen Wesen der Verkündigung freudigen Ausdruck. Und andererseits sind es gerade die kleinsten Einzelheiten – wir alle haben die Erfahrung gemacht –, welche die Freude besser fassen und mitteilen: wenn jemand einen kleinen Schritt mehr macht und so bewirkt, dass die Barmherzigkeit ins Niemandsland überläuft; wenn jemand sich entscheidet, konkret Tag und Zeit des Treffens festzulegen; wenn jemand ruhig und bereitwillig zulässt, dass man seine Zeit in Anspruch nimmt …

Die frohe Kunde kann einfach als eine andere Weise erscheinen, um »Evangelium« zu sagen, wie etwa »Frohbotschaft« oder »Gute Nachricht«. Dennoch enthält sie etwas, was alles Übrige in sich schließt: die Freude des Evangeliums. Sie fasst alles zusammen, weil sie in sich selbst freudig ist.

Die frohe Kunde ist die kostbare Perle aus dem Evangelium. Sie ist kein Gegenstand, sie ist eine Sendung.

Predigt, Vatikanische Basilika, 13. April 2017

SEPTEMBER

»Wir alle sind Söhne
und Töchter«

Gotteskindschaft

Maria ist durch ihre Beziehung zu Jesus eng mit dem verbunden, was wir glauben. In der jungfräulichen Empfängnis Jesu in Maria haben wir ein klares Zeichen der Gottessohnschaft Christi. Der ewige Ursprung Christi ist im Vater; er ist der Sohn in vollem und einzigartigem Sinn; und deshalb wird er in der Zeit geboren ohne Zutun eines Mannes. Als Sohn kann Jesus der Welt einen neuen Anfang und ein neues Licht bringen, die Fülle der treuen Liebe Gottes, der sich den Menschen übergibt. Andererseits hat die wirkliche Mutterschaft Marias sichergestellt, dass der Sohn Gottes eine echte menschliche Geschichte hat und ein wahres Fleisch, in dem er am Kreuz sterben und von den Toten auferstehen konnte. Maria begleitete ihn bis unter das Kreuz (vgl. Joh 19,25), von wo aus sich ihre Mutterschaft auf jeden Jünger ihres Sohnes erstrecken sollte (vgl. Joh 19,26–27). Nach der Auferstehung und Himmelfahrt Jesu war sie auch im Abendmahlssaal zugegen, um mit den Aposteln um die Gabe des Geistes zu bitten (vgl. Apg 1,14). Der Strom der Liebe zwischen Vater und Sohn im Geist hat unsere Geschichte durchlaufen; Christus zieht uns zu sich, um uns retten zu können (vgl. Joh 12,32). In der Mitte des Glaubens steht das Bekenntnis zu Jesus, dem Sohn Gottes, geboren von einer Frau, der uns durch die Gabe des Heiligen Geistes in die Gotteskindschaft hineinführt (vgl. Gal 4,4–6).

Lumen fidei 59

Geschenk des Lebens

Die Kinder rufen uns etwas Schönes in Erinnerung: Sie erinnern uns daran, dass wir immer Söhne und Töchter sind. Auch wenn jemand erwachsen oder alt wird, auch wenn er zum Elternteil wird, wenn er einen verantwortungsvollen Posten bekleidet – unter all dem bleibt stets die Identität als Sohn oder Tochter erhalten. Wir alle sind Söhne und Töchter. Und das bringt uns immer zu der Tatsache zurück, dass wir uns das Leben nicht selbst geschenkt, sondern es empfangen haben. Das große Geschenk des Lebens ist die erste Gabe, die wir empfangen haben. Manchmal laufen wir Gefahr, so zu leben, dass wir das vergessen, so als wären wir Herren über unsere Existenz, und sind doch zutiefst abhängig. In Wirklichkeit ist es Grund zu großer Freude zu spüren, dass wir in jedem Lebensalter, in jeder Situation, in jeder Gesellschaftsschicht Söhne und Töchter sind und bleiben. Das ist die wichtigste Botschaft, die die Kinder uns schon durch ihre Anwesenheit vermitteln: Allein durch die Anwesenheit erinnern sie uns daran, dass jeder von uns und wir alle Söhne und Töchter sind.

Familienkatechese, 18. März 2015

263

Das Vorbild der Heiligen Familie

Vor jeder Familie erscheint das Bild der Familie von Nazareth mit ihrem Alltag aus Ermüdung und sogar aus Alpträumen wie in dem Moment, als sie unter der unfassbaren Gewalt des Herodes leiden mussten – eine Erfahrung, die sich noch heute in vielen Familien ausgeschlossener und wehrloser Flüchtlinge tragisch wiederholt. Die Familien sind eingeladen, wie die Sterndeuter das Kind mit seiner Mutter zu betrachten, vor ihm niederzufallen und es anzubeten (vgl. Mt 2,11). Sie sind aufgefordert, wie Maria ihre traurigen und begeisternden familiären Herausforderungen mutig und gelassen zu leben und die Wunder Gottes im Herzen zu bewahren und darüber nachzudenken (vgl. Lk 2,19.51). Im Schatz von Marias Herz befinden sich auch alle Ereignisse einer jeden unserer Familien, die sie sorgsam bewahrt. Daher kann sie uns helfen, sie zu deuten, um in der Familiengeschichte die Botschaft Gottes zu erkennen.

Amoris laetitia 30

Raum schaffen für Jesus

Gewiss wären wir ergriffen von dem Bericht, wie der heran-
wachsende Jesus die Gebräuche der Religionsgemeinschaft und
die Pflichten des sozialen Lebens wahrnahm; zu erfahren, wie er
als junger Handwerker mit Josef arbeitete; und auch wie er am
Hören der Schrift, am Gebet der Psalmen und an vielen anderen
Gebräuchen des täglichen Lebens teilnahm. Die Evangelien
berichten in ihrer Nüchternheit nichts über die Jugend Jesu und
überlassen diese Aufgabe unserer liebevollen Betrachtung. Die
Kunst, die Literatur, die Musik sind diesen Weg gegangen und
haben sich dies ausgemalt. Gewiss ist es für uns nicht schwierig,
uns vorzustellen, wie viel die Mütter von Marias Fürsorge für
ihren Sohn lernen könnten! Und wie viel die Väter dem Vorbild
Josefs, des Gerechten, entnehmen könnten, der sein Leben dem
Unterhalt und dem Schutz von Kind und Ehefrau – seiner Familie – auf ihrem schwierigen Weg widmete! Ganz zu schweigen
davon, wie sehr die Jugendlichen vom heranwachsenden Jesus
ermutigt werden könnten, zu verstehen, wie notwendig und
schön es ist, ihre tiefste Berufung zu pflegen und große Träume
zu haben! Und Jesus hat in jenen 30 Jahren seine Berufung
gepflegt, für die der Vater ihn gesandt hat. Jesus hat in jener Zeit
nie den Mut verloren, sondern sein Mut, seine Sendung fortzu-
setzen, ist gewachsen. Jede christliche Familie kann – wie Maria
und Josef es getan haben – vor allem Jesus annehmen, ihm zuhören, mit ihm sprechen, ihn behüten, ihn schützen, mit ihm
wachsen und so die Welt verbessern. Wir wollen in unserem
Herzen und in unserem Tagesablauf Raum schaffen für den
Herrn.

Familienkatechese, 17. Dezember 2014

Schönheit der Nächstenliebe

In dem gekreuzigten, zerbrochenen Jesus, der in den Augen der Welt und der Fernsehkameras völlig unansehnlich, ja gar nicht existent ist, erstrahlt die Schönheit der schönen Liebe Gottes, der sein Leben für uns hingibt. Es ist die Schönheit der Nächstenliebe, die Schönheit der Heiligen.

In diesem Sinne ist auch der Arbeiter schön, der am Abend heimkehrt und sein schmutziges und unaufgeräumtes Zuhause mit der Freude darüber erfüllt, dass er seine Kinder ernähren kann. Schön ist die Gemeinschaft der um den Tisch versammelten Familie, die ihr Brot großzügig teilt, obwohl sie selbst nur wenig hat. Schön ist die ungepflegte ältere Frau, die ihren kranken Mann weit über ihre Kräfte hinaus und ohne Rücksicht auf ihre eigene Gesundheit pflegt. Eine außergewöhnliche Schönheit liegt in der Treue reiferer Ehepaare, die, wenngleich der Frühling der jugendlichen Verliebtheit vergangen ist, einander auch im Herbst ihres Lebens noch lieben und händchenhaltend durch die Straßen gehen. Nicht nur äußerlich oder nach den ästhetischen Begriffen der Mode, sondern in einem sehr viel tieferen Sinne schön sind all jene Männer und Frauen, die ihre persönliche Berufung mit Liebe leben: im selbstlosen Dienst an der Gemeinschaft oder an der Heimat; in der großzügigen Arbeit für das Glück der Familie oder im mühsamen, verborgenen und uneigennützigen Einsatz für die soziale Freundschaft ... In der Schöpfung liegt Schönheit, in der unendlichen Zärtlichkeit und Barmherzigkeit Gottes, in der dienenden Hingabe all dessen, was wir aus Liebe tun. Diese Schönheit zu entdecken, zu zeigen und hervorzuheben heißt, die Fundamente einer Kultur der Solidarität und sozialen Freundschaft zu legen.

Predigt, 3. Kongress der Medienschaffenden, Oktober 2002

Kinderlachen

Kinder haben die Fähigkeit, zu lächeln und zu weinen. Manche lächeln, wenn ich sie aufnehme, um sie zu umarmen; andere sehen meine weiße Kleidung und meinen, ich sei der Arzt und würde kommen, um sie zu impfen, und weinen … aber ganz spontan! So sind die Kinder: Sie lächeln und sie weinen, zwei Dinge, die in uns Großen oft »blockiert« sind, derer wir nicht mehr fähig sind … Oft wird unser Lächeln zu einem Lächeln aus Pappe, zu etwas Leblosem, zu einem Lächeln, das nicht lebendig ist, oder auch zu einem künstlichen Lächeln, wie bei einem Clown. Kinder lächeln spontan und weinen spontan. Es hängt immer vom Herzen ab, und oft ist unser Herz blockiert und verliert die Fähigkeit zu lächeln, zu weinen. Die Kinder können uns also lehren, wieder zu lächeln und zu weinen. Aber wir selbst müssen uns fragen: Lächle ich spontan, mit Frische, mit Liebe, oder ist mein Lächeln künstlich? Weine ich noch oder habe ich die Fähigkeit zum Weinen verloren? Zwei sehr menschliche Fragen, die uns die Kinder lehren. Aus all diesen Gründen lädt Jesus seine Jünger ein, »wie die Kinder zu werden«, denn »Menschen wie ihnen gehört das Reich Gottes« (vgl. Mt 18,3; Mk 10,14).

Familienkatechese, 18. März 2015

Gott in den Dingen

Der Herr konnte andere auffordern, auf die Schönheit zu achten, die es in der Welt gibt, denn er selbst war in ständigem Kontakt mit der Natur und widmete ihr eine von Liebe und Staunen erfüllte Aufmerksamkeit. Wenn er jeden Winkel seines Landes durchstreifte, verweilte er dabei, die von seinem Vater ausgesäte Schönheit zu betrachten, und lud seine Jünger ein, in den Dingen eine göttliche Botschaft zu erkennen: »Blickt umher und seht, die Felder sind weiß, reif zur Ernte« (Joh 4,35). »Das Himmelreich gleicht einem Senfkorn, das einer nahm und auf seinen Acker säte. Das ist zwar das kleinste von allen Samenkörnern; wenn es aber ausgewachsen ist, ist es größer als die Gartengewächse und wird zu einem Baum« (Mt 13,31–32). Jesus lebte in vollkommener Harmonie mit der Schöpfung, und die anderen wunderten sich: »Was ist das für ein Mann, dass selbst die Winde und der See ihm gehorchen?« (Mt 8,27). Er erschien nicht wie ein weltfremder und den angenehmen Dingen des Lebens feindlich gesonnener Asket. In Bezug auf sich selbst sagte er: »Der Menschensohn ist gekommen. Er isst und trinkt. Da sagen sie: Seht den Schlemmer und Trinker« (Mt 11,19).

Laudato si 97 & 98

Er geht mit uns

Gott geht mit uns, weil er will, dass wir alle soweit kommen, an Wesen und Gestalt seines Sohnes teilzuhaben seit jenem Augenblick, als er uns die Freiheit in der Schöpfung geschenkt hat – nicht die Unabhängigkeit! –, geht er weiter mit uns, bis heute. Heute sind wir im Vorzimmer dieser Geschichte: der Geburt der Muttergottes. Wie gehe ich in meiner Geschichte voran? Lasse ich es zu, dass Gott mit mir geht? Lasse ich zu, dass er mit mir geht, oder will ich alleine gehen? Lasse ich zu, dass er mich liebkost, dass er mir hilft, mir vergibt, mich voranbringt, um zur Begegnung mit Jesus Christus zu gelangen?

Predigt, »Domus Sanctae Marthae«, 8. September 2014

Drei Worte

Die heutige Katechese ist gleichsam die Eingangstür zu einer Reihe von Reflexionen über das Leben der Familie, ihr konkretes Leben, mit seinen Zeiten und seinen Ereignissen. Auf dieser Eingangstür stehen drei Worte geschrieben, die ich schon mehrmals erwähnt habe. Und diese Worte lauten: »bitte«, »danke«, »Entschuldigung«. Denn diese Worte öffnen den Weg zu einem guten Familienleben, um in Frieden zu leben. Es sind einfache Worte, aber sie sind nicht einfach zu praktizieren! Sie enthalten eine große Kraft: die Kraft, das Haus zu schützen, auch durch zahlreiche Schwierigkeiten und Prüfungen hindurch; ihr Fehlen dagegen öffnet nach und nach Risse, die es sogar zum Einsturz bringen können. Wir verstehen sie gewöhnlich als Worte »guter Erziehung«. Nun gut, ein gut erzogener Mensch bittet um Erlaubnis, er dankt oder entschuldigt sich, wenn er einen Fehler macht. Nun gut, die gute Erziehung ist sehr wichtig. Ein großer Bischof, der heilige Franz von Sales, pflegte zu sagen: »Die gute Erziehung ist schon die halbe Heiligkeit.«

Familienkatechese, 13. Mai 2015

Das erste Wort

Das erste Wort lautet: »Darf ich bitte?« Wenn wir uns Mühe geben, auch um das freundlich zu bitten, von dem wir vielleicht meinen, es fordern zu können, errichten wir einen wirklichen Schutzwall für den Geist des Zusammenlebens in Ehe und Familie. In das Leben des anderen einzutreten, auch wenn er Teil unseres Lebens ist, erfordert das Taktgefühl einer unaufdringlichen Haltung, die das Vertrauen und den Respekt erneuert. Kurz gesagt, die Vertrautheit ist keine Rechtfertigung, alles als selbstverständlich zu betrachten. Und je inniger und tiefer die Liebe ist, desto mehr erfordert sie die Achtung der Freiheit und die Fähigkeit zu warten, dass der andere die Tür seines Herzens öffnet. In diesem Zusammenhang erinnern wir uns an das Wort Jesu im Buch der Offenbarung: »Ich stehe vor der Tür und klopfe an. Wer meine Stimme hört und die Tür öffnet, bei dem werde ich einkehren und Mahl mit ihm halten und er mit mir« (Offb 3,20). Auch der Herr bittet um Erlaubnis einzutreten! Vergessen wir das nicht. Bevor man etwas in der Familie tut: »Darf ich es bitte tun? Ist es dir recht, dass ich es tue?« Diese wohlerzogene und liebevolle Sprache. Und das tut den Familien sehr gut.

Familienkatechese, 13. Mai 2015

Das zweite Wort

Das zweite Wort ist »danke«. Manchmal scheint es, dass wir dabei sind, eine Zivilisation der schlechten Manieren und der schlechten Worte zu werden, so als wäre das ein Zeichen von Emanzipation. Wir hören sie oft auch in der Öffentlichkeit. Die Freundlichkeit und die Fähigkeit zum Danken werden als Zeichen der Schwäche betrachtet, manchmal erwecken sie sogar Misstrauen. Dieser Tendenz muss innerhalb der Familie entgegengewirkt werden. Wir müssen unnachgiebig werden in Bezug auf die Erziehung zur Dankbarkeit, zur Anerkennung: Die Würde der Person und die soziale Gerechtigkeit hängen beide davon ab. Wenn das Familienleben diesen Stil vernachlässigt, dann wird auch das gesellschaftliche Leben ihn verlieren. Außerdem steht die Dankbarkeit für einen gläubigen Menschen im Mittelpunkt des Glaubens selbst: Ein Christ, der nicht zu danken weiß, ist einer, der die Sprache Gottes vergessen hat. Hört gut zu: Ein Christ, der nicht zu danken weiß, ist einer, der die Sprache Gottes vergessen hat. Erinnern wir uns an die Frage Jesu, als er zehn Aussätzige heilte, und nur einer von ihnen kehrte um, um zu danken (vgl. Lk 17,18). Einmal habe ich gehört, wie ein älterer Mensch – er war sehr weise, sehr gut, einfach, hatte aber jene Weisheit der Frömmigkeit, des Lebens – sagte: »Die Dankbarkeit ist eine Pflanze, die nur im Erdreich edler Seelen wächst.« Jener Adel der Seele, jene Gnade Gottes in der Seele spornt uns an, »danke« zu sagen, zur Dankbarkeit. Sie ist die Blüte einer edlen Seele. Das ist etwas Schönes!

Familienkatechese, 13. Mai 2015

Das dritte Wort

Das dritte Wort ist »Entschuldigung« – ein schwieriges, aber dennoch so notwendiges Wort. Wenn es fehlt, weiten kleine Risse sich – auch ungewollt –, bis sie zu tiefen Gräben werden. Im Gebet, das Jesus gelehrt hat, dem »Vaterunser«, und das alle wesentlichen Bitten für unser Leben zusammenfasst, finden wir nicht umsonst dieses Wort: »Und erlass uns unsere Schuld, wie auch wir sie unsern Schuldnern erlassen haben« (Mt 6,12). Wenn wir nicht in der Lage sind, um Entschuldigung zu bitten, dann bedeutet das, dass wir auch nicht in der Lage sind zu vergeben. In dem Haus, in dem man nicht um Entschuldigung bittet, beginnt es an Luft zu mangeln, stagnieren die Wasser. Viele emotionale Wunden, viele Verletzungen in den Familien beginnen mit dem Verlust dieses kostbaren Wortes: »Entschuldige«. Im Eheleben gibt es oft Streit, und manchmal »fliegen die Teller«, aber ich gebe euch einen Rat: Beendet nie den Tag, ohne Frieden zu schließen! Hört gut zu: Habt ihr euch gestritten: Ehefrau und Ehemann, Kinder mit den Eltern? Habt ihr heftig gestritten? Das ist nicht gut, aber es ist nicht das wahre Problem. Das Problem ist, dass dieses Gefühl am nächsten Tag noch vorhanden ist. Wenn ihr daher gestritten habt, dürft ihr nie den Tag beenden, ohne in der Familie Frieden zu schließen. Und wie soll ich Frieden schließen? Soll ich niederknien? Nein! Nur eine kleine Geste, eine kleine Sache, und die Eintracht in der Familie kehrt zurück. Es genügt eine zärtliche Geste! Ohne Worte. Aber nie darf der Tag in der Familie enden, ohne Frieden zu schließen! Habt ihr das verstanden? Es ist nicht leicht, aber man muss es machen. Und damit wird das Leben schöner sein.

Familienkatechese, 13. Mai 2015

Haltung des Herzens

Wir sprechen von einer Haltung des Herzens, das alles mit gelassener Aufmerksamkeit erlebt; das versteht, jemandem gegenüber ganz da zu sein, ohne schon an das zu denken, was danach kommt; das sich jedem Moment widmet wie einem göttlichen Geschenk, das voll und ganz erlebt werden muss. Jesus lehrte uns diese Haltung, als er uns einlud, die Lilien des Feldes und die Vögel des Himmels zu betrachten, oder als er in der Gegenwart eines unruhigen Mannes diesen ansah und ihn liebte (vgl. Mk 10,21). Ja, er war jedem Menschen und jedem Geschöpf gegenüber ganz da, und so zeigte er uns einen Weg, die krankhafte Ängstlichkeit zu überwinden, die uns oberflächlich, aggressiv und zu hemmungslosen Konsumenten werden lässt.

Ein Ausdruck dieser Haltung ist, vor und nach den Mahlzeiten innezuhalten, um Gott Dank zu sagen. Ich schlage den Gläubigen vor, diese wertvolle Gewohnheit wieder auf- zunehmen und sie mit Innigkeit zu leben. Dieser Moment des Segensspruchs erinnert uns, selbst wenn er ganz kurz ist, an unsere Abhängigkeit von Gott für unser Leben, unterstützt unser Empfinden der Dankbarkeit für die Gaben der Schöpfung, erkennt jene an, die mit ihrer Arbeit diese Güter besorgen, und stärkt die Solidarität mit denen, die am meisten bedürftig sind.

Laudato si 226 & 227

Wahre Freiheit

Sich in die Nachfolge Jesu zu begeben bedeutet, sein Kreuz auf sich zu nehmen – wir alle haben unser Kreuz … –, um ihn auf seinem Weg zu begleiten, einem unbequemen Weg, der nicht der Weg des Erfolgs, des flüchtigen Ruhmes ist, sondern jener, der zur wahren Freiheit führt, zu der Freiheit, die uns vom Egoismus und der Sünde befreit. Es geht darum, jener weltlichen Denkart eine eindeutige Absage zu erteilen, die das »Ich« und die eigenen Interessen in den Mittelpunkt des Daseins stellt: das ist nicht das, was Jesus von uns will! Jesus dagegen lädt uns ein, das eigene Leben für ihn, für das Evangelium zu verlieren, um es erneuert, verwirklicht und wahrhaft zu empfangen. Wir sind uns dank Jesu gewiss, dass dieser Weg am Ende zur Auferstehung führt, zum erfüllten und endgültigen Leben mit Gott. Die Entscheidung, ihm, unserem Meister und Herrn, nachzufolgen, der zum Diener aller geworden ist, erfordert es, hinter ihm herzugehen und auf ihn aufmerksam zu hören in seinem Wort – denkt daran: jeden Tag einen Abschnitt aus dem Evangelium lesen – und in den Sakramenten.

Angelus, 13. September 2015

So ist die Familie!

Die Freude der Kinder lässt das Herz der Eltern erbeben und eröffnet neue Zukunft. Die Kinder sind die Freude der Familie und der Gesellschaft. Sie sind kein Problem der Reproduktionsbiologie und auch keiner der vielen Wege zur Selbstverwirklichung. Und sie sind erst recht kein Eigentum der Eltern ... Nein. Kinder sind eine Gabe, sie sind ein Geschenk: verstanden? Kinder sind ein Geschenk. Jedes ist einzigartig und unwiederholbar – und gleichzeitig unverkennbar mit seinen Wurzeln verbunden. Denn Sohn oder Tochter zu sein bedeutet dem Plan Gottes gemäß, das Gedächtnis und die Hoffnung einer Liebe in sich zu tragen, die sich selbst verwirklicht hat, wenn sie das Leben eines anderen, unverwechselbaren und neuen Menschen entfachen. Und für die Eltern ist jedes Kind es selbst, anders, verschieden. Gestattet mir eine Familienerinnerung. Ich erinnere mich, dass meine Mutter über uns – wir waren zu fünft – sagte: »Ich habe fünf Kinder.« Wenn man sie fragte: »Welches ist dein Lieblingskind?«, dann antwortete sie: »Ich habe fünf Kinder, wie fünf Finger. [Er zeigt die Finger der Hand.] Wenn man diesen schlägt, dann tut es mir weh; wenn man diesen anderen schlägt, dann tut es mir weh. Alle fünf tun mir weh. Alle sind meine Kinder, aber alle sind verschieden, wie die Finger einer Hand.« So ist die Familie! Die Kinder sind verschieden, aber alle sind sie Kinder.

Familienkatechese, 11. Februar 2015

Sich Jesus anvertrauen

Zur Fülle, in die Jesus den Glauben führt, gehört ein weiterer entscheidender Aspekt. Im Glauben ist Christus nicht nur der, an den wir glauben, die größte Offenbarung der Liebe Gottes, sondern auch der, mit dem wir uns verbinden, um glauben zu können. Der Glaube blickt nicht nur auf Jesus, sondern er blickt vom Gesichtspunkt Jesu aus, sieht mit seinen Au- gen: Er ist eine Teilhabe an seiner Sichtweise. In vielen Lebensbereichen vertrauen wir uns anderen Menschen an, die mehr Sachverständnis besitzen als wir. Wir haben Vertrauen zu dem Architekten, der unser Haus baut, zu dem Apotheker, der uns das Medikament zur Heilung anbietet, zu dem Rechtsanwalt, der uns vor Gericht verteidigt. Wir brauchen auch einen, der glaubwürdig ist und kundig in den Dingen Gottes. Jesus, der Sohn Gottes, bietet sich als derjenige an, der uns Gott ›erklärt‹ (vgl. Joh 1,18). Das Leben Christi, seine Weise, den Vater zu kennen, völlig in der Beziehung zu ihm zu leben, öffnet der menschlichen Erfahrung einen neuen Raum, und wir können in ihn eintreten. Der heilige Johannes hat die Bedeutung der persönlichen Beziehung zu Jesus für unseren Glauben durch einen unterschiedlichen Gebrauch des Verbs *glauben* ausgedrückt. Zusammen mit der Rede von ›glauben, dass‹ wahr ist, was Jesus uns sagt (vgl. Joh 14,10; 20,31), spricht Johannes auch von ›ihm [Jesus] glauben‹ und ›an ihn glauben‹: Wir ›glauben Jesus‹, wenn wir sein Wort und sein Zeugnis annehmen, weil er glaubhaft ist (vgl. Joh 6,30). Wir ›glauben an Jesus‹, wenn wir ihn persönlich in unser Leben aufnehmen und uns ihm anvertrauen, indem wir ihm zustimmen in der Liebe und unterwegs seinen Spuren folgen (vgl. Joh 2,11; 6,47; 12,44).

Lumen fidei 18

Jesus und die Kinder

Einmal wies Jesus seine Jünger zurecht, weil sie die Kinder fern-
hielten, die die Eltern zu ihm brachten, damit er sie segnete. Dieser Abschnitt des Evangeliums ist bewegend: »Da wurden Kinder zu ihm gebracht, da- mit er ihnen die Hände auflegt und (für
sie) betete. Die Jünger aber schalten die Leute. Doch Jesus sagte:
Lasst die Kinder und hindert sie nicht daran, zu mir zu kommen;
denn für solche (wie sie) ist das Himmelreich. Und er legte ihnen
die Hände auf und zog weiter« (Mt 19,13–15). Wie schön sind
dieses Vertrauen der Eltern und diese Antwort Jesu! Wir sehr
möchte ich, dass dies die alltägliche Geschichte aller Kinder
wird! Es ist wahr, dass Kinder mit großen Schwierigkeiten gott-
lob sehr oft wunderbare Eltern finden, die zu jedem Opfer und
jeder Großherzigkeit bereit sind. Aber diese Eltern dürfen nicht
allein gelassen werden! Wir müssen sie in ihren Mühen begleiten, ihnen jedoch auch Augenblicke gemeinsamer Freude und
unbeschwerter Fröhlichkeit schenken, damit sie nicht nur von
der therapeutischen Routine vereinnahmt sind. Wenn es um die
Kinder geht, darf man jedenfalls keine Formulierungen nach
Art einer amtlichen Rechtsverteidigung hören, wie: »Schließlich
sind wir keine Wohlfahrtseinrichtung«, oder: »Im privaten
Bereich ist jeder frei, das zu tun, was er will«, oder auch: »Es tut
uns leid, wir können da nichts machen.« Solche Worte nützen
nichts, wenn es um Kinder geht.

Familienkatechese, 8. April 2015

Verteidigung des Lebens

Unter diesen Schwachen, deren sich die Kirche mit Vorliebe annehmen will, sind auch die ungeborenen Kinder. Sie sind die Schutzlosesten und Unschuldigsten von allen, denen man heute die Menschen- würde absprechen will, um mit ihnen machen zu können, was man will, indem man ihnen das Leben nimmt und Gesetzgebungen fördert, die erreichen, dass niemand das verbieten kann. Um die Verteidigung des Lebens der Ungeborenen, die die Kirche unter- nimmt, leichthin ins Lächerliche zu ziehen, stellt man ihre Position häufig als etwas Ideologisches, Rückschrittliches, Konservatives dar. Und doch ist diese Verteidigung des ungeborenen Lebens eng mit der Verteidigung jedes beliebigen Menschenrechtes verbunden. Sie setzt die Überzeugung voraus, dass ein menschliches Wesen immer etwas Heiliges und Unantastbares ist, in jeder Situation und jeder Phase seiner Entwicklung. Es trägt seine Daseinsberechtigung in sich selbst und ist nie ein Mittel, um andere Schwierigkeiten zu lösen. Wenn diese Überzeugung hinfällig wird, bleiben keine festen und dauerhaften Grundlagen für die Verteidigung der Menschenrechte; diese wären dann immer den zufälligen Nützlichkeiten der jeweiligen Machthaber unterworfen. Dieser Grund allein genügt, um den unantastbaren Wert eines jeden Menschenlebens anzuerkennen.

Evangelii gaudium 213

Abwesenheit der Väter

Das Problem unserer Tage scheint nicht mehr so sehr die bevormundende Gegenwart der Väter zu sein, sondern vielmehr ihre Abwesenheit, ihr Verschwinden. Die Väter sind manchmal so sehr auf sich selbst und auf ihre Arbeit fixiert, manchmal auch auf ihre eigene Selbstverwirklichung, dass sie sogar die Familie vergessen. Und sie lassen die Kinder und Jugendlichen allein. Die Abwesenheit der väterlichen Gestalt im Leben der Kinder und Jugendlichen hinterlässt Lücken und Wunden, die sehr schlimm sein können. Tatsächlich lassen sich gewisse Auffälligkeiten bei Kindern und Jugendlichen zum großen Teil auf dieses Fehlen zurückführen, auf fehlende Vorbilder und maßgebliche Bezugspersonen in ihrem täglichen Leben, auf den Mangel an Nähe, auf den Mangel an Liebe seitens der Väter. Das Gefühl, Waisen zu sein, das viele Jugendliche erleben, ist tiefer als wir denken. Manchmal scheinen die Väter nicht gut zu wissen, welchen Platz sie in der Familie einnehmen und wie sie die Kinder erziehen sollen. Im Zweifel nehmen sie dann Abstand, ziehen sich zurück und vernachlässigen ihre Verantwortungen, vielleicht indem sie sich in eine unglaubwürdige »ebenbürtige« Beziehung zu ihren Kindern flüchten. Es stimmt, dass du der »Kamerad« deines Kindes sein sollst, aber ohne zu vergessen, dass du der Vater bist!

Familienkatechese, 28. Januar 2015

Selig die reinen Herzens

Selig sind die jungen Menschen, die ein reines Herz haben und sich für ihre edlen und hohen Ideale einsetzen; die sich nicht von den hoffnungslosen Lügen und der absurden Unreife vieler Erwachsener beeinflussen lassen. Die mutig genug sind für die reinste Pflicht einer Liebe, die sie in der Zeit verankert, sie von innen her ganz werden lässt, sie in einem Projekt zusammenschmiedet. Die sich nicht in spontanen Einfällen, günstigen Gelegenheiten oder der Vergänglichkeit des Augenblicks verzetteln. Glückselig sind diejenigen, die aufbegehren, um die Welt zu verändern, und sich nicht vom trägen Refrain des »Es lohnt sich nicht« in den Schlaf wiegen lassen. Die Seligpreisung ist eine Wette mit hohem Einsatz; wir müssen auf vieles verzichten, wir müssen zuhören, lernen und uns mit der Ernte gedulden, doch unser Lohn wird ein unvergleichlicher Friede sein. Selig sind wir, wenn wir dem Beispiel derer folgen, die auch dort anständig leben, wo die Medien sie nicht sehen.

Te Deum, 2006

Augen der Barmherzigkeit

Wir feiern das Fest des Apostels und Evangelisten Matthäus. Wir feiern die Geschichte einer Bekehrung. Er selbst erzählt uns in seinem Evangelium, wie die Begegnung verlief, die sein Leben prägte. An einem Tag wie jedem anderen, als er am Zoll saß, kam Jesus vorbei und sah ihn, näherte sich und sagte zu ihm: »Folge mir nach!« Und er stand auf und folgte ihm (vgl. Mt 9,9). Jesus schaute ihn an. Welche Kraft der Liebe lag in dem Blick Jesu, um Matthäus in dieser Weise zu bewegen! Welche Kraft müssen diese Augen gehabt haben, um ihn aufstehen zu lassen! Wir wissen, dass Matthäus ein Zöllner war, das heißt er zog die Steuern der Juden ein, um sie den Römern zu geben. Die Zöllner waren verpönt, sogar als Sünder angesehen. Und Jesus blieb stehen; er machte nicht eilig einen großen Bogen um ihn. Er blickte ihn ruhig und friedvoll an. Er schaute ihn an mit Augen der Barmherzigkeit; er schaute ihn an, wie ihn vorher nie jemand angeschaut hatte. Und dieser Blick öffnete sein Herz, machte ihn frei, heilte ihn und gab ihm eine Hoffnung, ein neues Leben – wie dem Zachäus, dem Bartimäus, der Maria Magdalena, dem Petrus und auch jedem von uns. Auch wenn wir nicht wagen, die Augen zum Herrn zu erheben, schaut er uns immer als Erster an. Es ist unsere persönliche Geschichte; wie viele andere kann jeder von uns sagen: »Ich bin ein Sünder, auf den Jesus geschaut hat.« Ich lade euch ein, heute bei euch zu Hause oder in der Kirche, wenn ihr ungestört und alleine seid, einen Moment im Schweigen zu verharren, um euch dankbar und freudig an jene Begebenheit, an jenen Moment zu erinnern, in dem der barmherzige Blick Gottes auf unser Leben fiel.

Predigt, Plaza de la Revolución, Holguín, 21. September 2015

Das Gewissen der Kinder

Wenn ich die Seniorenheime besuchte, sprach ich mit allen, und ich erinnere mich, dass ich folgendes oft gehört habe: »Wie geht es Ihnen? Und Ihren Kindern? – Gut, gut. – Wie viele haben Sie? – Sehr viele. – Und kommen sie Sie besuchen? – Ja, ja, immer, ja, sie kommen. – Wann sind sie zum letzten Mal gekommen?« Ich erinnere mich an eine alte Frau, die zu mir sagte: »Zu Weihnachten.« Das war im August! Acht Monate lang kein Besuch von den Kindern, acht Monate verlassen! Das nennt sich Todsünde, verstanden? Als ich Kind war, erzählte die Großmutter uns eine Geschichte von einem alten Großvater, der sich beim Essen schmutzig machte, weil er den Löffel mit der Suppe nicht richtig zum Mund führte. Und der Sohn, also der Familienvater, hatte entschieden, ihn vom gemeinsamen Tisch wegzusetzen. Er machte einen Tisch in der Küche, wo man ihn nicht sah und wo er allein essen sollte. So würde er keinen schlechten Eindruck hinterlassen, wenn Freunde zum Mittag- oder Abendessen kämen. Als er einige Tage später nach Hause kam und sah, dass sein jüngster Sohn mit Holz und Hammer und Nägeln spielte und dort etwas machte, sagte er: »Was machst du da? – Ich mache einen Tisch, Papa. – Einen Tisch, warum? – Dann habe ich ihn, wenn du alt bist. Dann kannst du dort essen.« Die Kinder haben mehr Gewissen als wir!

Familienkatechese, 4. März 2015

Der Liebe entgegengehen

Da der Glaube sich als Weg gestaltet, betrifft er auch das Leben der Menschen, die zwar nicht glauben, aber gerne glauben möchten und unaufhörlich auf der Suche sind. In dem Maß, in dem sie sich mit aufrichtigem Herzen der Liebe öffnen und sich mit dem Licht, das sie zu erfassen vermögen, auf den Weg machen, sind sie bereits, ohne es zu wissen, unterwegs zum Glauben. Sie versuchen so zu handeln, als gäbe es Gott – manchmal, weil sie seine Bedeutung erkennen, wenn es darum geht, verlässliche Orientierungen für das Gemeinschaftsleben zu finden; oder weil sie inmitten der Dunkelheit die Sehnsucht nach Licht verspüren; doch auch weil sie, wenn sie merken, wie groß und schön das Leben ist, erahnen, dass die Gegenwart Gottes es noch größer machen würde. Wer sich aufmacht, um Gutes zu tun, nähert sich bereits Gott und wird schon von seiner Hilfe unterstützt, denn es gehört zur Dynamik des göttlichen Lichts, unsere Augen zu erleuchten, wenn wir der Fülle der Liebe entgegengehen.

Lumen fidei 35

Volksfrömmigkeit als Heilmittel

Es ist dringend notwendig, die Kulturen zu evangelisieren, um das Evangelium zu inkulturieren. In den Ländern katholischer Tradition wird es sich darum handeln, den bereits bestehenden Reichtum zu begleiten, zu pflegen und zu stärken, und in den Ländern anderer religiöser Traditionen oder tiefgreifender Säkularisierung wird es darum gehen, neue Prozesse der Evangelisierung der Kultur zu fördern, auch wenn sie sehr langfristige Planungen verlangen. Wir dürfen jedoch nicht übersehen, dass immer ein Aufruf zum Wachstum besteht. Jede Kultur und jede gesellschaftliche Gruppe bedarf der Läuterung und der Reifung. Im Fall von Volkskulturen katholischer Bevölkerungen können wir einige Schwächen erkennen, die noch vom Evangelium geheilt werden müssen: Chauvinismus, Alkoholismus, häusliche Gewalt, geringe Teilnahme an der Eucharistie, Schicksalsgläubigkeit oder Aberglaube, die auf Zauberei und Magie zurückgreifen lassen, und anderes. Doch gerade die Volksfrömmigkeit ist der beste Ausgangspunkt, um diese Schwächen zu heilen und von ihnen zu befreien.

Evangelii gaudium 69

Gute Gewohnheiten

Um gut zu handeln, reicht es nicht, »sachgemäß zu urteilen« oder ganz klar zu wissen, was man tun muss – obschon das vorrangig ist. Oft sind wir inkonsequent mit unseren eigenen Überzeugungen, selbst wenn diese gefestigt sind. Sosehr unser Gewissen uns ein bestimmtes moralisches Urteil eingibt, haben hin und wieder andere uns anziehende Dinge mehr Macht, wenn wir es nicht erreicht haben, dass das vom Verstand erfasste Gute sich als tiefe gefühlsmäßige Neigung in uns eingewurzelt hat.

Es ist notwendig, Gewohnheiten zu entwickeln. Auch die Angewohnheiten, die man sich seit der Kindheit angeeignet hat, haben eine positive Funktion, da sie dazu verhelfen, dass die großen verinnerlichten Werte sich in gesunden und gefestigten äußeren Verhaltensweisen niederschlagen. Es kann jemand eine verträgliche Gesinnung und eine gute Bereitschaft gegenüber den anderen haben, wenn er sich aber nicht über lange Zeit durch die Eindringlichkeit der Erwachsenen daran gewöhnt hat, »bitte«, »darf ich?« und »danke« zu sagen, wird seine gute innere Bereitschaft schwerlich in diesen Formen zum Ausdruck kommen. Die Stärkung des Willens und die Wiederholung bestimmter Handlungen bilden die moralische Grundhaltung, und ohne die bewusste, freie und gewürdigte Wiederholung bestimmter guter Verhaltensweisen kommt man mit der Erziehung zu besagter Grundhaltung nicht zum Ziel. Die Beweggründe oder die Attraktion, die wir einem bestimmten Wert gegenüber empfinden, werden nicht zu einer Tugend ohne diese in geeigneter Weise motivierten Taten.

Amoris laetitia 265 & 266

Kinder und das Reich Gottes

Gott hat keine Schwierigkeiten, sich Kindern verständlich zu machen, und Kinder haben keine Probleme, Gott zu verstehen. Nicht zufällig gibt es im Evangelium einige sehr schöne und eindrucksvolle Worte Jesu über die »Kleinen«. Der Begriff der »Kleinen« verweist auf all jene Menschen, die auf die Hilfe anderer angewiesen sind, insbesondere die Kinder. Zum Beispiel sagt Jesus: »Ich preise dich, Vater, Herr des Himmels und der Erde, dass du dies vor Weisen und Klugen verborgen, Unmündigen aber offenbart hast« (Mt 11,25). Und auch: »Seht zu, dass ihr nicht einen von diesen Kleinen verachtet! Denn ich sage euch: Ihre Engel im Himmel sehen allezeit das Angesicht meines Vaters im Himmel« (Mt 18,10). Die Kinder sind also in sich selbst ein Reichtum für die Menschheit und auch für die Kirche, weil sie uns beständig an die notwendige Voraussetzung erinnern, um in das Reich Gottes zu gelangen: uns nicht für eigenständig zu halten, sondern zu erkennen, dass wir Hilfe, Liebe und Vergebung brauchen. Wir alle bedürfen der Hilfe, der Liebe und der Vergebung!

Familienkatechese, 18. März 2015

Geschwisterlichkeit

Die Pflege der Natur ist Teil eines Lebensstils, der die Fähigkeit zum Zusammenleben und zur Gemeinschaft einschließt. Jesus erinnerte uns daran, dass Gott unser gemeinsamer Vater ist und dass dies uns zu Brüdern und Schwestern macht. Die Bruderliebe kann nur gegenleistungsfrei sein und darf niemals eine Bezahlung sein für das, was ein anderer verwirklicht, noch ein Vorschuss für das, was wir uns von ihm erhoffen. Darum ist es möglich, die Feinde zu lieben. Diese gleiche Uneigennützigkeit führt uns dazu, den Wind, die Sonne und die Wolken zu lieben und zu akzeptieren, obwohl sie sich nicht unserer Kontrolle unterwerfen. Darum können wir von einer universalen Geschwisterlichkeit sprechen.

Wir müssen wieder spüren, dass wir einander brauchen, dass wir eine Verantwortung für die anderen und für die Welt haben und dass es sich lohnt, gut und ehrlich zu sein. Wir haben schon sehr viel Zeit moralischen Verfalls verstreichen lassen, indem wir die Ethik, die Güte, den Glauben und die Ehrlichkeit bespöttelt haben, und es ist der Moment gekommen zu merken, dass diese fröhliche Oberflächlichkeit uns wenig genützt hat. Diese Zerstörung jeder Grundlage des Gesellschaftslebens bringt uns schließlich um der Wahrung der jeweils eigenen Interessen willen gegeneinander auf, lässt neue Formen von Gewalt und Grausamkeit aufkommen und verhindert die Entwicklung einer wahren Kultur des Umweltschutzes.

Laudato si 228 & 229

Im Himmelreich der Größte

Das Evangelium erinnert uns auch daran, dass die Kinder kein Eigentum der Familie sind, sondern dass sie ihren eigenen Lebensweg vor sich haben. Wenn es stimmt, dass Jesus sich als Vorbild des Gehorsams gegenüber seinen irdischen Eltern zeigt und ihnen untertan ist (vgl. Lk 2,51), ist es auch sicher, dass Jesus zeigt, dass die Lebensentscheidung des Kindes und seine persönliche christliche Berufung eine Trennung verlangen können, um die eigene Hingabe an das Reich Gottes zu erfüllen (vgl. Mt 10,34–37; Lk 9,59–62). Mehr noch, er selbst antwortet im Alter von zwölf Jahren Maria und Josef, dass er eine andere, höhere Aufgabe erfüllen muss, jenseits seiner geschichtlichen Familie (vgl. Lk 2,48–50). Deshalb hebt er die Notwendigkeit anderer, sehr tiefer Bindungen auch innerhalb der familiären Beziehungen hervor: »Meine Mutter und meine Brüder sind die, die das Wort Gottes hören und danach handeln« (Lk 8,21). Andererseits geht Jesus in der Aufmerksamkeit, die er den Kindern widmet – die in der Gesellschaft des antiken Nahen Ostens als Subjekte ohne besondere Rechte und sogar als Objekte des Familienbesitzes betrachtet wurden –, so weit, sie den Erwachsenen geradezu als Lehrmeister vorzustellen wegen ihres einfachen und spontanen Vertrauens gegenüber den anderen: »Amen, das sage ich euch, wenn ihr nicht umkehrt und werdet wie die Kinder, könnt ihr nicht in das Himmelreich kommen. Wer sich so klein macht wie dieses Kind, der ist der Größte im Himmelreich« (Mt 18,3–4).

Amoris laetitia 18

Beinahe eine göttliche Geste

Die Kinder lernen, ihre Familie mitzutragen. Sie reifen, indem sie ihre Opfer teilen; sie wachsen in der Wertschätzung ihrer Gaben. Die frohe Erfahrung der Brüderlichkeit beseelt die Achtung und Sorge für die Eltern, denen unsere Dankbarkeit gebührt. Viele von euch, die ihr hier anwesend seid, haben Kinder, und wir alle sind Kinder. Wir wollen etwas tun: eine Minute schweigen. Jeder von uns soll in seinem Herzen an seine Kinder denken – wenn er welche hat –, er soll in der Stille an sie denken. Und wir alle wollen an unsere Eltern denken und Gott für das Geschenk des Lebens danken. In der Stille: Wer Kinder hat, soll an sie denken, und wir alle denken an unsere Eltern.

[Stille]. Der Herr segne unsere Eltern, und er segne eure Kinder. Jesus, der ewige Sohn, der in der Zeit als Kind geboren wurde, möge uns helfen, den Weg zu einer neuen Strahlkraft der so einfachen und so großen menschlichen Erfahrung der Kindschaft zu finden. Der vervielfältigende Aspekt der Zeugung birgt ein Geheimnis reicheren Lebens aller, das von Gott selbst kommt. Wir müssen es neu entdecken, indem wir uns dem Vorurteil widersetzen, und es leben, im Glauben, in vollkommener Freude. Und ich sage euch: Wie schön ist es, wenn ich mitten unter euch bin und die Väter und Mütter sehe, die ihre Kinder hochheben, damit sie gesegnet werden: Das ist beinahe eine göttliche Geste.

Familienkatechese 11. Februar 2015

Geschenk des Lebens

In der Annahme des Geschenks des Glaubens wird der Gläubige in eine neue Schöpfung verwandelt. Er empfängt ein neues Sein, ein Sein als Kind Gottes, er wird Sohn im Sohn. ›Abba, Vater‹ ist der Ausruf, der die Erfahrung Jesu am besten kennzeichnet und der zur Mitte christlicher Erfahrung wird (vgl. Röm 8,15). Das Leben im Glauben heißt, insofern es Gotteskindschaft ist, das ursprüngliche und tief greifende Geschenk anerkennen, auf dem das menschliche Leben beruht, und kann in dem Satz des heiligen Paulus an die Korinther zusammengefasst werden: »Was hast du, das du nicht empfangen hättest?« (1 Kor 4,7). Der Anfang des Heiles ist das Sich-Öffnen für etwas Vorausgehendes, für eine ursprüngliche Gabe, die das Leben bekräftigt und im Sein bewahrt. Nur wenn man sich diesem Ursprung öffnet und ihn anerkennt, vermag man verwandelt zu werden, indem man zulässt, dass das Heil in uns wirkt und so unser Leben fruchtbar, reich an guten Früchten macht.

Lumen fidei 19

OKTOBER

»Die Wahrheit der vollkommenen Liebe Gottes«

Glaube und Wahrheit

An die Verbindung des Glaubens mit der Wahrheit zu erinnern, ist heute nötiger denn je, gerade wegen der Wahrheitskrise, in der wir leben. In der gegenwärtigen Kultur neigt man oft dazu, als Wahrheit nur die der Technologie zu akzeptieren: Wahr ist, was der Mensch mit seiner Wissenschaft zu konstruieren und zu messen vermag – wahr, weil es funktioniert und so das Leben bequemer und müheloser macht. Dies scheint heute die einzige sichere Wahrheit zu sein, die einzige, die man mit anderen teilen kann, die einzige, über die man diskutieren und für die man sich gemeinsam einsetzen kann. Auf der anderen Seite gebe es dann die Wahrheiten des Einzelnen, die darin bestünden, authentisch zu sein gegenüber dem, was jeder innerlich empfindet; sie wären nur für den Einzelnen gültig und könnten den anderen nicht vermittelt werden mit dem Anspruch, dem Gemeinwohl zu dienen. Die große Wahrheit, die Wahrheit, die das Ganze des persönlichen und gesellschaftlichen Lebens erklärt, wird mit Argwohn betrachtet. War das nicht die Wahrheit, fragt man sich, die sich die großen totalitären Systeme des vergangenen Jahrhunderts anmaßten – eine Wahrheit, die ihre eigene Weltanschauung aufzwang, um die konkrete Geschichte des Einzelnen zu erdrücken? So bleibt dann nur ein Relativismus, in dem die Frage nach der universalen Wahrheit, die im Grunde auch die Frage nach Gott ist, nicht mehr interessiert. Aus dieser Sicht ist es logisch, dass man die Verbindung der Religion mit der Wahrheit lösen möchte, denn diese Verknüpfung stehe an der Wurzel des Fanatismus, der alle überwältigen will, die die eigenen Überzeugungen nicht teilen. Wir können in diesem Zusammenhang von einer großen Vergessenheit in unserer heutigen Welt sprechen.

Lumen fidei 25

Kultur des Relativismus

Die Kultur des Relativismus ist die gleiche Krankheit, die einen Menschen dazu treibt, einen anderen auszunutzen und ihn als ein bloßes Objekt zu behandeln. Es ist die gleiche Denkweise, die dazu führt, Kinder sexuell auszubeuten oder alte Menschen, die den eigenen Interessen nicht dienen, sich selbst zu überlassen. Es ist auch die innere Logik dessen, der sagt: Lassen wir die unsichtbare Hand des Marktes die Wirtschaft regulieren, da ihre Auswirkungen auf die Gesellschaft und auf die Natur ein unvermeidbarer Schaden sind. Wenn es weder objektive Wahrheiten noch feste Grundsätze gibt außer der Befriedigung der eigenen Pläne und der eigenen unmittelbaren Bedürfnisse – welche Grenzen können dann der Menschenhandel, die organisierte Kriminalität, der Rauschgifthandel, der Handel mit Blutdiamanten und Fellen von Tieren, die vom Aussterben bedroht sind, haben? Ist es nicht dieselbe relativistische Denkweise, die den Erwerb von Organen von Armen rechtfertigt, um sie zu verkaufen oder für Versuche zu verwenden, oder das »Wegwerfen« von Kindern, weil sie nicht den Wünschen ihrer Eltern entsprechen? Es handelt sich um die gleiche Logik des »Einweggebrauchs«, der so viele Abfälle produziert, nur wegen des ungezügelten Wunsches, mehr zu konsumieren, als man tatsächlich braucht. Da können wir nicht meinen, dass die politischen Pläne oder die Kraft des Gesetzes ausreichen werden, um Verhaltensweisen zu vermeiden, die die Umwelt in Mitleidenschaft ziehen. Denn wenn die Kultur verfällt und man keine objektive Wahrheit oder keine allgemein gültigen Prinzipien mehr anerkennt, werden die Gesetze nur als willkürlicher Zwang und als Hindernisse angesehen, die es zu umgehen gilt.

Laudato si 123

Wahrheit kommt nicht aus der Mode

Das ganze Leben Jesu, seine Art, mit den Armen umzugehen, seine Gesten, seine Kohärenz, seine tägliche und schlichte Großherzigkeit und schließlich seine Ganzhingabe – alles ist wertvoll und spricht zum eigenen Leben. Sooft einer dies wieder entdeckt, ist er davon überzeugt, dass es genau das ist, was die anderen brauchen, auch wenn sie es nicht erkennen: »Was ihr da verehrt, ohne es zu kennen, das verkünde ich euch« (Apg 17,23). Mitunter verlieren wir die Begeisterung für die Mission, wenn wir vergessen, dass das Evangelium auf die tiefsten Bedürfnisse der Menschen antwortet. Denn wir alle wurden für das erschaffen, was das Evangelium uns anbietet: die Freundschaft mit Jesus und die brüderliche Liebe. Wenn es gelingt, den wesentlichen Inhalt des Evangeliums angemessen und schön zum Ausdruck zu bringen, wird diese Botschaft sicher zu den tiefsten Sehnsüchten der Herzen

Die Begeisterung für die Evangelisierung gründet in dieser Überzeugung. Wir haben einen Schatz an Leben und Liebe, der nicht trügen kann, eine Botschaft, die nicht manipulieren noch enttäuschen kann. Es ist eine Antwort, die tief ins Innerste des Menschen hinab- fällt und ihn stützen und erheben kann. Es ist die Wahrheit, die nicht aus der Mode kommt, denn sie ist in der Lage, dort einzudringen, wohin nichts anderes gelangen kann. Unsere unendliche Traurigkeit kann nur durch eine unendliche Liebe geheilt werden.

Evangelii gaudium 265

»Vergiss die Armen nicht!«

Manche wusste nicht, warum der Bischof von Rom sich Franziskus nennen wollte. Einige dachten an Franz Xaver, an Franz von Sales und auch an Franz von Assisi. Ich erzähle Ihnen eine Geschichte. Bei der Wahl saß neben mir der emeritierte Erzbischof von São Paolo und frühere Präfekt der Kongregation für den Klerus Kardinal Claudio Hummes – ein großer Freund, ein großer Freund! Als die Sache sich etwas zuspitzte, hat er mich bestärkt. Und als die Stimmen zwei Drittel erreichten, erscholl der übliche Applaus, da der Papst gewählt war. Und er umarmte, küsste mich und sagte mir: »Vergiss die Armen nicht!« Und da setzte sich dieses Wort in mir fest: die Armen, die Armen. Dann sofort habe ich in Bezug auf die Armen an Franz von Assisi gedacht. Dann habe ich an die Kriege gedacht, während die Auszählung voranschritt bis zu allen Stimmen. Und Franziskus ist der Mann des Friedens. So ist mir der Name ins Herz gedrungen: Franz von Assisi. Er ist für mich der Mann der Armut, der Mann des Friedens, der Mann, der die Schöpfung liebt und bewahrt. Gegenwärtig haben auch wir eine nicht sehr gute Beziehung zur Schöpfung, oder? Er ist der Mann, der uns diesen Geist des Friedens gibt, der Mann der Armut … Ach, wie möchte ich eine arme Kirche für die Armen!

Ansprache, Audienz für Medienvertreter Aula Paolo VI,
6. März 2013

Arm werden

Bei Paulus lesen wir: Christus Jesus, der Gott gleich war, »entkleidete« sich, er entäußerte sich und wurde uns Menschen gleich, und er erniedrigte sich bis zum Tod am Kreuz (vgl. Phil 2,6–8). Jesus ist Gott, aber er wurde nackt geboren, in eine Krippe gelegt, und er starb nackt am Kreuz. Franziskus hat sich aller Dinge entledigt, seines weltlichen Lebens, seiner selbst, um seinem Herrn, Jesus, zu folgen, um so zu sein wie Er. Die Entkleidung des Franziskus sagt uns einfach nur das, was das Evangelium lehrt: Jesus nachfolgen bedeutet, ihm die erste Stelle einzuräumen; uns vieler Dinge zu entledigen, die wir haben und die unser Herz ersticken; auf uns selbst zu verzichten, das Kreuz auf uns zu nehmen und es mit Jesus zu tragen. Unser stolzes Ich abzulegen und uns von der Habgier zu befreien, vom Geld, das ein Götze ist, der in Besitz nimmt. Wir alle sind gerufen, arm zu sein, uns von uns selbst zu entäußern; und deshalb müssen wir lernen, den Armen nah zu sein, mit den Menschen zu teilen, denen das Notwendigste fehlt, das Fleisch Christi zu berühren! Ein Christ beschränkt sich nicht darauf, über die Armen zu reden, nein! Ein Christ geht auf sie zu, er sieht ihnen in die Augen, er berührt sie.

Ansprache, »Sala della Spoliazione«, Assisi, Freitag,
4. Oktober 2013

Respekt vor Weltanschauungen

Führung ist immer notwendig, doch Führung bedeutet Teilhabe an der Wesensform, die das Gefüge zusammenhält. Wer führt, darf also nicht seinen eigenen Interessen, sondern nur dem Ganzen dienen. Wie arm und würdelos wird das gesellschaftliche Miteinander durch diese Politik der vollendeten Tatsachen, die eine legitime Parteinahme verhindern und das Formale über die Wirklichkeit stellen!

Der Respekt vor den jeweiligen Weltanschauungen, welche die Inhalte der unterschiedlichsten Wissensbereiche von den elementaren Anfängen bis hin zur Ausbildung der Lehrkräfte von innen her begründen, ist eine Pflicht der Regierenden und die unabdingbare Voraussetzung dafür, dass sie auch den legitimen Pluralismus und die Freiheit des Lehrens und Lernens respektieren.

Damit die Kraft, die wir alle in uns tragen und die insbesondere solche Menschen, die große politische oder wirtschaftliche Macht oder andere Möglichkeiten der Einflussnahme besitzen, auf jene Interessen oder Interessensmissbräuche verzichten, die den Anspruch erheben, über das Gemeinwohl, das uns eint, hinauszugehen; wir müssen mit Einfachheit und Größe den Auftrag annehmen, der uns in diesen Zeiten anvertraut ist.

Vortrag beim christlichen Unternehmerverband, September 1999

Über die eigene Zukunft entscheiden

Die Welt von heute verlangt von euch, Vorreiter der Geschichte zu sein, denn das Leben ist immer schön, wenn wir es leben wollen, immer, wenn wir Spuren hinterlassen wollen. Die Geschichte verlangt heute von uns, dass wir unsere Würde verteidigen und nicht zulassen, dass andere über unsere Zukunft entscheiden. Nein! Wir selbst müssen unsere Zukunft entscheiden, ihr selbst eure Zukunft! Wie an Pfingsten möchte der Herr eines der größten Wunder vollbringen, das wir erleben können: Er möchte bewirken, dass deine Hände, meine Hände, unsere Hände sich in Zeichen der Versöhnung, der Gemeinschaft, der Schöpfung verwandeln. Er will deine Hände, um mit dem Aufbau der Welt von heute fortzufahren. Er will sie mit dir aufbauen. Und du, was antwortest du? Was antwortest du? Ja oder nein! Du wirst mir sagen: Pater, aber ich bin sehr eingeschränkt, ich bin ein Sünder, was kann ich schon tun? Wenn der Herr uns ruft, denkt er nicht an das, was wir sind, an das, was wir waren, an das, was wir getan oder unterlassen haben. Im Gegenteil: In dem Moment, in dem er uns ruft, schaut er auf all das, was wir tun könnten, auf all die Liebe, die wir übertragen können. Er setzt immer auf die Zukunft, auf das Morgen. Jesus versetzt dich an den Horizont, niemals ins Museum. Darum, lieber Freund, liebe Freundin, lädt Jesus dich heute ein, er ruft dich, deine Spur im Leben zu hinterlassen, eine Spur, die die Geschichte kennzeichnet, die deine Geschichte und die Geschichte vieler kennzeichnet.

Predigt, Campus Misericordiae Krakau, 30. Juli 2016,
Ansprache bei der Gebetswache mit den Jugendlichen während
der apostolischen Reise nach Polen aus Anlass des 31. Welt-
jugendtages

Durst nach dem Absoluten

Die katholische Kirche ist sich der Bedeutung bewusst, welche die Förderung der Freundschaft und der Achtung unter den Menschen verschiedener religiöser Traditionen besitzt – ich möchte das wieder- holen: Förderung der Freundschaft und der Achtung unter den Menschen verschiedener religiöser Traditionen –; das beweist auch die wertvolle Arbeit, die der Päpstliche Rat für den Interreligiösen Dialog leistet. Sie ist sich gleichermaßen der Verantwortung bewusst, die wir alle für diese unsere Welt und für die gesamte Schöpfung tragen, die wir lieben und bewahren müssen. Wir können viel tun für das Wohl der Armen, der Schwachen und der Leidenden, wir können viel tun, um die Gerechtigkeit zu fördern, die Versöhnung voranzutreiben, den Frieden zu schaffen. Vor allem aber müssen wir in der Welt den Durst nach dem Absoluten lebendig halten, indem wir nicht zulassen, dass eine nur eindimensionale Sicht des Menschen überhandnimmt, nach der der Mensch auf das beschränkt wird, was er produziert und was er konsumiert: Das ist eine der größten Gefahren für unsere Zeit.

Ansprache, Sala Clementina, 20. März 2013

Kein »das haben wir immer so gemacht«

Die Seelsorge unter missionarischem Gesichtspunkt verlangt, das bequeme pastorale Kriterium des ›Es wurde immer so gemacht‹ aufzugeben. Ich lade alle ein, wagemutig und kreativ zu sein in dieser Aufgabe, die Ziele, die Strukturen, den Stil und die Evangelisierungs- Methoden der eigenen Gemeinden zu überdenken. Eine Bestimmung der Ziele ohne eine angemessene gemeinschaftliche Suche nach den Mitteln, um sie zu erreichen, ist dazu verurteilt, sich als bloße Fantasie zu erweisen. Ich rufe alle auf, großherzig und mutig die Anregungen dieses Dokuments aufzugreifen, ohne Beschränkungen und Ängste. Wichtig ist, Alleingänge zu vermeiden, sich immer auf die Brüder und Schwestern und besonders auf die Führung der Bischöfe zu verlassen, in einer weisen und realistischen pastoralen Unterscheidung.

Evangelii gaudium 33

Katechese

Die Kirche betrachtet die Katechese als eine Form des Dienens, die im Lauf der Geschichte dafür gesorgt hat, dass die Kunde von Jesus von Generation zu Generation weitergegeben wurde. Wir alle entdecken, wenn wir uns an unser persönliches Glaubenswachstum erinnern, Gesichter bescheidener Katecheten, die uns mit dem Zeugnis ihres Lebens und mit ihrem großzügigen Engagement geholfen haben, Christus kennen- und lieben zu lernen. Voller Zuneigung und Dankbarkeit erinnere ich mich an Schwester Dolores vom *Colegio de la Mi- sericordia de Flores,* die mich auf meine Erstkommunion und auf meine Firmung vorbereitet hat. Und bis vor einigen Monaten hatte ich regelmäßigen Kontakt zu einer weiteren meiner Katechetinnen: Es hat mir gutgetan, sie zu besuchen, ihren Besuch zu empfangen oder mit ihr zu telefonieren. Auch heute gibt es viele Jugendliche und Erwachsene, die nach wie vor in stiller Demut Werkzeuge des Herrn sind, um die Gemeinschaft von unten her aufzubauen und das Himmelreich Gegenwart werden zu lassen.

Brief an Katecheten, EAC, März 2001

Bewusstseinserweiterung

Einige geistliche Strömungen bestehen darauf, das Begehren zu besiegen, um sich vom Schmerz zu befreien. Doch wir glauben, dass Gott das frohe Genießen des Menschen liebt, dass er alles erschuf, »damit wir es genießen« (vgl. 1 Tim 6,17). Lassen wir die Freude ausbrechen angesichts seiner Zärtlichkeit, wenn er uns vorschlägt. »Mein Sohn ... gönne dir etwas Gutes ... Versage dir nicht das Glück von heute« (Sir 14,11.14). Auch ein Ehepaar entspricht dem Willen Gottes, wenn es diese biblische Einladung befolgt: »Am guten Tag sei guter Dinge« (Koh 7,14). Es geht nur darum, die Freiheit zu besitzen, um zu akzeptieren, dass das Vergnügen noch andere Ausdrucksformen findet in den verschiedenen Momenten des Lebens, entsprechend den Bedürfnissen der wechselseitigen Liebe. In diesem Sinn kann man den Vorschlag einiger östlicher Meister annehmen, die darauf bestehen, das Bewusstsein zu erweitern, um nicht in einer sehr begrenzten Erfahrung gefangen zu bleiben, die uns den Blick verstellt. Diese Bewusstseinserweiterung ist keine Verneinung oder Zerstörung des Begehrens, sondern seine Ausweitung und seine Vervollkommnung.

Amoris laetitia 149

Verkündigung und Lebensstil

Die Medienkultur und manche intellektuelle Kreise vermitteln gelegentlich ein ausgeprägtes Misstrauen gegenüber der Botschaft der Kirche und eine gewisse Ernüchterung. Daraufhin entwickeln viele in der Seelsorge Tätige, obwohl sie beten, eine Art Minderwertigkeitskomplex, der sie dazu führt, ihre christliche Identität und ihre Überzeugungen zu relativieren oder zu verbergen. Dann entsteht ein Teufelskreis. Es entwickelt sich bei den in der Seelsorge Tätigen jenseits des geistlichen Stils oder der gedanklichen Linie, die sie haben mögen, ein Relativismus, der noch gefährlicher ist als der, welcher die Lehre betrifft. Es hat etwas mit den tiefsten und aufrichtigsten Entscheidungen zu tun, die eine Lebensform bestimmen. Dieser praktische Relativismus besteht darin, so zu handeln, als gäbe es Gott nicht, so zu entscheiden, als gäbe es die Armen nicht, so zu träumen, als gäbe es die anderen nicht, so zu arbeiten, als gäbe es die nicht, die die Verkündigung noch nicht empfangen haben.

Es ist erwähnenswert, dass sogar, wer dem Anschein nach solide doktrinelle und spirituelle Überzeugungen hat, häufig in einen Lebensstil fällt, der dazu führt, sich an wirtschaftliche Sicherheiten oder an Räume der Macht und des menschlichen Ruhms zu klammern, die man sich auf jede beliebige Weise verschafft, anstatt das Leben für die anderen in der Mission hinzugeben. Lassen wir uns die missionarische Begeisterung nicht nehmen!

Evangelii gaudium 78 & 79 & 80

Von den Demütigen lernen

Eine der gefährlichsten Versuchungen, die uns vom Herrn trennt, ist der Defätismus. Angesichts eines denitionsgemäß kämpferischen Glaubens wird der Feind *sub angelo lucis* die Saat des Pessimismus aussäen. Niemand kann den Kampf aufnehmen, wenn er nicht von vornherein fest an den Triumph glaubt. Wer antritt, ohne auf den Sieg zu vertrauen, hat diese Schlacht schon halb verloren. Der christliche Triumph ist immer ein Kreuz, aber dieses Kreuz ist ein Siegesbanner. Wenn wir diesen kämpferischen Glauben stärken wollen, müssen wir von den Demütigen lernen. Das Gesicht des Demütigen, des einfachen Frommen, das stets ein Gesicht des Triumphs und meist vom Kreuz überschattet ist. Dagegen ist das Gesicht des Hochmütigen immer ein Gesicht der Niederlage. Er nimmt das Kreuz nicht an und sucht nach einer einfachen Lösung. Er trennt, was Gott verbunden hat. Er will wie Gott sein. Der Geist der Niederlage verleitet uns dazu, uns auf Unternehmungen einzulassen, die zum Scheitern verurteilt sind. Ihm fehlt die kämpferische Zartheit und Ernsthaftigkeit, mit der sich ein Kind bekreuzigt, oder die Tiefe einer alten Frau, die ihre Gebete murmelt. Das ist Glaube und das ist der Impfstoff gegen den Geist der Niederlage (1 Joh 4,4; 5,4–5).

J. M. Bergoglio, Offener Geist und Gläubiges Herz

Keine Angst vor dem Kreuz

Eine der ernsthaftesten Versuchungen, die den Eifer und den Wagemut ersticken, ist das Gefühl der Niederlage, das uns in unzufriedene und ernüchterte Pessimisten mit düsterem Gesicht verwandelt. Niemand kann einen Kampf aufnehmen, wenn er im Voraus nicht voll auf den Sieg vertraut. Wer ohne Zuversicht beginnt, hat von vornherein die Schlacht zur Hälfte verloren und vergräbt die eigenen Talente. Auch wenn man sich schmerzlich der eigenen Schwäche bewusst ist, muss man vorangehen, ohne sich geschlagen zu geben, und an das denken, was der Herr dem heiligen Paulus sagte: »Es genügt dir meine Gnade; denn die Kraft wird in der Schwachheit vollendet« (2 Kor 12,9). Der christliche Sieg ist immer ein Kreuz, doch ein Kreuz, das zugleich ein Siegesbanner ist, das man mit einer kämpferischen Sanftmut gegen die Angriffe des Bösen trägt. Der böse Geist der Niederlage ist ein Bruder der Versuchung, den Weizen vorzeitig vom Unkraut zu trennen, und er ist das Produkt eines ängstlichen egozentrischen Misstrauens.

Evangelii gaudium 85

Zeugnis geben – nicht nur in den Medien

Die ersten Boten der Guten Nachricht Jesu Christi stellten ihre Verkündigung, ihre Kommunikation in den Zusammenhang des Schauens und Bezeugens: »Was wir gehört und geschaut und was unsere Hände berührt haben, das verkündigen wir euch, damit auch ihr das Leben habt.« Angesichts der unendlichen Menge von Bildern, die unsere Welt bevölkern, kann nur die in schlichter Strenge geübte Betrachtung des Antlitzes Christi uns helfen, unser von der Sünde verletztes Menschsein mit den barmherzigen Augen Jesu anzusehen und im Antlitz des Herrn das Antlitz unserer Mitmenschen zu entdecken, für die wir Nächste sein wollen. Nur die in schlichter Strenge geübte Betrachtung des Antlitzes Christi lässt uns das Antlitz des Herrn im anderen entdecken und diesem anderen ein Nächster werden. Jesus ist das sichtbare Antlitz des unsichtbaren Gottes, und die Ausgegrenzten und Ausgeschlossenen unserer heutigen Gesellschaft sind das sichtbare Antlitz Jesu. Die Betrachtung befähigt uns, das Paradox aufzulösen und die unsichtbaren Antlitze sichtbar zu machen.

Sich auf gute Weise zu nähern heißt immer, Zeugnis zu geben. Eine gute Nähe zur Wahrheit erreichen wir nicht durch die vermeintliche Neutralität der Medien, sondern nur durch die Glaubwürdigkeit dessen, der seine eigene Ethik in die Waagschale wirft und Zeugnis von der Wahrheit ablegt.

Predigt, 3. Kongress der Medienschaffenden, Oktober 2002

Mit Jesu Liebe lieben

Da der christliche Glaube die Wahrheit der vollkommenen Liebe Gottes verkündet und den Menschen für die Macht dieser Liebe öffnet, erreicht er den eigentlichen Kern der Erfahrung jedes Menschen, der dank der Liebe das Licht erblickt und dazu berufen ist zu lieben, um im Licht zu bleiben. Getrieben von dem Wunsch, die gesamte Wirklichkeit von der in Jesus offenbarten Liebe Gottes her zu erleuchten, und in dem Bemühen, selbst mit ebendieser Liebe zu lieben, fanden die ersten Christen in der griechischen Welt und deren Hunger nach Wahrheit ein geeignetes Gegenüber für den Dialog. Die Begegnung der Botschaft des Evangeliums mit dem philosophischen Denken der Antike bildete einen entscheidenden Schritt, damit das Evangelium zu allen Völkern gelangte. Diese Begegnung begünstigte eine fruchtbare Wechselbeziehung zwischen Glaube und Vernunft, die sich im Laufe der Jahrhunderte weiter entfaltete bis herauf in unsere Tage. Wenn wir das volle Licht der Liebe Jesu finden, entdecken wir, dass in all unserer Liebe immer ein Schimmer jenes Lichts vorhanden war, und begreifen, welches ihr letztes Ziel war. Und die Tatsache, dass unsere Liebe ein Licht mit sich bringt, hilft uns zugleich, den Weg der Liebe zu sehen, der in die Fülle der totalen Hingabe des Sohnes Gottes für uns führt. In dieser Kreisbewegung erleuchtet das Licht des Glaubens alle unsere menschlichen Beziehungen, die in Einheit mit der einfühlsamen Liebe Christi gelebt werden können.

Lumen fidei 32

Sehnsucht nach Schönheit

Des Weiteren ist es in unserer Zeit wichtig, darauf hinzuweisen, dass die Wahrheit und das Gute immer mit der Schönheit einhergehen. Nur Weniges ist so ergreifend menschlich wie das Bedürfnis nach Schönheit, das sich in allen Herzen findet. Die Kommunikation ist desto menschlicher, je schöner sie ist. Natürlich sind die Schönheitsideale in den verschiedenen menschlichen Kulturen und Gemeinschaften jeweils unterschiedlich. Doch innerhalb der Vorstellungen einer bestimmten Kultur sind das Bedürfnis nach Schönheit und die Freude an der Schönheit allen Menschen gemeinsam. Etwas Schlimmes und Unmenschliches geschieht, wenn eine Gemeinschaft die Freude am Schönen verliert. Unheil droht am Horizont, wenn das Vulgäre, das Eitle und das Schamlose nicht mehr als vulgär, eitel und schamlos wahrgenommen werden, sondern den Platz der Schönheit für sich beanspruchen. Dann hat eine Banalisierung des Menschlichen eingesetzt, die in den Niedergang führt.

An die Medienschaffenden des argentinischen
Journalistenverbandes ADEPA, April 2006

Ewiges Wort

Der christliche Glaube hat seinen Mittelpunkt in Christus; er ist das Bekenntnis, dass Jesus der Herr ist und dass Gott ihn von den Toten auferweckt hat (vgl. Röm 10,9). Alle Linien des Alten Testaments laufen in Christus zusammen; er wird das endgültige Ja zu allen Verheißungen, das Fundament unseres abschließenden ›Amen‹ zu Gott (vgl. 2 Kor 1,20). Die Geschichte Jesu ist der vollkommene Erweis der Verlässlichkeit Gottes. Wenn Israel der großen Taten der Liebe Gottes gedachte, die das Eigentliche seines Bekenntnisses bildeten und ihm die Augen des Glaubens auftaten, erscheint nun das Leben Jesu wie der Ort des endgültigen Eingreifens Gottes, als der äußerste Ausdruck seiner Liebe zu uns. Was Gott uns in Jesus zuspricht, ist nicht ein weiteres Wort unter vielen anderen, sondern sein ewiges Wort (vgl. Hebr 1,1–2). Es gibt keine größere Garantie, die Gott geben könnte, um uns seiner Liebe zu versichern, wie der heilige Paulus uns in Erinnerung ruft (vgl. Röm 8,31–39). Der christliche Glaube ist also ein Glaube an die vollkommene Liebe, an ihre wirkungsvolle Macht, an ihre Fähigkeit, die Welt zu verwandeln und die Zeit zu erhellen. »Wir haben die Liebe, die Gott zu uns hat, erkannt und gläubig anerkannt« (1 Joh 4,16a). Der Glaube begreift in der in Jesus offenbarten Liebe Gottes das Fundament, auf dem die Wirklichkeit und ihre letzte Bestimmung gründen.

Lumen fidei 15

Drang nach Gott

Wir sehen, wie Jesus sich müht und plagt und auch den Konflikt mit den Bildungseliten seiner Zeit (den Pharisäern und Sadduzäern) nicht scheut, und wir sehen, wie oft die Menschen ein Zeichen fordern: »Wir wollen von dir ein Zeichen sehen« (Mt 12,38). Jesus lehrte und zog die Menge an wie niemand sonst, heilte Kranke, weckte Tote auf ... doch sie forderten ein Zeichen. Was sie sahen, genügte ihnen nicht. Man könnte denken, dass es ihnen nicht genügte, weil ihr Bildungselitismus ihr Gewissen blendete. Das ist eine legitime Interpretation. Doch das ist nicht alles. Wir können uns der Stimme Gottes noch so sehr verschließen und werden doch immer instinktiv wissen, wo er ist und wo wir ihn suchen müssen. Auch die Menschen zur Zeit Jesu ahnten, dass die auferweckten Toten und geheilten Kranken noch nicht »das Zeichen« waren; und auch Jesus selbst hat einmal gesagt, dass er ihnen das Zeichen des Jona (nämlich die Auferstehung) geben werde. Sie forderten das transzendente und unverwechselbare Zeichen, in dem Gott seine Fülle offenbart; und darin irrten sich nicht einmal diejenigen, die am weitesten entfernt waren, darin irrte sich nicht einmal Herodes. Sie waren beunruhigt und getrieben von jenem religiösen Herzensinstinkt, der den Menschen drängt, zu suchen und zu erkennen, wo Gott ist.

Predigt, Weihnachten 2004

Glaube und Vernunft

Das Licht des Glaubens, da es ja mit der Wahrheit der Liebe vereint ist, [hält sich]s nicht etwa fern von der materiellen Welt, denn die Liebe wird immer in Leib und Seele gelebt. Das Licht des Glaubens ist ein inkarniertes Licht, das von dem leuchtenden Leben Jesu ausgeht. Es erleuchtet auch die Materie, baut auf ihre Ordnung und erkennt, dass sich in ihr ein Weg der Harmonie und des immer umfassenderen Verstehens öffnet. So erwächst dem Blick der Wissenschaft ein Nutzen aus dem Glauben: Dieser lädt den Wissenschaftler ein, für die Wirklichkeit in all ihrem unerschöpflichen Reichtum offen zu bleiben. Der Glaube ruft das kritische Bewusstsein wach, insofern er die Forschung daran hindert, sich in ihren Formeln zu gefallen, und ihr zu begreifen hilft, dass die Natur diese immer übersteigt. Indem er zum Staunen angesichts des Geheimnisses der Schöpfung einlädt, weitet der Glaube die Horizonte der Vernunft, um die Welt, die sich der wissenschaftlichen Forschung erschließt, besser zu durchleuchten.

Lumen fidei 34

Gefahr der geistlichen Armut

Wie viele Arme gibt es noch in der Welt! Und welchen Leiden sind diese Menschen ausgesetzt! Nach dem Beispiel des heiligen Franziskus von Assisi hat die Kirche immer versucht, sich in jedem Winkel der Erde um die Notleidenden zu kümmern, sie zu behüten, und ich denke, dass Sie in vielen Ihrer Länder das großherzige Wirken jener Christen feststellen können, die sich engagieren, um den Kranken, den Waisen, den Obdachlosen und allen Ausgegrenzten zu helfen, und die so daran arbeiten, menschlichere und gerechtere Gesellschaften aufzubauen. Doch es gibt auch noch eine andere Armut! Es ist die geistliche Armut unserer Tage, die ganz ernstlich auch die Länder betrifft, die als die reichsten gelten. Es ist das, was mein Vorgänger, der liebe und verehrte Benedikt XVI., »Diktatur des Relativismus« nennt und was jeden sein eigener Maßstab sein lässt und so das Zusammenleben unter den Menschen gefährdet.

Ansprache in der Audienz für das am Heiligen Stuhl akkreditierte Diplomatische Korps, Sala Regia, 22. März 2013

Die Quelle des Guten

In der Stimme, die sich an ihn wendet, erkennt Abraham einen tiefen Ruf, der von jeher in das Innerste seines Seins eingeschrieben ist. Gott verbindet seine Verheißung mit dem Punkt, an dem das Leben des Menschen sich von alters her hoffnungsvoll zeigt: mit der Elternschaft, dem Werden eines neuen Lebens – »Sara, deine Frau, schenkt dir einen Sohn und du sollst ihm den Namen Isaak geben« (Gen 17,19). Der Gott, der von Abraham verlangt, sich ihm völlig anzuvertrauen, erweist sich als die Quelle, aus der alles Leben kommt. Auf diese Weise verbindet sich der Glaube mit der Vaterschaft Gottes, aus der die Schöpfung hervorgeht: Der Gott, der Abraham ruft, ist der Schöpfergott, derjenige, der »das Nichtseiende ins Dasein ruft« (Röm 4,17), derjenige, der »uns erwählt [hat] vor der Grundlegung der Welt« und uns »zur Sohnschaft vorausbestimmt [hat]« (Eph 1,4–5). Für Abraham erhellt der Glaube an Gott die tiefsten Wurzeln seines Seins, erlaubt ihm, die Quelle des Guten zu erkennen, die der Ursprung aller Dinge ist, und gibt ihm die Bestätigung, dass sein Leben nicht vom Nichts oder vom Zufall ausgeht, sondern auf eine persönliche Berufung und Liebe zurückzuführen ist. Der geheimnisvolle Gott, der ihn gerufen hat, ist nicht ein fremder Gott, sondern derjenige, der Ursprung von allem ist und alles erhält.

Lumen fidei 11

Alles ist verbunden

Ein Empfinden inniger Verbundenheit mit den anderen Wesen in der Natur kann nicht echt sein, wenn nicht zugleich im Herzen eine Zärtlichkeit, ein Mitleid und eine Sorge um die Menschen vorhanden ist. Die Ungereimtheit dessen, der gegen den Handel mit vom Aussterben bedrohten Tieren kämpft, aber angesichts des Menschenhandels völlig gleichgültig bleibt, die Armen nicht beachtet oder darauf beharrt, andere Menschen zu ruinieren, die ihm missfallen, ist offensichtlich. Das bringt den Sinn des Kampfes für die Umwelt in Gefahr. Es ist kein Zufall, dass der heilige Franziskus in dem Hymnus, in dem er Gott durch dessen Geschöpfe preist, hinzufügt: »Gelobt seist du, mein Herr, durch jene, die verzeihen um deiner Liebe willen.« Alles ist miteinander verbunden. Darum ist eine Sorge für die Umwelt gefordert, die mit einer echten Liebe zu den Menschen und einem ständigen Engagement angesichts der Probleme der Gesellschaft verbunden ist.

Laudato si 91

Tiefer Grund der Wirklichkeit

Damit wir ihn kennen und aufnehmen und ihm folgen können, hat der Sohn Gottes unser Fleisch angenommen, und so hat er den Vater auch auf menschliche Weise gesehen, über einen Werdegang und einen Weg in der Zeit. Der christliche Glaube ist Glaube an die Inkarnation des Wortes und an die Auferstehung des Fleisches; es ist der Glaube an einen Gott, der uns so nahe geworden ist, dass er in unsere Geschichte eingetreten ist. Der Glaube an den in Jesus Mensch gewordenen Sohn Gottes trennt uns nicht von der Wirklichkeit, sondern erlaubt uns, ihren tieferen Grund zu erfassen und zu entdecken, wie sehr Gott diese Welt liebt und sie unaufhörlich auf sich hin ausrichtet. Und dies führt den Christen dazu, sich darum zu bemühen, den Weg auf Erden in noch intensiverer Weise zu leben.

Lumen fidei 18

Der Glaube gibt Sicherheit

Es trifft zu, dass nicht alle unsere Überzeugungen von der theologischen Bedeutung der Menschheitsgeschichte teilen. Doch das ist kein Grund, auch nur einen Millimeter von jenem Sinn preiszugeben, den unser Handeln dadurch erhält. Der sichere Glaube an das eschatologische Handeln Gottes, der am Ende der Zeiten sein Reich errichten wird, wirkt sich unmittelbar darauf aus, wie wir inmitten der Gesellschaft leben und handeln. Er verbietet uns jeglichen Konformismus, duldet keine halbherzigen Maßnahmen, entschuldigt keinerlei Machenschaften oder »Tricks«. Wir wissen, dass es ein Gericht gibt, und dieses Gericht ist der Triumph der Gerechtigkeit, der Liebe, der Mitmenschlichkeit und der Würde eines jeden Menschen, angefangen bei den Kleinsten und vermeintlich Niedrigsten. Da brauchen wir nicht den Ratlosen zu spielen. Angesichts der Alternativen, die sich uns bieten, wissen wir sehr genau, auf welcher Seite wir stehen müssen: ob wir die Wahrheit sagen oder sie zu unseren Gunsten manipulieren sollen; ob wir den Bedürftigen, die uns in unserem Leben begegnen, helfen oder ihnen die Tür vor der Nase zuschlagen sollen; ob wir im Kampf um Gerechtigkeit und Gemeinwohl den Platz, der unseren jeweiligen Möglichkeiten und Zuständigkeiten entspricht, suchen und einnehmen oder uns verächtlich in unseren »Elfenbeinturm« zurückziehen sollen – an jedem Scheideweg unseres Alltags wissen wir, auf welche Seite wir uns stellen müssen. Und das ist nicht wenig in Zeiten wie diesen.

Botschaft an Erziehungsgemeinschaften 2007

Wahrheit und Liebe

Wenn die Liebe der Wahrheit bedarf, so bedarf auch die Wahrheit der Liebe. Liebe und Wahrheit kann man nicht voneinander trennen. Ohne Liebe wird die Wahrheit kalt, unpersönlich und erdrückend für das konkrete Leben des Menschen. Die Wahrheit, die wir suchen, jene, die unseren Schritten Sinn verleiht, erleuchtet uns, wenn wir von der Liebe berührt sind. Wer liebt, begreift, dass die Liebe eine Erfahrung der Wahrheit ist, dass sie selbst unsere Augen öffnet, um die ganze Wirklichkeit in neuer Weise zu sehen, in Einheit mit dem geliebten Menschen. Es handelt sich um eine an die Beziehung gebundene Weise, die Welt zu sehen, die eine miteinander geteilte Erkenntnis wird, eine Sicht aus der Sicht des anderen und eine gemeinsame Sicht aller Dinge.

Lumen fidei 27

Der Allmächtige und Schöpfergott

Wir können nicht eine Spiritualität vertreten, die Gott als den Allmächtigen und den Schöpfer vergisst. Auf diese Weise würden wir schließlich andere Mächte der Welt anbeten oder uns an die Stelle des Herrn setzen und uns sogar anmaßen, die von ihm geschaffene Wirklichkeit unbegrenzt mit Füßen zu treten. Die beste Art, den Menschen auf seinen Platz zu verweisen und seinem Anspruch, ein absoluter Herrscher über die Erde zu sein, ein Ende zu setzen, besteht darin, ihm wieder die Figur eines Vaters vor Augen zu stellen, der Schöpfer und einziger Eigentümer der Welt ist. Denn andernfalls wird der Mensch immer dazu neigen, der Wirklichkeit seine eigenen Gesetze und Interessen aufzuzwingen.

Laudato si 75

Ein sicheres Licht

Der Mensch unserer Zeit braucht ein sicheres Licht, das seinen Weg erleuchtet und das nur die Begegnung mit Christus schenken kann. Bringen wir dieser Welt mit unserem Zeugnis, mit Liebe die Hoffnung, die der Glaube schenkt! Der missionarische Charakter der Kirche ist nicht Proselytismus, sondern ein Lebenszeugnis, das den Weg erhellt, das Hoffnung und Liebe bringt. Die Kirche – ich wiederhole es noch einmal – ist keine Hilfsorganisation, kein Unternehmen, keine NGO, sondern eine Gemeinschaft von Menschen, die vom Wirken des Heiligen Geistes bewegt sind, die staunend die Begegnung mit Christus erlebt haben und erleben und die den Wunsch haben, diese Erfahrung der tiefen Freude mit anderen zu teilen und die Botschaft des Heils, das der Herr uns geschenkt hat, weiterzugeben. Der Heilige Geist ist es, der die Kirche auf diesem Weg leitet.

Botschaft zum Weltmissionssonntag 2013

Vielfalt in der Einheit

Liebt die Kirche! Lasst euch von ihr führen! Seid in den Pfarreien, in den Diözesen eine wahre »Lunge« des Glaubens und des christlichen Lebens, ein frischer Wind! Ich sehe auf diesem Platz eine große Vielfalt, zuerst der Regenschirme und jetzt der Farben und Zeichen. So ist die Kirche: eine große und reiche Vielfalt an Ausdrucksformen, in denen alles auf die Einheit zurückgeführt wird; die Vielfalt wird auf die Einheit zurückgeführt, und die Einheit ist die Begegnung mit Christus.

Predigt, Petersplatz, 5. Mai 2013

Eine Wahrheit

Das dem Glauben eigene Licht der Liebe kann die Fragen unserer Zeit über die Wahrheit erhellen. Heute wird die Wahrheit oft auf eine subjektive Authentizität des Einzelnen reduziert, die nur für das individuelle Leben gilt. Eine allgemeine Wahrheit macht uns Angst, weil wir sie mit dem unnachgiebigen Zwang der Totalitarismen identifizieren. Wenn es sich aber bei der Wahrheit um die Wahrheit der Liebe handelt, wenn es die Wahrheit ist, die sich in der persönlichen Begegnung mit dem Anderen und den anderen erschließt, dann ist sie aus der Verschlossenheit in den Einzelnen befreit und kann Teil des Gemeinwohls sein. Da sie die Wahrheit einer Liebe ist, ist sie nicht eine Wahrheit, die sich mit Gewalt durchsetzt, eine Wahrheit, die den Einzelnen erdrückt. Da sie aus der Liebe hervorgeht, kann sie das Herz, die persönliche Mitte jedes Menschen erreichen. So wird deutlich, dass der Glaube nicht unnachgiebig ist, sondern im Miteinander wächst, das den anderen respektiert. Der Gläubige ist nicht arrogant; im Gegenteil, die Wahrheit lässt ihn demütig werden, da er weiß, dass nicht wir sie besitzen, sondern vielmehr sie es ist, die uns umfängt und uns besitzt. Weit davon entfernt, uns zu verhärten, bringt uns die Glaubensgewissheit in Bewegung und ermöglicht das Zeugnis und den Dialog mit allen.

Lumen fidei 34

Gemeinsam Zeugnis ablegen

Jesus tritt als Mittler für uns beim Vater ein und bittet ihn um die Einheit seiner Jünger, »damit … die Welt glaubt« (Joh 17,21). Das ist es, was uns Kraft gibt und uns bewegt, uns Jesus anzuschließen, um den Vater nachdrücklich zu bitten: »Gewähre uns das Geschenk der Einheit, damit die Welt an die Macht deiner Barmherzigkeit glaubt.« Das ist das Zeugnis, das die Welt von uns erwartet. Wir werden als Christen in dem Maße ein glaubwürdiges Zeugnis der Barmherzigkeit sein, in dem Vergebung, Erneuerung und Versöhnung unter uns eine tägliche Erfahrung ist. Gemeinsam können wir auf konkrete Weise und voll Freude die Barmherzigkeit Gottes verkünden und offenbaren, indem wir die Würde eines jeden Menschen verteidigen und ihr dienen. Ohne diesen Dienst an der Welt und in der Welt ist der christliche Glaube unvollständig. Als Lutheraner und Katholiken beten wir gemeinsam in dieser Kathedrale und sind uns bewusst, dass wir getrennt von Gott nichts vollbringen können. Wir erbitten seine Hilfe, damit wir lebendige, mit ihm verbundene Glieder sind, immer seiner Gnade bedürftig, um gemeinsam sein Wort in die Welt zu tragen – in diese Welt, die seiner zärtlichen Liebe und seiner Barmherzigkeit so sehr bedarf.

Gemeinsames Ökumenisches Gebet in der Lutherischen Kathedrale von Lund, 31. Oktober 2016

NOVEMBER

»Wir müssen eine Kultur der Begegnung schaffen«

Im Himmel

In dieser Stunde vor Sonnenuntergang haben wir uns auf dem Friedhof eingefunden und denken an unsere Zukunft, wir denken an alle, die von uns gegangen sind, die uns im Leben vorausgegangen und nun im Herrn sind. Diese Vision des Himmels ist sehr schön: Gott, der Herr, die Schönheit, die Güte, die Wahrheit, die Zärtlichkeit, die vollkommene Liebe. Das alles erwartet uns. Jene, die uns vorausgegangen und im Herrn gestorben sind, sind dort. Sie verkünden, dass sie nicht aufgrund ihrer Werke gerettet worden sind sie haben auch Gutes getan, sondern dass sie vom Herrn gerettet wurden: »Die Rettung kommt von unserem Gott, der auf dem Thron sitzt, und von dem Lamm« (Offb 7,10). Er ist es, der uns rettet; er ist es, der uns am Ende unseres Lebens an der Hand nimmt wie ein Vater und uns in jenen Himmel bringt, wo unsere Vorfahren sind. Das ist unsere Hoffnung: die Hoffnung des Blutes Christi! Eine Hoffnung, die nicht enttäuscht wird. Wenn wir im Leben unseren Weg mit dem Herrn gehen, enttäuscht Er niemals!

Predigt, Römischer Friedhof »Campo Verano«, 1. November 2013

Verbundenheit mit den Toten

Gestern haben wir das Hochfest Allerheiligen gefeiert, und heute lädt uns die Liturgie ein, der verstorbenen Gläubigen zu gedenken. Diese beiden Feste sind eng miteinander verbunden, so wie die Freude und die Tränen in Jesus Christus eine Synthese finden, die Grund unseres Glaubens und unserer Hoffnung ist. Einerseits nämlich freut sich die Kirche, Pilgerin in der Geschichte, über die Fürsprache der Heiligen und Seligen, die ihr in der Sendung beistehen, das Evangelium zu verkünden. Andererseits nimmt sie wie Jesus an den Tränen derer Anteil, die unter der Trennung von den ihnen lieben Menschen leiden, und sie lässt wie er und durch ihn die Danksagung an den Vater erklingen, der uns von der Herrschaft der Sünde und des Todes befreit hat. Die Tradition der Kirche hat immer zum Gebet für die Verstorbenen aufgerufen, besonders indem man für sie eine Messe feiern lässt: das ist die beste geistliche Hilfe, die wir ihren Seelen geben können, besonders den verlassensten. Das Gedächtnis der Verstorbenen, die Pflege der Gräber und die Fürbittgebete sind Zeugnis zuversichtlicher Hoffnung, die in der Gewissheit verwurzelt ist, dass der Tod nicht das letzte Wort über das menschliche Schicksal ist, da der Mensch zu einem Leben ohne Grenzen bestimmt ist, das seine Wurzel und seine Erfüllung in Gott hat.

Angelus, 2. November 2014

Lautlos und unsichtbar

Im Allgemeinen erfordert die Trauer für die Verstorbenen ziemlich viel Zeit, und wenn ein Seelsorger diesen Prozess begleiten will, muss er sich an die Bedürfnisse jeder einzelnen Phase anpassen. Der gesamte Prozess ist von Fragen durchzogen: nach den Ursachen des Todes; danach, was man hätte tun können; nach dem, was ein Mensch im Moment vor seinem Tod erlebt. Durch einen ehrlichen und geduldigen Weg des Gebetes und der inneren Befreiung kehrt der Friede zurück. Irgendwann während der Trauer muss man zu der Einsicht verhelfen, dass wir, wenn wir einen geliebten Menschen verloren haben, immer noch eine Aufgabe zu erfüllen haben und dass es uns nicht gut tut, das Leiden in die Länge ziehen zu wollen, als sei das eine Huldigung. Der geliebte Mensch hat weder unser Leiden nötig, noch erweist es sich für ihn als schmeichelhaft, wenn wir unser Leben ruinieren. Ebenso wenig ist es der beste Ausdruck der Liebe, jeden Moment an ihn zu denken und ihn zu erwähnen, denn das bedeutet, von einer Vergangenheit abhängig zu sein, die nicht mehr existiert, anstatt diesen realen Menschen zu lieben, der sich jetzt im Jenseits befindet. Seine physische Gegenwart ist nicht mehr möglich, doch wenn der Tod auch mächtig ist: »Stark wie der Tod ist die Liebe« (Hld 8,6). Die Liebe besitzt eine Intuition, die ihr erlaubt, das Lautlose zu hören und das Unsichtbare zu sehen. Das bedeutet nicht, sich den geliebten Menschen so vorzustellen, wie er war, sondern ihn verwandelt anzunehmen, wie er jetzt ist. Als Jesu Freundin Maria ihn nach seiner Auferstehung fest in die Arme schließen wollte, bat er sie, ihn nicht anzurühren (vgl. Joh 20,17), um sie zu einer anderen Art der Begegnung zu führen.

Amoris laetitia 255

Kultur der Begegnung

Ich bin so frei, eine These aufzustellen: Wir müssen eine Kultur der Begegnung schaffen.

Angesichts der Kultur des Fragments, wie sie von einigen genannt wird, oder der Nicht-Integration sind wir mehr denn je – zumal in schwierigen Zeiten – dazu aufgerufen, nicht denen nach dem Mund zu reden, die aus Ressentiments Kapital schlagen wollen, die profitieren, wenn wir unsere gemeinsame Geschichte vergessen, und denen es Vergnügen bereitet, unseren Zusammenhalt zu schwächen.

Seien wir »eingefleischte« Realisten. Hören wir nie auf, uns von den Gesichtern der leidenden, schutzbedürftigen und verängstigten Menschen inspirieren zu lassen: Sie sollen uns anspornen und verpflichten, mehr zu forschen, mehr zu studieren, mehr zu arbeiten, kreativer zu sein. Der Mann, die Frau – sie müssen im Zentrum unseres Aufgabefelds stehen.

Fliehen wir vor den virtuellen Realitäten. Und vor allem vor dem Kult des schönen Scheins.

Vortrag beim christlichen Unternehmerverband, September 1999

Die Zeit drängt

Die Zeit drängt. Wir haben nicht das Recht, uns die Seele zu streicheln. Uns in unser stilles Kämmerlein, in das Klein-Klein unseres Lebens zurückzuziehen. Wir haben kein Recht, uns ruhig zu verhalten und nur uns selbst zu lieben. Wie toll ich doch bin! Nein, dazu haben wir kein Recht. Wir müssen hinausgehen und erzählen, dass es vor 2000 Jahren einen Mann gegeben hat, der das irdische Paradies wiederherstellen wollte und genau dazu in die Welt gekommen ist. Um die Dinge wieder in Einklang zu bringen. Wir müssen es »Doña Rosa« erzählen, die gerade auf dem Balkon steht.

Wir müssen es den Kindern erzählen. Wir müssen es denen erzählen, die keine Träume mehr haben, und jenen Menschen, denen alles gleichgültig ist. Wir müssen es der koketten Dicken erzählen, die ewiges Leben mit ewiger Jugend verwechselt und sich die Falten straffen lässt. Wir müssen es den jungen Leuten erzählen, denen man ansieht, dass wir heute alle »in einen Topf« geworfen werden sollen.

Wir müssen hinausgehen und mit diesen Leuten in der Stadt sprechen, die wir auf den Balkonen sehen. Wir müssen unseren geschützten Bereich verlassen und ihnen sagen, dass Jesus lebt, für ihn, für sie, und wir müssen es ihnen voller Freude sagen … auch wenn es einem vielleicht manchmal ein bisschen verrückt vorkommt.

Predigt an Katecheten, EAC, im März 2000

Das größte Geschenk

Es gibt immer jemanden in unserer Nähe, der in Not ist, materiell, emotional oder spirituell. Das größte Geschenk, das wir ihnen machen können, ist unsere Freundschaft, unser Interesse, unsere zärtliche Zuwendung, unsere Liebe zu Jesus. Ihn zu empfangen bedeutet, alles zu besitzen; ihn zu schenken bedeutet, das größte aller Geschenke zu machen.

Ansprache, Sportplatz der Santo-Tomas-Universität, Manila, 18. Januar 2015

Begegnung mit Jesus macht jeden zum Missionar

Jeder Christ ist in dem Maß Missionar, in dem er der Liebe Gottes in Jesus Christus begegnet ist; wir sagen nicht mehr, dass wir ›Jünger‹ und ›Missionare‹ sind, sondern immer, dass wir ›missionarische Jünger‹ sind. Wenn wir nicht überzeugt sind, schauen wir auf die ersten Jünger, die sich unmittelbar, nachdem sie den Blick Jesu kennen gelernt hatten, aufmachten, um ihn voll Freude zu verkünden: »Wir haben den Messias gefunden« (Joh 1,41). Kaum hatte die Samariterin ihr Gespräch mit Jesus beendet, wurde sie Missionarin, und viele Samariter kamen zum Glauben an Jesus »auf das Wort der Frau hin« (Joh 4,39). Nach seiner Begegnung mit Jesus Christus machte sich auch der heilige Paulus auf, »und sogleich verkündigte er …, dass Jesus der Sohn Gottes sei« (Apg 9,20). Und wir, worauf warten wir?

Evangelii gaudium 120

Herzensbindung

Das Herz ist für den Menschen keine letzte Instanz, die in sich selbst verschlossen wäre. Dort endet die Beziehung nicht (umso weniger auch die moralische Beziehung). Das menschliche Herz ist vielmehr in dem Maße Herz, in dem es dazu fähig ist, sich auf etwas anderes zu beziehen, in dem Maße, in dem es fähig ist, sich zu verbinden, in dem Maße, in dem es fähig ist, zu lieben oder die Liebe zu verneinen (zu hassen). Deshalb lenkt Jesus bei seiner Aufforderung, das Herz als Quelle unserer Handlungen wahrzunehmen, unsere Aufmerksamkeit auf diese endgültige Bindung unseres unruhigen Herzens: »Denn wo dein Schatz ist, da wird auch dein Herz sein« (Mt 6,21). Das Herz des Menschen und seine Beschaffenheit zu kennen, beinhaltet notwendigerweise, auch den Schatz zu kennen, auf den dieses Herz bezogen ist, den Schatz, der es befreit und erfüllt oder es zerstört und versklavt.

J. M. Bergoglio, Korruption und Sünde

Ein offenes Herz

Ein schönes Bild, das uns hilft, unsere Offenheit zu überprüfen, ist unser Haus. Manche Häuser sind offen, weil »der Friede in ihnen wohnt«; sie sind gastfreundlich und behaglich: nicht so ordentlich, dass man kaum wagt, sich zu setzen (geschweige denn, eine Zigarette zu rauchen oder etwas zu essen), und nicht so unordentlich, dass man sich für ihre Besitzer schämt. Mit dem Herzen ist es genauso: Ein Herz, das Platz hat für den Herrn, hat auch Platz für die anderen. Wenn man keinen Raum und keine Zeit für den Herrn hat, dann hängt der Platz, den wir den anderen einräumen, davon ab, wie gestresst, begeistert oder müde wir gerade sind. Und der Herr ist wie die Armen: Er kommt ungerufen und bedrängt uns ein wenig, aber er bleibt nicht, wenn wir ihn nicht festhalten. Es ist leicht, ihn loszuwerden. Man muss nur den Schritt ein wenig beschleunigen wie bei den Bettlern oder in die andere Richtung gehen wie bei den Kindern, die in der U-Bahn ihre Bildchen verteilen.

Ja, die Offenheit gegenüber den anderen geht Hand in Hand mit unserer Offenheit gegenüber dem Herrn. Nur er mit seinem offenen Herzen kann in unserem Herzen einen Raum des Friedens aufschließen: jenes Friedens, der uns den anderen gastfreundlich begegnen lässt. Das ist die Aufgabe des auferstandenen Jesus: in den verschlossenen Abendmahlssaal hineinzugehen, der ein Haus und damit ein Sinnbild des Herzens ist, und ihn zu öffnen, alle Angst zu verscheuchen und den Jüngern Frieden zu schenken.

Oktober 1999

Brücken des Verständnisses

Die Liturgie gedenkt heute des Weihetags der Lateranbasilika, der Bischofskirche Roms, welche die Tradition als »Mutter aller Kirchen der Stadt und des Erdkreises« bezeichnet. Mit dem Begriff »Mutter« ist dabei nicht so sehr der sakrale Bau der Basilika gemeint als vielmehr das Werk des Heiligen Geistes, das sich in diesem Gebäude offenbart und durch den Dienst des Bischofs von Rom in allen Gemeinden, die in der Einheit mit dieser Kirche bleiben, der er vorsteht, Frucht bringt. Immer wenn wir die Weihe einer Kirche feiern, wird uns eine wesentliche Wahrheit in Erinnerung gerufen: Der materielle Tempel aus Stein ist Zeichen der lebendigen und in der Geschichte wirkenden Kirche, das heißt des »geistigen Hauses«, wie der heilige Apostel Petrus sagt, von dem Christus selbst »lebendiger Stein [ist], der zwar von Menschen verworfen wurde, bei Gott aber auserlesen kostbar ist« (1 Petr 2,4–8). Das heutige Fest lädt uns ein, über die Gemeinschaft aller Kirchen nachzudenken, das heißt über diese christliche Gemeinschaft. Gleichzeitig spornt es uns zum Einsatz dafür an, dass die Menschheit die Grenzen der Feindseligkeit und der Gleichgültigkeit überwinden kann. Es spornt uns an, Brücken des Verständnisses und des Dialogs zu bauen, um aus der ganzen Welt eine Familie von untereinander versöhnten, brüderlichen und solidarischen Völkern zu machen. Die Kirche selbst ist Zeichen und Vorwegnahme dieser neuen Menschheit, wenn sie mit ihrem Zeugnis das Evangelium lebt und verbreitet, Botschaft der Hoffnung und der Versöhnung für alle Menschen. Wir wollen um die Fürsprache der allerseligsten Jungfrau Maria bitten, dass sie uns beistehe, wie sie »Haus Gottes« zu werden, lebendiger Tempel seiner Liebe.

Angelus, 9. November 2014

335

Wachsam sein

Der Herr selbst rät uns, wachsam zu sein, wenn wir ihm begegnen wollen. Er sucht mich. Er sucht nicht auf gut Glück, sondern er sucht jeden Einzelnen und kennt das Herz jedes Einzelnen. Die Wachsamkeit ist das Bemühen, mir die Weisheit schenken zu lassen, die ich brauche, um ihn zu erkennen und zu finden. Zuweilen geht der Herr ganz dicht an uns vor- bei, und wir sehen ihn nicht oder erkennen ihn nicht, gerade weil wir ihn so gut zu kennen glauben. Unsere Wachsamkeit ist das Gebet, das uns ihn anhalten lässt, wenn er so tut, »als wolle er weitergehen« (Lk 24,28; vgl. Mk 6,48).

Zur vertiefenden Betrachtung im Gebet
Wir können unsere Gebetszeit mit einer Geste beschließen: der Geste jener Männer, die den Herrn – nachdem sie ihn lange Zeit gesucht und die Zeichen gedeutet hatten – endlich fanden: Sie sahen ihn und huldigten ihm (Mt 2,11).

J. M. Bergoglio, Offener Geist und gläubiges Herz

Gegenwärtig in der Eucharistie

Die sakramentale Natur des Glaubens findet in der Eucharistie ihren höchsten Ausdruck. Sie ist kostbare Nahrung des Glaubens, Begegnung mit Christus, der wirklich gegenwärtig ist mit dem höchsten Akt der Liebe, der Hingabe seiner selbst, die Leben hervorbringt. In der Eucharistie kreuzen sich die beiden Achsen, auf denen der Glaube seinen Weg geht. Zum einen die Achse der Geschichte: Die Eucharistie ist Gedächtnishandlung, Vergegenwärtigung des Geheimnisses, wo Vergangenes als Geschehen von Tod und Auferstehung sich fähig erweist, auf Zukunft hin zu öffnen, die endgültige Fülle vorwegzunehmen. Die Liturgie er- innert uns daran mit ihrem *hodie,* dem ›Heute‹ der Heilsgeheimnisse. Zum anderen findet sich hier auch die Achse, die von der sichtbaren Welt zum Unsichtbaren führt. In der Eucharistie lernen wir, die Tiefe des Wirklichen zu sehen. Brot und Wein werden in Leib und Blut Christi verwandelt, der auf seinem österlichen Weg zum Vater gegenwärtig wird: Diese Bewegung führt uns mit Leib und Seele hinein in die Bewegung der ganzen Schöpfung hin auf ihre Fülle in Gott.

Lumen fidei 44

Sonntagsruhe

Am Sonntag hat die Teilnahme an der Eucharistie eine besondere Bedeutung. Dieser Tag wird wie der jüdische Sabbat als ein Tag der Heilung der Beziehungen des Menschen zu Gott, zu sich selbst, zu den anderen und zur Welt gewährt. Der Sonntag ist der Tag der Auferstehung, der »erste Tag« der neuen Schöpfung, deren Erstlingsfrucht die auferstandene Menschheit des Herrn ist, ein Unterpfand für die endgültige Verklärung der gesamten erschaffenen Wirklichkeit. In dieser Weise bezieht die christliche Spiritualität den Wert der Muße und des Festes ein. Der Mensch neigt dazu, die kontemplative Ruhe auf den Bereich des Unfruchtbaren und Unnötigen herabzusetzen und vergisst dabei, dass man so dem Werk, das man vollbringt, das Wichtigste nimmt: seinen Sinn. Wir sind berufen, in unser Handeln eine Dimension der Empfänglichkeit und der Unentgeltlichkeit einzubeziehen, die etwas anderes ist als ein bloßes Nichtstun. Es handelt sich um eine andere Art des Tuns, die einen Teil unseres Wesens ausmacht. Auf diese Weise wird das menschliche Handeln nicht allein vor dem leeren Aktivismus bewahrt, sondern auch vor der zügellosen Unersättlichkeit und dem abgeschotteten Bewusstsein, das dazu führt, nur den eigenen Vorteil zu verfolgen. Das Gesetz der wöchentlichen Ruhe schrieb vor, am siebten Tag keine Arbeit zu tun, »damit auch dein Rind und dein Esel ausruhen und der Sohn deiner Magd und der Fremde aufatmen« (Ex 23,12). Die Ruhe ist eine Ausweitung des Blickfeldes, die erlaubt, wieder die Rechte der anderen zu erkennen. So strahlt der Tag der Ruhe, dessen Mittelpunkt die Eucharistie ist, sein Licht über die ganze Woche aus und motiviert uns, uns die Sorge für die Natur und die Armen zu Eigen zu machen.

Laudato si 237

Öffnet die Herzen

Öffnen wir unsere Herzen sperrangelweit.

Öffnen wir, jeder Einzelne von uns, unser Herz und blicken wir auf die Jungfrau, spüren wir die Gegenwart des eucharistischen Jesus, der die Menschheit seit 2000 Jahren in aller Stille begleitet.

Öffnen wir, jeder von uns, das Herz unserer Familien; spüren wir, wie die Herzen unserer Eltern und Geschwister, unserer Frauen und Männer, unserer Jugendlichen, Kinder und Großeltern weit werden.

Öffnen wir unser Herz und lassen wir uns mit Gott, unserem Vater, versöhnen. Sprechen wir mit dem verlorenen Sohn, der in einem Moment der Gnade erkannt hat, dass die tiefste Ursache seines Elends in der Trennung von seinem barmherzigen Vater lag: »Ich will mich aufmachen und zu meinem Vater gehen.«

Jeder soll diese Worte in seinem eigenen Herzen sprechen. Und jeder soll sie zugleich in dieser besonderen Sinndimension sprechen, in der das eigene Herz gemeinsames Herz, für alle verantwortlich und mit dem Herzen seines Volkes solidarisch ist. Aus dieser Haltung heraus kann jeder sagen: Verlorenes Volk, mach dich auf und geh zu deinem Vater! Es ist Zeit, dass du aufhörst, von den Schoten der Schweine zu träumen. Niemand wird sie dir geben. Gott sei Dank. Es ist besser so. Denn es ist Zeit, dass du dich wieder nach dem Brot der Kinder des Vaters sehnst.

Predigt, Eucharistischer Nationalkongress, September 2004

Uns Gott überlassen

Gäbe es in unseren Gemeinschaften mehr Menschen, die arm vor Gott sind, dann gäbe es weniger Zwiespalt, Kontraste und Polemiken! Die Demut ist wie die Liebe eine Tugend, die für das Zusammenleben in den christlichen Gemeinschaften wesentlich ist. Die in diesem dem Evangelium entsprechenden Sinn Armen treten als jene auf, die das Ziel des Himmelreiches wach halten und so erkennen lassen, dass es im Keim in der brüderlichen Gemeinschaft vorweggenommen wird, die das Teilen dem Besitz vorzieht.

Das möchte ich unterstreichen: das Teilen dem Besitz vorziehen. Immer ein offenes Herz und offene, nicht verschlossene Hände haben. Wenn das Herz verschlossen ist, dann ist es ein verengtes Herz: es weiß nicht einmal zu lieben. Wenn das Herz offen ist, geht es auf dem Weg der Liebe. Die Jungfrau Maria, Beispiel und Erstlingsfrucht der Armen vor Gott, da sie ganz dem Willen des Herrn fügsam war, stehe uns bei, uns Gott zu überlassen, der reich an Barmherzigkeit ist, damit er uns mit seinen Gaben in Fülle beschenke, besonders mit der Fülle seiner Vergebung.

Angelus, 29. Januar 2017

Keine Angst hinauszugehen

Wir sind viele, wir sind ein Volk. Und der Blick der Jungfrau hilft uns, einander auf neue Weise anzusehen. Weil unsere Mutter uns anblickt, lernen wir, geschwisterlicher zu sein. Wir bekommen selbst diesen Blick, der befreien, begleiten, beschützen will. Wir lernen, einander mit ihrem mütterlichen Blick anzusehen.

Der Blick der Jungfrau lehrt uns, solche Menschen anzusehen, die wir von Natur aus weniger beachten und die unserer Blicke am meisten bedürfen: die Hilflosen, die Einsamen, die Kranken, die Straßenkinder und jene, die nicht genug zum Leben haben, die, die, weder Jesus noch die Zärtlichkeit der Jungfrau kennen, die Jugendlichen, denen es schlecht geht.

Haben wir keine Angst, hinauszugehen und unsere Mitmenschen mit diesem Blick der Jungfrau anzusehen, der uns zu Brüdern und Schwestern macht. Haben wir keine Angst, hinauszugehen und mit unseren Herzen und Blicken diese Kultur der Begegnung zu weben, die wir so dringend benötigen, die unser Heimatland so dringend benötigt.

Lassen wir es nicht zu, dass sich irgendetwas zwischen uns und den Blick der Jungfrau schiebt. »Mutter, schenk uns deinen Blick.« Dass niemand ihn mir verstellt. Dass mein kindliches Herz ihn gegen all die Betrüger verteidigt, die mir Illusionen vorgaukeln wollen; gegen die, deren Blick von der Gier nach einem leichten Leben und unerfüllbaren Versprechungen getrübt ist. Dass sie uns den Blick der Jungfrau nicht wegnehmen, der ein Blick der Zärtlichkeit und ein Blick ist, der uns von innen her stärkt. Ein Blick, der unsere Kräfte bündelt, uns zu Geschwistern macht, uns solidarisch werden lässt.

Predigt, 25. Jugendwallfahrt nach Luján, 1999

Einladung zur Begegnung mit Christus

Die große Gefahr der Welt von heute mit ihrem vielfältigen und erdrückenden Konsumangebot ist eine individualistische Traurigkeit, die aus einem bequemen, begehrlichen Herzen hervorgeht, aus der krankhaften Suche nach oberflächlichen Vergnügungen, aus einer abgeschotteten Geisteshaltung. Wenn das innere Leben sich in den eigenen Interessen verschließt, gibt es keinen Raum mehr für die anderen, finden die Armen keinen Einlass mehr, hört man nicht mehr die Stimme Gottes, genießt man nicht mehr die innige Freude über seine Liebe, regt sich nicht die Begeisterung, das Gute zu tun. Auch die Gläubigen laufen nachweislich und fortwährend diese Gefahr. Viele erliegen ihr und werden zu gereizten, unzufriedenen, empfindungslosen Menschen. Das ist nicht die Wahl eines würdigen und erfüllten Lebens, das ist nicht Gottes Wille für uns, das ist nicht das Leben im Geist, das aus dem Herzen des auferstandenen Christus hervorsprudelt.

Ich lade jeden Christen ein, gleich an welchem Ort und in welcher Lage er sich befindet, noch heute seine persönliche Begegnung mit Jesus Christus zu erneuern oder zumindest den Entschluss zu fassen, sich von ihm finden zu lassen, ihn jeden Tag ohne Unterlass zu suchen. Wer etwas wagt, den enttäuscht der Herr nicht, und wenn jemand einen kleinen Schritt auf Jesus zu macht, entdeckt er, dass dieser bereits mit offenen Armen auf sein Kommen wartete. Es tut uns so gut, zu ihm zurückzukehren, wenn wir uns verloren haben! Ich beharre noch einmal darauf: Gott wird niemals müde zu verzeihen; wir sind es, die müde werden, um sein Erbarmen zu bitten.

Evangelii gaudium 2 & 3

Offen für das Neue sein

Das Neue macht uns häufig Angst, auch das Neue, was Gott uns bringt, das Neue, das Gott von uns verlangt. Wir sind wie die Apostel aus dem Evangelium: Oft ziehen wir es vor, unsere Sicherheiten beizubehalten, bei einem Grab stehen- zubleiben im Gedanken an den Verstorbenen, der schließlich nur in der Erinnerung der Geschichte lebt wie die großen Persönlichkeiten der Vergangenheit. Wir haben Angst vor den Überraschungen Gottes; liebe Brüder und Schwestern, in unserem Leben haben wir Angst vor den Überraschungen Gottes! Er überrascht uns immer! So ist der Herr. Brüder und Schwestern, verschließen wir uns nicht dem Neuen, das Gott in unser Leben bringen will! Sind wir oft müde, enttäuscht, traurig, spüren wir die Last unserer Sünden, meinen wir, es nicht zu schaffen? Verschließen wir uns nicht in uns selbst, verlieren wir nicht die Zuversicht, geben wir niemals auf: Es gibt keine Situation, die Gott nicht ändern kann, es gibt keine Sünde, die er nicht vergeben kann, wenn wir uns ihm öffnen.

Predigt, Vatikanische Basilika, 30. März 2013

Das Risiko der Begegnung

Das christliche Ideal wird immer dazu auffordern, den Verdacht, das ständige Misstrauen, die Angst überschwemmt zu werden, die defensiven Verhaltensweisen, die die heutige Welt uns auferlegt, zu überwinden. Viele versuchen, vor den anderen in ein bequemes Privatleben oder in den engen Kreis der Vertrautesten zu fliehen, und verzichten auf den Realismus der sozialen Dimension des Evangeliums. Ebenso wie nämlich einige einen rein geistlichen Christus ohne Leib und ohne Kreuz wollen, werden zwischenmenschliche Beziehungen angestrebt, die nur durch hoch entwickelte Apparate vermittelt werden, durch Bildschirme und Systeme, die man auf Kommando ein- und ausschalten kann. Unterdessen lädt das Evangelium uns immer ein, das Risiko der Begegnung mit dem Angesicht des anderen einzugehen, mit seiner physischen Gegenwart, die uns anfragt, mit seinem Schmerz und seinen Bitten, mit seiner ansteckenden Freude in einem ständigen unmittelbar physischen Kontakt. Der echte Glaube an den Mensch gewordenen Sohn Gottes ist untrennbar von der Selbsthingabe, von der Zugehörigkeit zur Gemeinschaft, vom Dienst, von der Versöhnung mit dem Leib der anderen. Der Sohn Gottes hat uns in seiner Inkarnation zur Revolution der zärtlichen Liebe eingeladen.

Evangelii gaudium 88

Sich mitfreuen

Wenn ein liebender Mensch einem anderen etwas Gutes tun kann oder wenn er sieht, dass es dem anderen gut geht im Leben, erlebt er das mit Freude, und auf diese Weise ehrt er Gott, denn »einen fröhlichen Geber hat Gott lieb« (2 Kor 9,7); unser Herr schätzt den besonders, der sich über das Glück des anderen freut. Wenn wir unsere Fähigkeit, uns über das Wohl des anderen zu freuen, nicht nähren und uns vor allem auf unsere eigenen Bedürfnisse konzentrieren, verurteilen wir uns dazu, mit wenig Freude zu leben, denn – wie Jesus gesagt hat – »Geben ist seliger als Nehmen« (Apg 20,35).

Amoris laetitia 110

Das Ideal der Bruderliebe

Bitten wir den Herrn, dass er uns das Gesetz der Liebe verstehen lässt. Wie gut ist es, dieses Gesetz zu besitzen! Wie gut tut es uns, einander zu lieben, über alles hinweg! Ja, über alles hinweg! An jeden von uns ist die Mahnung des heiligen Paulus gerichtet: »Lass dich nicht vom Bösen überwinden, sondern überwinde das Böse durch das Gute!« (Röm 12,21). Und weiter: »Wir wollen nicht müde werden, das Gute zu tun« (Gal 6,9). Alle haben wir Sympathien und Antipathien, und vielleicht sind wir gerade in diesem Moment zornig auf jemanden. Sagen wir wenigstens zum Herrn: ›Herr, ich bin zornig auf diesen, auf jene. Ich bitte dich für ihn und für sie.‹ Für den Menschen, über den wir ärgerlich sind, zu beten, ist ein schöner Schritt auf die Liebe zu, und es ist eine Tat der Evangelisierung. Tun wir es heute! Lassen wir uns nicht das Ideal der Bruderliebe nehmen!

Evangelii gaudium 101

Begegnung mit den Kindern Israels

Der Dialog und die Freundschaft mit den Kindern Israels gehören zum Leben der Jünger Jesu. Die Zuneigung, die sich entwickelt hat, lässt uns die schrecklichen Verfolgungen, denen die
Juden ausgesetzt waren und sind, aufrichtig und bitter bedau-
ern, besonders, wenn Christen darin verwickelt waren und sind.

Gott wirkt weiterhin im Volk des Alten Bundes und lässt
einen Weisheitsschatz entstehen, der aus der Begegnung mit
dem göttlichen Wort entspringt. Darum ist es auch für die Kirche eine Bereicherung, wenn sie die Werte des Judentums aufnimmt. Obwohl einige christliche Überzeugungen für das
Judentum unannehmbar sind und die Kirche nicht darauf verzichten kann, Jesus als den Herrn und Messias zu verkünden,
besteht eine reiche Komplementarität, die uns erlaubt, die Texte
der hebräischen Bibel gemeinsam zu lesen und uns gegenseitig
zu helfen, die Reichtümer des Wortes Gottes zu ergründen sowie
viele ethische Überzeugungen und die gemeinsame Sorge um
die Gerechtigkeit und die Entwicklung der Völker miteinander
zu teilen.

Evangelii gaudium 248 & 249

Hirten mit dem Geruch der Schafe

(Zu den Priestern:) Seid Hirten mit dem »Geruch der Schafe«, dass man ihn riecht –, Hirten inmitten ihrer Herde und Menschenfischer. Es ist wahr, dass die sogenannte Identitätskrise des Priesters uns alle bedroht und mit einer Kulturkrise einhergeht, doch wenn wir ihre Welle zu durchbrechen verstehen, werden wir im Namen des Herrn in See stechen und die Netze auswerfen können. Es ist gut, dass die Wirklichkeit selbst uns dazu führt, dorthin zu gehen, wo das, was wir aus Gnade sind, eindeutig als reine Gnade erscheint: in dieses Meer der heutigen Welt, wo allein die Salbung zählt – und nicht die Funktion – und die ausgeworfenen Netze sich allein im Namen dessen als fruchtbringend erweisen, auf den wir vertraut haben: Jesus.

Predigt, Vatikanische Basilika, 28. März 2013

Kirche ist keine Zollstation

Eine Kirche ›im Aufbruch‹ ist eine Kirche mit offenen Türen. Zu den anderen hinauszugehen, um an die menschlichen Randgebiete zu gelangen, bedeutet nicht, richtungs- und sinnlos auf die Welt zuzulaufen. Oftmals ist es besser, den Schritt zu verlangsamen, die Ängstlichkeit abzulegen, um dem anderen in die Augen zu sehen und zuzuhören, oder auf die Dringlichkeiten zu verzichten, um den zu begleiten, der am Straßenrand geblieben ist. Die Kirche ist berufen, immer das offene Haus des Vaters zu sein. Eines der konkreten Zeichen dieser Öffnung ist es, überall Kirchen mit offenen Türen zu haben. So stößt einer, wenn er einer Eingebung des Geistes folgen will und näherkommt, weil er Gott sucht, nicht auf die Kälte einer verschlossenen Tür. Doch es gibt noch andere Türen, die ebenfalls nicht geschlossen werden dürfen. Alle können in irgendeiner Weise am kirchlichen Leben teilnehmen, alle können zur Gemeinschaft gehören, und auch die Türen der Sakramente dürften nicht aus irgendeinem beliebigen Grund geschlossen werden. Das gilt vor allem, wenn es sich um jenes Sakrament handelt, das ›die Tür‹ ist: die Taufe. Die Eucharistie ist, obwohl sie die Fülle des sakramentalen Lebens darstellt, nicht eine Belohnung für die Vollkommenen, sondern ein großzügiges Heilmittel und eine Nahrung für die Schwachen. Diese Überzeugungen haben auch pastorale Konsequenzen, und wir sind berufen, sie mit Besonnenheit und Wagemut in Betracht zu ziehen. Häufig verhalten wir uns wie Kontrolleure der Gnade und nicht wie ihre Förderer. Doch die Kirche ist keine Zollstation, sie ist das Vaterhaus, wo Platz ist für jeden mit seinem mühevollen Leben.

Evangelii gaudium 46 & 47 & 48

Kultur des Dialogs

Wenn es ein Wort gibt, das wir bis zur Erschöpfung wiederholen müssen, dann lautet es Dialog. Wir sind aufgefordert, eine Kultur des Dialogs zu fördern, indem wir mit allen Mitteln Instanzen zu eröffnen suchen, damit dieser Dialog möglich wird und uns gestattet, das soziale Gefüge neu aufzubauen. Die Kultur des Dialogs impliziert einen echten Lernprozess sowie eine Askese, die uns hilft, den Anderen als ebenbürtigen Gesprächspartner anzuerkennen, und die uns erlaubt, den Fremden, den Migranten, den Angehörigen einer anderen Kultur als Subjekt zu betrachten, dem man als anerkanntem und geschätztem Gegenüber zuhört. Der Frieden wird in dem Maß dauerhaft sein, wie wir unsere Kinder mit den Werkzeugen des Dialogs ausrüsten und sie den »guten Kampf« (vgl. 2 Tim 4,7) der Begegnung und der Verhandlung lehren. Auf diese Weise werden wir ihnen eine Kultur als Erbe überlassen können, die Strategien zu umreißen weiß, die nicht zum Tod, sondern zum Leben, nicht zur Ausschließung, sondern zur Integration führen.

Ansprache, Verleihung des Karlspreises, 6. Mai 2016

Begegnung mit Gott erlöst

Ich kann wohl sagen, dass die schönsten und spontansten Freuden, die ich im Laufe meines Lebens gesehen habe, die ganz armer Leute waren, die wenig haben, an das sie sich klammern können. Ich erinnere mich auch an die unverfälschte Freude derer, die es verstanden haben, sogar inmitten bedeutender beruflicher Verpflichtungen ein gläubiges, großzügiges und einfaches Herz zu bewahren. Auf verschiedene Weise schöpfen diese Freuden aus der Quelle der stets größeren Liebe Gottes, die sich in Jesus Christus kundgetan hat.

Allein dank dieser Begegnung – oder Wiederbegegnung – mit der Liebe Gottes, die zu einer glücklichen Freundschaft wird, werden wir von unserer abgeschotteten Geisteshaltung und aus unserer Selbstbezogenheit erlöst. Unser volles Menschsein erreichen wir, wenn wir mehr als nur menschlich sind, wenn wir Gott erlauben, uns über uns selbst hinauszuführen, damit wir zu unserem eigentlicheren Sein gelangen. Dort liegt die Quelle der Evangelisierung. Wenn nämlich jemand diese Liebe angenommen hat, die ihm den Sinn des Lebens zurückgibt, wie kann er dann den Wunsch zurückhalten, sie den anderen mitzuteilen?

Evangelii gaudium 7 & 8

Ruhen im Herrn

Die Ruhe ist so notwendig für die Gesundheit unseres Geistes und unseres Leibes und oft so schwer zu erlangen wegen der vielen Anforderungen, die an uns gestellt werden. Aber Ruhe ist auch wesentlich für unsere spirituelle Gesundheit, damit wir Gottes Stimme hören und verstehen können, was er von uns verlangt. Josef war von Gott erwählt, Jesu Pflegevater und Marias Gemahl zu sein. Als Christen seid auch ihr berufen, wie Josef ein Heim für Jesus zu bereiten. Ein Heim für Jesus zu bereiten! Ihr bereitet ihm ein Heim in euren Herzen, euren Familien, euren Pfarreien und euren Gemeinschaften. Um Gottes Ruf, Jesus ein Heim zu bereiten, zu hören und anzunehmen, müsst ihr fähig sein, im Herrn zu ruhen. Ihr müsst jeden Tag Zeit schaffen, um im Herrn zu ruhen, ja, um zu beten. Gebet ist Ruhen in Gott. Nun könnt ihr einwenden – ich weiß es: Heiliger Vater, ich möchte beten, aber es ist so viel Arbeit zu erledigen! Ich muss mich um meine Kinder kümmern; ich habe Pflichten im Hause; ich bin sogar zu müde, um gut zu schlafen. Das stimmt. Das mag wahr sein, aber wenn wir nicht beten, werden wir das Wichtigste von allem nicht erkennen: Gottes Willen für uns. Und trotz all unseres Tuns, unserer Betriebsamkeit, werden wir ohne Gebet sehr wenig vollbringen.

Ansprache, Mall of Asia, Arena, Manila, Freitag, 16. Januar 2015

Gott, der Vater

Das ganze Geheimnis des christlichen Gebets ist hier, in diesem Wort, zusammengefasst: den Mut zu haben, Gott »Vater« zu nennen. Das bestätigt auch die Liturgie, wenn sie uns einlädt, das Gebet Jesu gemeinsam zu sprechen, und dabei den Ausdruck gebraucht: »wagen wir zu sprechen«. Denn Gott »Vater« zu nennen ist durchaus nicht selbstverständlich. Wir wären geneigt, erhabenere Titel zu gebrauchen, die uns angesichts seiner Transzendenz respektvoller erscheinen mögen. Ihn als »Vater« anzurufen stellt uns dagegen in ein Vertrauensverhältnis zu ihm, wie ein Kind, das sich an seinen Vater wendet und sich von ihm geliebt und geschützt weiß. Das ist die große Revolution, die das Christentum der religiösen Psychologie des Menschen einprägt. Das Geheimnis Gottes, das uns stets fasziniert und uns klein erscheinen lässt, macht jedoch keine Angst mehr, erdrückt uns nicht, beunruhigt uns nicht. Diese Revolution lässt sich in unserem menschlichen Herzen schwer annehmen; in den Berichten von der Auferstehung heißt es sogar, dass die Frauen, nachdem sie das leere Grab und den Engel gesehen hatten, »flohen …; denn Angst und Entsetzen hatte sie gepackt« (Mk 16,8). Jesus offenbart uns jedoch, dass der Vater gut ist, und sagt zu uns: »Fürchtet euch nicht!«

Generalaudienz, 7. Juni 2017

Die Freude der Begegnung

Es ist gut, sich in der Gegenwart Gottes bei einer ruhigen Lektüre des Textes zum Beispiel zu fragen: Herr, was sagt mir dieser Text? Was möchtest du mit dieser Botschaft an meinem Leben ändern? Was stört mich in diesem Text? Warum interessiert mich das nicht? – oder: Was gefällt mir, was spornt mich an in diesem Wort? Was zieht mich an? Warum zieht es mich an? – Wenn man versucht, auf den Herrn zu hören, ist es normal, Versuchungen zu haben. Eine von ihnen besteht einfach darin, sich gestört oder beklommen zu fühlen und sich zu verschließen; eine andere sehr verbreitete Versuchung ist, daran zu denken, was der Text den anderen sagt, um zu vermeiden, ihn auf das eigene Leben anzuwenden. Es kommt auch vor, dass man beginnt, Ausreden zu suchen, die einem erlauben, die spezifische Botschaft eines Textes zu verwässern. Andere Male meinen wir, Gott verlange eine zu große Entscheidung von uns, die zu fällen wir noch nicht in der Lage sind. Das führt bei vielen Menschen dazu, die Freude an der Begegnung mit dem Wort Gottes zu verlieren, doch das würde bedeuten zu vergessen, dass niemand geduldiger ist als Gottvater, dass niemand versteht und hofft wie er. Er lädt immer ein, einen Schritt mehr zu tun, verlangt aber nicht eine vollständige Antwort, wenn wir noch nicht den Weg zurückgelegt haben, der ihn ermöglicht. Er möchte einfach, dass wir ehrlich auf unser Leben schauen und es ohne Täuschungen vor seine Augen führen; dass wir bereit sind, weiter zu wachsen, und dass wir ihn um das bitten, was wir noch nicht zu erlangen vermögen.

Evangelii gaudium 153

Neuer Sauerteig

Wir alle sind eingeladen, diese Kultur der Begegnung aufzubauen, diesen neuen Sauerteig wirken zu lassen und weiterzugeben – einen Sauerteig, der zugleich eine wiederbelebende
Erinnerung an das Beste in unserer Geschichte ist: an das solida-
rische Opfer, an den Kampf gegen die verschiedensten Formen
der Sklaverei und an die soziale Integration.

Überzeugen wir uns einmal mehr davon, dass das Ganze
größer ist als seine Teile, die Zeit größer als der Raum, die Wirklichkeit größer als die Idee und die Einheit größer als der Konflikt.

Ein Letztes noch: Wir stellen uns häufig die besorgte Frage:
Was für eine Welt hinterlassen wir unseren Kindern? Vielleicht
sollten wir uns besser fragen: Was für Kinder hinterlassen wir
dieser Welt?

Vortrag beim christlichen Unternehmerverband, September 1999

DEZEMBER

»Das Volk, das im Finstern wandelt, schaut ein großes Licht«
(Jes 9,1)

Das Licht des Glaubens

Das Licht des Glaubens: Mit diesem Ausdruck hat die Tradition der Kirche das große Geschenk bezeichnet, das Jesus gebracht hat, der im Johannesevangelium über sich selber sagt: »Ich bin als Licht in die Welt gekommen, damit jeder, der an mich glaubt, nicht in der Finsternis bleibt« (Joh 12,46). Auch der heilige Paulus drückt dies mit ähnlichen Worten aus: »Gott, der sprach: Aus Finsternis soll Licht aufleuchten, er ist in unseren Herzen aufgeleuchtet« (2 Kor 4,6). In der heidnischen, lichthungrigen Welt hatte sich der Kult für den Sonnengott *Sol invictus* entwickelt, der beim Sonnenaufgang angerufen wurde. Auch wenn die Sonne jeden Tag wiedergeboren wurde, verstand man sehr wohl, dass sie nicht imstande war, ihr Licht über das ganze Sein des Menschen auszustrahlen. Die Sonne erleuchtet ja nicht die ganze Wirklichkeit, ihr Strahl vermag nicht bis in den Schatten des Todes vorzudringen, dorthin, wo das menschliche Auge sich ihrem Licht verschließt

Zu Martha, die über den Tod ihres Bruders Lazarus weint, sagt Jesus: »Habe ich dir nicht gesagt, dass du die Herrlichkeit Gottes sehen wirst, wenn du glaubst?« (Joh 11,40). Wer glaubt, sieht; er sieht mit einem Licht, das die gesamte Wegstrecke erleuchtet, weil es vom auferstandenen Christus her zu uns kommt, dem Morgenstern, der nicht untergeht.

Lumen fidei 1

Ein Abglanz des Lichts

Jesus lädt uns ein, durch das Zeugnis der guten Werke ein Abglanz seines Lichts zu sein. Er sagt: »So soll euer Licht vor den Menschen leuchten, damit sie euere guten Werke sehen und eueren Vater im Himmel preisen« (Mt 5,16). Diese Worte unterstreichen, dass wir nicht an unseren Worten, sondern an unseren Werken als wahre Jünger dessen erkennbar sind, der das Licht der Welt ist. Denn es ist vor allem unser Verhalten, das – im Guten wie im Schlechten – eine Spur in den anderen zurücklässt. Wir haben tragen Verantwortung für das empfangene Geschenk: das Licht des Glaubens, das durch Christus und das Wirken des Heiligen Geistes in uns ist, dürfen wir nicht zurückhalten, als sei es unser Eigentum. Wir sind indessen berufen, es in der Welt erstrahlen zu lassen, es den anderen durch gute Werke zu schenken. Und wie sehr bedarf es in der Welt doch des Lichts des Evangeliums, das verwandelt, genesen lässt und das Heil all denen gewährt, die es annehmen! Dieses Licht müssen wir mit unseren guten Werken überbringen. Wenn wir das Licht unseres Glaubens weitergeben, erlischt es nicht, sondern es wird heller.

Angelus, 5. Februar 2017

Feuer der Hoffnung

Lassen wir es zu, dass in dieser Zeit des Advents die Aufforderung Jesajas – »Tröstet, tröstet mein Volk« – in unserem Herzen
erklingt. Heute brauchen wir Menschen, die Zeugen des Erbar-
mens und der Zärtlichkeit des Herrn sind, der die Niederge-
schlagenen aufrüttelt, die Entmutigten neu beseelt, das Feuer
der Hoffnung entfacht. Er entfacht das Feuer der Hoffnung!
Nicht wir. Viele Situationen erfordern unser tröstendes Zeugnis.
Freudige, getröstete Menschen sein. Ich denke an all jene, die
von Leid, Ungerechtigkeiten und Schikanen unterdrückt werden; an alle, die Sklaven des Geldes, der Macht, des Erfolgs, der
Weltlichkeit sind. Die Ärmsten! Sie haben verfälschte Tröstun-
gen, nicht die wahre Tröstung des Herrn! Alle sind wir aufgerufen, unsere Brüder und Schwestern zu trösten, indem wir bezeugen, dass Gott allein die Ursachen der existenziellen und
geistlichen Dramen beseitigen kann. Er kann es! Er ist mächtig!

Angelus, 7. Dezember 2014

Leuchte in der Nacht

Das Licht des Glaubens lässt uns nicht die Leiden der Welt vergessen. Für wie viele Männer und Frauen des Glaubens waren die Leidenden Mittler des Lichts! So der Leprakranke für den heiligen Franz von Assisi oder für die selige Mutter Teresa von Kalkutta ihre Armen. Sie haben das Geheimnis verstanden, das in ihnen zugegen ist. Sicher haben sie nicht alle ihre Leiden getilgt, wenn sie sich ihnen genähert haben, und konnten auch nicht jedes Übel erklären. Der Glaube ist nicht ein Licht, das all unsere Finsternis vertreibt, sondern eine Leuchte, die unsere Schritte in der Nacht leitet, und dies genügt für den Weg. Dem Leidenden gibt Gott nicht einen Gedanken, der alles erklärt, sondern er bietet ihm seine Antwort an in Form einer begleitenden Gegenwart, einer Geschichte des Guten, die sich mit jeder Leidensgeschichte verbindet, um in ihr ein Tor zum Licht aufzutun. In Christus wollte Gott selbst diesen Weg mit uns teilen und sein Sehen schenken, um darin das Licht zu schauen. Christus, der den Schmerz erduldet hat, ist der »Urheber und Vollender unseres Glaubens« (Hebr 12,2). Das Leiden erinnert uns daran, dass der Dienst des Glaubens am Gemeinwohl immer ein Dienst der Hoffnung ist, die vorwärts blickt. Denn sie weiß, dass unsere Gesellschaft allein von Gott her, von der Zukunft, die vom auferstandenen Jesus kommt, eine feste und dauerhafte Basis finden kann.

Lumen fidei 57

Das Herz einstimmen

Der Herr kommt, er kommt in unser Leben als Befreier, er kommt, um uns von allen inneren und äußeren Knechtschaften zu befreien. Er ist es, der den Weg der Treue, der Geduld und der Beständigkeit weist, damit unsere Freude bei seiner Wiederkunft vollkommen sein wird. Weihnachten ist nahe, die Zeichen dieses Nahens sind in unseren Straßen und Häusern sichtbar; auch hier auf dem Platz ist eine Krippe mit dem Weihnachtsbaum daneben errichtet worden. Diese äußeren Zeichen laden uns ein, den Herrn aufzunehmen, der immer kommt und an unsere Tür klopft, er klopft an unser Herz, um uns nahezukommen.

Diese Zeichen laden uns ein, seine Schritte unter jenen der Brüder und Schwestern wiederzuerkennen, die an uns vorbeigehen, vor allem der schwächsten und bedürftigsten. Heute werden wir eingeladen, uns über das unmittelbar bevorstehende Kommen unseres Erlösers zu freuen; und wir sind gerufen, diese Freude mit den anderen zu teilen, indem wir den Armen, den Kranken, den einsamen und unglücklichen Menschen Trost und Hoffnung schenken. Die Jungfrau Maria, »Magd des Herrn«, helfe uns, im Gebet die Stimme Gottes zu hören und ihm voll Mitleid in den Brüdern und Schwestern zu dienen, um gut vorbereitet zum Fest der Geburt Jesu zu gelangen und so das Herz darauf einzustimmen, den Herrn zu empfangen.

Angelus, 11. Dezember 2016

Jesu Licht auf den Gesichtern der Christen

Wer sich der Liebe Gottes geöffnet hat, wer seine Stimme gehört und sein Licht empfangen hat, der kann diese Gabe nicht für sich behalten. Da der Glaube Hören und Sehen ist, wird er auch als Wort und Licht weitergegeben. An die Korinther gewandt gebrauchte der Apostel Paulus eben diese beiden Bilder. Einerseits sagt er: »Da wir aber denselben Glaubensgeist besitzen, wie ihn das Schriftwort bezeugt: Ich habe geglaubt, darum habe ich geredet, glauben auch wir und darum reden wir auch« (2 Kor 4,13). Das empfangene Wort wird zur Antwort, zum Bekenntnis und er- klingt so für die anderen wieder und lädt sie ein zu glauben. Andererseits bezieht sich der heilige Paulus auch auf das Licht: »Wir alle aber, die wir wie im Spiegel, doch mit unverhülltem Angesicht, die Herrlichkeit des Herrn sehen, werden in das gleiche Bild verwandelt« (2 Kor 3,18). Es ist ein Licht, das sich von Gesicht zu Gesicht widerspiegelt, wie Mose den Schein des Glanzes Gottes an sich trug, nachdem er mit ihm geredet hatte: »[Gott] ist in unseren Herzen aufgeleuchtet zum Lichtglanz der Erkenntnis der Herrlichkeit Gottes auf dem Antlitz Christi« (2 Kor 4,6). Das Licht Jesu erstrahlt wie in einem Spiegel auf dem Antlitz der Christen, und so verbreitet es sich, so gelangt es bis zu uns, damit auch wir an diesem Schauen teilhaben können und anderen sein Licht widerspiegeln. Der Glaube wird sozusagen in der Form des Kontakts von Person zu Person weitergegeben, wie eine Flamme sich an einer anderen entzündet. Die Christen säen in ihrer Armut einen so fruchtbaren Samen, dass er ein großer Baum wird und die Welt mit Früchten zu erfüllen vermag.

Lumen fidei 37

Aus Tod wird Leben

Jesaja spricht von Wüste, trockenem Land, Steppe (vgl. 35,1); vor sich hat der Prophet erschlaffte Hände, wankende Knie, Verzagte, Blinde, Taube und Stumme (vgl. V. 3–6). Es ist dies das Bild einer trostlosen Situation, eines unerbittlichen Schicksals ohne Gott. Doch endlich wird das Heil angekündigt: »Mut! Fürchtet euch nicht!«, sagt der Prophet, »Seht da, euer Gott! … Er selber kommt, um euch zu retten« (vgl. Jes 35,4). Und sofort verwandelt sich alles: die Wüste blüht, Trost und Freude durchdringen die Herzen (vgl. 5–6). Diese Zeichen, die Jesaja als die Zeichen ankündigt, die das bereits gegenwärtige Heil verheißen, verwirklichen sich in Jesus. Er selbst sagt es, als er den von Johannes dem Täufer gesandten Boten antwortet. Was sagt Jesus zu diesen Boten? »Blinde sehen, Lahme gehen; Aussätzige werden rein und Taube hören; Tote werden auferweckt« (Mt 11,5). Nicht Worte, sondern Tatsachen zeigen, wie das von Jesus gebrachte Heil das ganze Menschsein ergreift und neu schafft. Gott ist in die Geschichte eingetreten, um uns von der Knechtschaft der Sünde zu befreien; er hat sein Zelt mitten unter uns aufgeschlagen, um unser Dasein zu teilen, unsere Wunden zu heilen, unsere Verletzungen zu verbinden und uns das neue Leben zu schenken. Die Freude ist die Frucht dieses Eingreifens des Heils und der Liebe Gottes. Wir sind aufgerufen, uns in das Gefühl des Jubels einbeziehen zu lassen. Dieser Jubel, diese Freude … Doch ein Christ, der nicht freudig ist – etwas fehlt diesem Christen, oder er ist kein Christ! Die Freude des Herzens, die Freude im Innern, die uns vorwärts bringt und Mut schenkt.

Angelus, 11. Dezember 2016

Fülle der Gnade

Die Jungfrau Maria wird vor allem dazu bewegt, sich über all das zu freuen, was der Herr in ihr vollbracht hat. Die Gnade Gottes hat sie eingehüllt und sie würdig gemacht, die Mutter Christi zu werden. Als Gabriel in ihr Haus eintritt, wird auch das tiefste Geheimnis, das jedes Fassungsvermögen des Verstandes überschreitet, für sie ein Grund zur Freude, zum Glauben und zu völliger Hingabe an das ihr offenbarte Wort. Die Fülle der Gnade ist imstande, das Herz zu verwandeln, und macht es fähig, einen Schritt zu vollziehen, der so groß ist, dass er die Geschichte der Menschheit verändert.

Das Fest der Unbefleckten Empfängnis druckt die Größe der Liebe Gottes aus. Er ist nicht nur derjenige, der die Sünde vergibt, sondern bei Maria geht er so weit, dass er der Erbsünde zuvorkommt, die jeder Mensch in sich trägt, wenn er in diese Welt kommt. Es ist die Liebe Gottes, die zuvorkommt, vorwegnimmt und rettet.

Predigt, Heilige Messe zur Öffnung der Heiligen Pforte im Petersdom, 8. Dezember 2015

Echte Freude

»Freut euch im Herrn allezeit! Noch einmal will ich es sagen: Freut euch! … Der Herr ist nahe« (Phil 4,4–5). Es handelt sich dabei nicht um eine oberflächliche oder rein gefühlsmäßige Freude, zu der der Apostel aufruft, und ebenso wenig um eine weltliche Freude oder eine Art von »Konsumrausch«. Nein, nicht diese Freude, sondern es geht um eine echtere Freude, deren Geschmack wiederzuentdecken wir berufen sind. Den Geschmack der wahren Freude. Es ist eine Freude, die an das Innerste unseres Seins rührt, während wir Jesus erwarten, der schon gekommen ist, um der Welt das Heil zu bringen, den verheißenen Messias, geboren in Betlehem von der Jungfrau Maria.

Angelus, 11. Dezember 2016

Menschenwürde und der innere Kompass

Welche Würde besteht, wenn die Möglichkeit fehlt, frei die eigene Meinung zu äußern oder ohne Zwang den eigenen Glauben zu bekennen? Welche Würde kann jemals ein Mensch haben, der zum Gegenstand von Diskriminierung aller Art gemacht wird?

Die Würde des Menschen zu fördern, bedeutet anzuerkennen, dass er unveräußerliche Rechte besitzt, deren er nicht nach Belieben und noch weniger zugunsten wirtschaftlicher Interessen von irgendjemandem beraubt werden kann.

Man muss aber Acht geben, nicht Missverständnissen zu verfallen, die aus einem falschen Verständnis des Begriffes Menschenrechte und deren widersinnigem Gebrauch hervorgehen. Ich meine, dass es überaus wichtig ist, heute eine Kultur der Menschenrechte zu vertiefen, die weise die individuelle, oder besser die persönliche Dimension mit der des Gemeinwohls zu verbinden versteht. Wenn nämlich das Recht eines jeden nicht harmonisch auf das größere Wohl hin ausgerichtet ist, wird es schließlich als unbegrenzt aufgefasst und damit zur Quelle von Konflikten und Gewalt.

Von der transzendenten Würde des Menschen zu sprechen, bedeutet also, sich auf seine Natur zu berufen, auf seine angeborene Fähigkeit, Gut und Böse zu unterscheiden, auf jenen ›Kompass‹, der in unsere Herzen eingeschrieben ist und den Gott dem geschaffenen Universum eingeprägt hat. Vor allem bedeutet es, den Menschen nicht als ein Absolutes zu betrachten, sondern als ein relationales Wesen.

Ansprache vor dem Europaparlament, Straßburg, 25. November 2014

Licht bringen

Zuweilen verspüren wir die Versuchung, Christen zu sein, die einen sicheren Abstand zu den Wundmalen des Herrn halten. Jesus aber will, dass wir mit dem menschlichen Elend in Berührung kommen. Er hofft, dass wir darauf verzichten, unsere persönlichen oder gemeinschaftlichen Zuflüchte zu suchen, die uns erlauben, gegenüber dem Kern des menschlichen Leids auf Distanz zu bleiben, damit wir dann akzeptieren, mit dem konkreten Leben der anderen ernsthaft in Berührung zu kommen und die Kraft der Zartheit kennen lernen. Wenn wir das tun, wird das Leben für uns wunderbar komplex, und wir machen die tiefe Erfahrung, Volk zu sein, die Erfahrung, zu einem Volk zu gehören.

Die Mission im Herzen des Volkes ist nicht ein Teil meines Lebens oder ein Schmuck, den ich auch wegnehmen kann; sie ist kein Anhang oder ein zusätzlicher Belang des Lebens. Sie ist etwas, das ich nicht aus meinem Sein ausreißen kann, außer ich will mich zerstören. Ich bin eine Mission auf dieser Erde, und ihretwegen bin ich auf dieser Welt. Man muss erkennen, dass man selber ›gebrandmarkt‹ ist für diese Mission, Licht zu bringen, zu segnen, zu beleben, aufzurichten, zu heilen, zu befreien. Da zeigt sich, wer aus ganzer Seele Krankenschwester, aus ganzer Seele Lehrer, aus ganzer Seele Politiker ist – diejenigen, die sich zutiefst dafür entschieden haben, bei den anderen und für die anderen da zu sein. Wenn hingegen einer die Pflicht auf der einen Seite und die Privatsphäre auf der anderen Seite voneinander trennt, dann wird alles grau, und er wird ständig Anerkennung suchen oder seine eigenen Bedürfnisse verteidigen. So wird er aufhören, ›Volk‹ zu sein.

Evangelii gaudium 270 & 273

Jesus ist unsere Freude

Das Herz des Menschen ersehnt die Freude. Wir alle sehnen uns nach Freude, jede Familie, jedes Volk strebt nach Glück. Doch was ist das für eine Freude, die zu leben und zu bezeugen der Christ berufen ist? Es ist jene Freude, die aus der Nähe Gottes hervorgeht, aus seiner Gegenwart in unserem Leben. Seit Jesus mit seiner Geburt in Betlehem in die Geschichte eingetreten ist, hat die Menschheit den Keim des Reiches Gottes empfangen, wie ein Erdboden, der den Samen empfängt, Verheißung der künftigen Ernte. Es ist nicht mehr notwendig, anderswo zu suchen! Jesus ist gekommen, um allen für immer die Freude zu bringen. Es handelt sich nicht um eine nur erhoffte oder auf das Paradies verschobene Freude: hier auf Erden sind wir traurig, aber im Paradies werden wir freudig sein. Nein! Das ist nicht diese Freude, sondern eine bereits jetzt wirkliche und erfahrbare Freude, denn Jesus selbst ist unsere Freude, und mit Jesus ist die Freude bei uns zu Hause, wie euer Spruchband sagt. Sagen wir es alle: »Mit Jesus ist die Freude bei uns zu Hause.« Noch einmal: »Mit Jesus ist die Freude bei uns zu Hause.« Und ohne Jesus – gibt es da Freude? Nein! Richtig! Er ist lebendig, er ist der Auferstandene, und er wirkt in uns und unter uns insbesondere durch das Wort und die Sakramente. Wir alle, die wir getauft sind, Kinder der Kirche, sind dazu berufen, immer neu die Gegenwart Gottes in unserer Mitte anzunehmen und den anderen zu helfen, sie zu entdecken oder sie wiederzuentdecken, sollten sie sie vergessen haben. Es handelt sich um eine sehr schöne Sendung: die Menschen auf Christus hin ausrichten – nicht auf uns selbst! –, denn er ist das Ziel, nach dem das Herz des Menschen strebt, wenn er Freude und Glück sucht.

Angelus, 14. Dezember 2014

Neue Augen

Wenn das Licht fehlt, wird alles verworren, und es ist unmöglich, das Gute vom Bösen, den Weg, der zum Ziel führt, von dem zu unterscheiden, der uns richtungslos immer wieder im Kreis gehen lässt. Darum ist es dringend, die Art von Licht wiederzugewinnen, die dem Glauben eigen ist, denn wenn seine Flamme erlischt, verlieren am Ende auch alle anderen Leuchten ihre Kraft. Das Licht des Glaubens besitzt nämlich eine ganz besondere Eigenart, da es fähig ist, das gesamte Sein des Menschen zu erleuchten. Um so stark zu sein, kann ein Licht nicht von uns selber ausgehen, es muss aus einer ursprünglicheren Quelle kommen, es muss letztlich von Gott kommen. Der Glaube keimt in der Begegnung mit dem lebendigen Gott auf, der uns ruft und uns seine Liebe offenbart, eine Liebe, die uns zuvorkommt und auf die wir uns stützen können, um gefestigt zu sein und unser Leben aufzubauen. Von dieser Liebe verwandelt, empfangen wir neue Augen, erfahren wir, dass in ihr eine große Verheißung von Fülle liegt, und es öffnet sich uns der Blick in die Zukunft.

Lumen fidei 3 & 4

Erster Ort des Staunens

Um Weihnachten fruchtbringend zu feiern, sind wir aufgerufen, an den »Orten« des Staunens innezuhalten. Aber wo befinden sich diese Orte des Staunens im täglichen Leben? Es sind drei. Der erste Ort ist *der Andere*, in dem ein Bruder, eine Schwester zu erkennen ist, denn seit dem Ereignis der Geburt Jesu ist jedem Antlitz die Ebenbildlichkeit mit dem Sohn Gottes eingeprägt. Vor allem wenn es das Antlitz des Armen ist, da Gott als Armer in die Welt gekommen ist und vor allem auf die Armen zugegangen ist.

Angelus, 20. Dezember 2015

Zweiter Ort des Staunens

Ein weiterer Ort des Staunens – der zweite –, an dem wir mit glaubensvollem Blick das Staunen erfahren, ist *die Geschichte*. Oftmals meinen wir, sie in der rechten Weise zu sehen, und stattdessen laufen wir Gefahr, sie auf den Kopf gestellt zu lesen. Dazu kommt es zum Beispiel, wenn sie uns von der Marktwirtschaft bestimmt, vom Finanzwesen und den Geschäften gesteuert, von den Mächtigen des Moments beherrscht zu sein scheint. Der Gott der Weihnacht ist dagegen ein Gott, der »die Karten neu mischt«: das macht er gern! Wie Maria im *Magnificat* sagt, ist es der Herr, der die Mächtigen vom Thron stürzt und die Niedrigen erhöht, der die Hungernden mit seinen Gaben beschenkt und die Reichen leer ausgehen lässt (vgl. Lk 1,52–53). Das ist das zweite Staunen, das Staunen über die Geschichte.

Angelus, 20. Dezember 2015

Dritter Ort des Staunens

Ein dritter Ort des Staunens ist *die Kirche*: auf sie mit dem Staunen des Glaubens zu blicken heißt, sich nicht darauf zu beschränken, sie allein als religiöse Institution zu betrachten, die sie ist, sondern sie als eine Mutter zu empfinden, die trotz aller Flecken und Falten – davon haben wir viele! – die Züge der von Christus, dem Herrn, geliebten und geläuterten Braut durchscheinen lässt. Eine Kirche, welche die vielen Zeichen der treuen Liebe zu erkennen vermag, die Gott ihr beständig schickt. Eine Kirche, für die Jesus, der Herr, nie ein eifersüchtig zu verteidigender Besitz sein wird: Wer das tut, begeht einen Fehler. Er ist vielmehr jener, der ihr entgegenkommt und den sie voll Vertrauen und Freude zu erwarten weiß, und so verleiht sie der Hoffnung der Welt ihre Stimme. Die Kirche, die den Herrn anruft: »Komm, Herr Jesus!« Die Mutter Kirche, die die Türen stets weit offen und die Arme ausgebreitet hält, um alle aufzunehmen. Besser noch: die Mutter Kirche, die aus ihren Türen hinausgeht, um mit dem Lächeln einer Mutter alle Fernstehenden zu suchen und sie zur Barmherzigkeit Gottes zu führen. Das ist das Staunen von Weihnachten!

Angelus, 20. Dezember 2015

Ein neues Licht

Der Mensch braucht Erkenntnis, er braucht Wahrheit, denn ohne sie hat er keinen Halt, kommt er nicht voran. Glaube ohne Wahrheit rettet nicht, gibt unseren Schritten keine Sicherheit. Er bleibt ein schönes Märchen, die Projektion unserer Sehnsucht nach Glück, etwas, das uns nur in dem Maß befriedigt, in dem wir uns Illusionen hingeben wollen. Oder er reduziert sich auf ein schönes Gefühl, das tröstet und wärmt, doch dem Wechsel unserer Stimmung und der Veränderlichkeit der Zeiten unterworfen ist und einem beständigen Weg im Leben keinen Halt zu bieten vermag. Wenn der Glaube so wäre, hätte der König Ahas (vgl. Jes 7,9) Recht, sein Leben und die Sicherheit seines Reiches nicht auf eine Gefühlsregung zu setzen. Aber gerade durch seine innere Verbindung mit der Wahrheit ist der Glaube fähig, ein neues Licht zu bieten, das den Berechnungen des Königs überlegen ist, weil es weiter sieht, denn es versteht das Handeln Gottes, der seinem Bund und seinen Verheißungen treu ist.

Lumen fidei 24

Raum schaffen für Jesus

Wie es in jenen 30 Jahren in Nazaret geschehen ist, so kann es auch für uns geschehen: die Liebe und nicht den Hass normal werden zu lassen, die gegenseitige Hilfe und nicht die Gleichgültigkeit oder die Feindschaft zur Gewohnheit werden zu lassen. Es ist daher kein Zufall, dass »Nazaret« bedeutet: »sie, die bewahrt«. Wie Maria: Sie »bewahrte alle diese Worte und erwog sie in ihrem Herzen«, wie es im Evangelium heißt (Lk 2,19). Seitdem ist überall dort, wo es eine Familie gibt, die dieses Geheimnis bewahrt – auch am Rande der Welt –, das Geheimnis des Gottessohnes am Werk, das Geheimnis Jesu, der kommt, um uns zu retten. Und er kommt, um die Welt zu retten. Und das ist die große Mission der Familie: Raum zu schaffen für Jesus, der kommt; Jesus anzunehmen in der Familie, in der Person der Kinder, des Ehemannes, der Ehefrau, der Großeltern … Jesus ist dort. Ihn dort anzunehmen, damit er geistlich in jener Familie wächst. Der Herr gewähre uns diese Gnade in diesen letzten Tagen vor Weihnachten.

Familienkatechese, 17. Dezember 2014

Christus ist wahrer Friede

Im Geheimnis der Geburt Christi finden wir neben Maria die stille Gegenwart des hl. Josef wie dies in jeder Krippe dargestellt wird – auch in der, die ihr hier auf dem Petersplatz bewundern könnt. Das Beispiel Marias und Josefs ist für uns alle eine Einladung, in vollkommenere Offenheit der Seele Jesus aufzunehmen, der aus Liebe unser Bruder geworden ist. Er kommt, um der Welt das Geschenk des Friedens zu bringen: »auf der Erde Friede den Menschen seines Wohlgefallens« (Lk 2,14), wie der Chor der Engel den Hirten verkündete. Das kostbare Geschenk von Weihnachten ist der Friede, und Christus ist unser wahrer Friede. Christus klopft an unsere Herzen, um uns den Frieden zu schenken, den Frieden der Seelen. Öffnen wir die Tore für Christus! Wir wollen uns der Fürsprache unserer Mutter und des hl. Josefs anvertrauen, um eine wahrhaft christliche Weihnacht zu leben, frei von jeglicher Weltlichkeit, bereit, den Heiland, den Gott-mit-uns, aufzunehmen.

Angelus, 21. Dezember 2014

Gott finden

Das Licht des Glaubens an Jesus erhellt auch den Weg aller, die Gott suchen, und bietet den ganz eigenen Beitrag des Christentums im Dialog mit den Anhängern der verschiedenen Religionen. Der Hebräerbrief spricht uns von dem Zeugnis der Gerechten, die bereits vor dem Bund mit Abraham voll Glauben Gott suchten. Von Henoch wird gesagt, »dass er Gott gefiel« (Hebr 11,5), was ohne den Glauben unmöglich wäre, denn »Denn wer zu Gott kommt, muss glauben, dass er ist und dass er denen, die ihn suchen, ihren Lohn geben wird« (Hebr 11,6). So können wir verstehen, dass der Weg des religiösen Menschen über das Bekenntnis eines Gottes verläuft, der sich um ihn kümmert und den zu finden nicht unmöglich ist. Welchen anderen Lohn könnte Gott denen anbieten, die ihn suchen, wenn nicht den, sich finden zu lassen? Noch vorher begegnet uns die Gestalt des Abel. Auch sein Glaube wird gelobt: Er ist der Grund, warum Gott an seinen Gaben, am Opfer der Erstlinge seiner Herden Gefallen fand (vgl. Hebr 11,4). Der religiöse Mensch versucht, die Zeichen Gottes in den täglichen Erfahrungen seines Lebens zu erkennen, im Kreislauf der Jahreszeiten, in der Fruchtbarkeit der Erde und in der ganzen Bewegung des Kosmos. Gott ist lichtvoll und kann auch von denen gefunden werden, die ihn mit aufrichtigem Herzen suchen.

Lumen fidei 35

Schritte ins Licht

Wir sind Teil des Gottesvolks, das Tag für Tag und Schritt für Schritt aus der Finsternis ins Licht geht. Wir alle wollen diesem Licht begegnen, dieser verborgenen Herrlichkeit, wir wollen ihr begegnen, weil Gott, der uns erschaffen hat, uns selbst den Keim dieser Sehnsucht ins Herz gelegt hat. Doch zuweilen ist unser Herz von Eigensinn verhärtet oder, schlimmer noch, von Hochmut aufgebläht. Dann erstickt unsere Sehnsucht, die Herrlichkeit des Lichts zu schauen, und unser Leben droht seinen Sinn zu verlieren und sich in Finsternis zu erschöpfen. So wiederholt sich, was in jener Nacht geschah, als Gott bei uns kein Obdach fand. Das ist das Drama der Seele, die, vom Warten ungeduldig geworden, sich die Zeit mit falschen Verheißungen des Lichts vertreibt. Diese falschen Verheißungen stammen vom Teufel, den Jesus den »Vater der Lüge« und den »Fürst der Finsternis« nennt. Dann geht die Hoffnung auf die Verheißung und das feste Vertrauen auf den Bund mit einem Gott verloren, der nicht lügt, weil er »sich selbst nicht verleugnen« kann. Dann geht das tiefe Bewusstsein verloren, von Gott mit zärtlicher Liebe auserwählt zu sein. Dann schlagen die Türen zu. Und es gibt heute und immer viele Türen in der Welt, in unserer Stadt, in unseren Herzen, die Jesus vor der Nase zugeschlagen werden. Es ist einfacher, sich mit den Lichtern am Weihnachtsbaum abzulenken, als sich in die Betrachtung der Herrlichkeit der Krippe zu versenken. Es gibt keinen Mittelweg: Licht oder Finsternis, Hochmut oder Demut, Wahrheit oder Lüge. Entweder wir öffnen Jesus die Tür, der kommt, um uns zu retten, oder wir sperren uns ein im selbstgefälligen Stolz derer, die glauben, sich selbst erlösen zu können.

Predigt, Weihnachten 2003

Den richtigen Moment ergreifen

Das Geheimnis der Geburt Jesu in Bethlehem, die sich historisch vor mehr als 2000 Jahren zutrug, verwirklicht sich als geistliches Ereignis im »Heute« der Liturgie. Das Wort, das im jungfräulichen Schoß Marias Wohnstatt genommen hatte, kommt in der Feier der Weihnacht, um erneut an das Herz eines jeden Christen zu klopfen: es kommt vorbei und klopft an. Ein jeder von uns ist aufgerufen, wie Maria mit einem persönlichen und aufrichtigen »Ja« zu antworten und sich ganz für Gott und seine Barmherzigkeit, seine Liebe bereitzustellen. Wie oft kommt doch Jesus in unserem Leben vorbei, und wie oft schickt er uns einen Engel, und wie oft bemerken wir das nicht, weil wir so sehr beschäftigt sind, versunken in unsere Gedanken, in unsere Geschäfte und in diesen Tagen sogar in unsere Weihnachtsvorbereitungen, sodass wir ihn nicht bemerken, wie er vorbeigeht und an die Tür unseres Herzens klopft und um Aufnahme bittet, um ein »Ja« wie jenes »Ja« Marias bittet. Ein Heiliger sagte: »Ich habe Angst, dass der Herr kommt.« Wisst ihr, warum er Angst hatte? Angst davor, es nicht zu bemerken und sein Kommen zu verpassen. Wenn wir in unserem Herzen spüren: »Ich möchte besser sein … Mich reut, was ich getan habe …« Es ist der Herr, der anklopft. Er lässt dich das spüren: das Verlangen, besser zu sein, das Verlangen, näher bei den anderen, bei Gott zu sein. Wenn du das spürst, dann halte ein. Da ist der Herr! Und geh beten, und vielleicht zur Beichte, um ein wenig »sauberzumachen«: Das tut gut. Doch denk daran: Wenn du dieses Verlangen verspürst, besser zu werden, ist er es, der anklopft: Lass ihn nicht vorbeigehen!

Angelus, 21. Dezember 2014

Licht auf dunklem Pfad

Der Glaube, den wir von Gott als eine übernatürliche Gabe empfangen, erscheint als Licht auf dem Pfad, das uns den Weg weist
in der Zeit. Einerseits kommt er aus der Vergangenheit, ist er das
Licht eines grundlegenden Gedächtnisses, des Gedenkens des
Lebens Jesu, in dem sich dessen absolut verlässliche Liebe
gezeigt hat, die den Tod zu überwinden vermag. Da Christus
aber auferstanden ist und über den Tod hinaus uns an sich zieht,
ist der Glaube zugleich ein Licht, das von der Zukunft her
kommt, vor uns großartige Horizonte eröffnet und uns über
unser isoliertes Ich hinaus in die Weite der Gemeinschaft
hineinführt. Wir begreifen also, dass der Glaube nicht im Dun-
keln wohnt; dass er ein Licht für unsere Finsternis ist.

Lumen fidei 4

Das Allergrößte im Kleinsten

Am Anfang steht die prophetische Verheißung: »Das Volk, das im Finstern wandelt, schaut ein großes Licht« (Jes 9,1) – ein neuer Kurs für das ganze Leben, ein Kurs für die ganze Geschichte, der uns festigt »in der Erwartung der seligen Hoffnung und der Offenbarung der Herrlichkeit des großen Gottes und unseres Retters Christus Jesus« (Tit 2,13). Finsternis und Licht, Weg und Hoffnung, Ahnung und Offenbarung. Es ist die Prophezeiung der Erwählung, der Verheißung und des Bundes. Es ist der Weg aus der Finsternis am Abend des irdischen Paradieses hinein in die Nacht, da die Hirten »die Herrlichkeit des Herrn umstrahlte«.

Auch wir treten als Pilger der Auserwählung, der Verheißung und des Bundes an Gottes Altar. Die Finsternis lastet auf uns, doch uns trägt die Hoffnung, dem Licht zu begegnen. Wir treten an den Altar, wo die Herrlichkeit sich in einer Krippe verbirgt und sich den einfachen Herzen offenbart. Voller Staunen hören sie den himmlischen Lobpreis: »Herrlichkeit in den Höhen für Gott und auf der Erde Friede den Menschen seiner Huld!« und glauben – mit dem Glauben derer, die ihr Gewissen nicht verkaufen –, dass »der Retter geboren« ist: »ein Kind …, in Windeln gewickelt und in einer Krippe liegend.« Auch wir können, wenn wir unsere Herzen öffnen, in dieser Nacht inmitten unserer Finsternis das Wunder des Lichts schauen, das Wunder der Kraft Gottes in der Schwäche, das Wunder des Allergrößten im Kleinsten.

Predigt, Weihnachten 2001

Erleuchtete Herzen

Liebe Brüder und Schwestern, der Heilige Geist möge heute unsere Herzen erleuchten, auf dass wir im Jesuskind, das in Bethlehem von der Jungfrau Maria geboren wurde, das von Gott geschenkte Heil erkennen können für jeden von uns, für jeden Menschen und für alle Völker dieser Erde. Die Macht Christi, die Befreiung und Dienst ist, mache sich in vielen Herzen bemerkbar, die unter Kriegen, Verfolgungen und Sklaverei leiden. Mit ihrer Sanftmut nehme diese göttliche Macht die Herzenshärte vieler Männer und Frauen weg, die in einem verweltlichten Leben oder in der Gleichgültigkeit versunken sind. Seine rettende Kraft mache die Waffen zu Pflugscharen und verwandle die Zerstörung in Kreativität und den Hass in Liebe und Zärtlichkeit. So werden wir mit Freude sagen können: »Unsere Augen haben dein Heil gesehen«. Ihnen allen wünsche ich ein frohes Weihnachtsfest.

Ansprache, Urbi et Orbi, Weihnachten 2014

Morgenröte neuen Lebens

Wir feiern heute das »Geburtsfest« des Stephanus, das zutiefst dem Geburtsfest Christi entspringt. Jesus verwandelt den Tod aller, die ihn lieben, in Morgenröte neuen Lebens! Im Martyrium des Stephanus wiederholt sich dieselbe Gegenüberstellung zwischen dem Guten und dem Bösen, zwischen dem Hass und der Vergebung, zwischen der Sanftmut und der Gewalt, die ihren Höhepunkt am Kreuz Christi hatte. Das Gedenken des ersten Märtyrers zerstreut so unmittelbar ein falsches Bild von Weihnachten: das märchenhafte und süßliche Bild, das es im Evangelium nicht gibt! Die Liturgie bringt uns zum echten Sinn der Menschwerdung zurück, indem sie Betlehem und Golgota verbindet und uns in Erinnerung ruft, dass das göttliche Heil den Kampf gegen die Sünde einschließt, durch die enge Tür des Kreuzes führt. Das ist der Weg, den Jesus seinen Jüngern ganz deutlich gewiesen hat, wie das heutige Evangelium belegt: »Ihr werdet von allen gehasst um meines Namens willen. Wer aber ausharrt bis zum Ende, der wird gerettet« (Mt 10,22). Deshalb beten wir heute besonders für die Christen, die aufgrund ihres Zeugnisses für Christus und das Evangelium Diskriminierungen erleiden. Wir sind diesen Brüdern und Schwestern nah, die wie der heilige Stephanus zu Unrecht angeklagt und Gegenstand von Gewalt verschiedener Art werden. Ich bin mir sicher, dass sie heute leider zahlreicher sind als in den ersten Zeiten der Kirche. Ich möchte euch bitten, für diese Brüder und Schwestern einen Augenblick in Stille zu beten. Und wir empfehlen sie der Gottesmutter.

Angelus, 26. Dezember 2013, Fest des hl. Stephanus

Licht der Offenbarung

Das Glaubensbekenntnis Israels entfaltet sich in Form einer Erzählung der Wohltaten Gottes, seines Handelns, um das Volk zu befreien und zu führen (vgl. Dtn 26,5–11) – einer Erzählung, die das Volk von Generation zu Generation weitergibt. Das Licht Gottes leuchtet für Israel durch das Gedächtnis der vom Herrn vollbrachten Taten, die im Gottesdienst in Erinnerung gerufen und bekannt und von den Eltern an die Kinder weitergegeben werden. Daraus ersehen wir, dass das Licht, das der Glaube bringt, an die konkrete Erzählung des Lebens, an das dankbare Gedenken der Wohltaten Gottes und an die fortschreitende Erfüllung seiner Verheißungen gebunden ist. Das hat die gotische Architektur sehr gut zum Ausdruck gebracht: In die großen Kathedralen dringt das Licht vom Himmel her durch die Glasfenster ein, in denen die heilige Geschichte dargestellt ist. Das Licht Gottes kommt zu uns durch die Erzählung seiner Offenbarung und kann so unseren Weg in der Zeit erhellen, indem es an die göttlichen Wohltaten erinnert und zeigt, wie seine Verheißungen sich erfüllen.

Lumen fidei 12

Das Leben behüten

Die christliche Freude ist nicht eine Freude, die am Rande der Wirklichkeit geschaffen wird, indem man sie ignoriert oder so tut, als würde es sie nicht geben. Die christliche Freude entsteht aus einer Berufung – aus der gleichen, die der heilige Josef erhielt –, das Leben, insbesondere das der heiligen Unschuldigen von heute, zu »nehmen« und zu schützen. Weihnachten ist eine Zeit, die uns dazu auffordert, das Leben zu behüten und ihm zu helfen, dass es geboren wird und wächst; die uns dazu auffordert, uns zu erneuern als mutige Hirten. Dieser Mut bringt Dynamiken hervor, die uns die Wirklichkeit, die viele Kinder heutzutage erleben, bewusst macht und uns arbeiten lässt, um ihnen die notwendigen Bedingungen zu gewährleisten, damit ihre Würde als Kinder Gottes nicht nur geachtet, sondern vor allem tatkräftig verteidigt wird. Lassen wir nicht zu, dass man ihnen die Freude nimmt. Lassen wir uns die Freude nicht nehmen, behüten wir sie und helfen wir ihr zu wachsen. Tun wir dies mit der gleichen väterlichen Treue des heiligen Josef und an der Hand Marias, der Mutter der Zärtlichkeit, damit sich unser Herz nicht verhärte.

Schreiben an die Bischöfe am 28. Dezember 2016

Sanftmut und Zärtlichkeit

Wenn wir auf diesen Gott schauen, der Kind geworden ist, weil er sich in unsere Kleinheit verliebt hat, dann müssen wir uns fragen: Wie steht es um diese Zärtlichkeit zwischen dir und Gott? Lässt du diese Zärtlichkeit eines Gottes zu, der dich liebt, eines Gottes, der Zärtlichkeit geworden ist? Oder sträubst du dich und lässt dich nicht suchen von diesem Gott? Und weiter: Bist auch du entschlossen, für jede Schwierigkeit, für jedes menschliche Problem, für die Menschen in deiner Umgebung zur zärtlichen Liebe zu werden, oder bevorzugst du die bürokratischen, exekutiven, kalten, effizienten Lösungen, die nichts mit Verkündigung zu tun haben? Und wenn das so ist: Hast du Angst vor der Zärtlichkeit, die Gott dir entgegenbringt?

Und die zweite Frage für heute: Stehen wir mit unserem Verhalten für diese Zärtlichkeit ein, die uns ein Leben lang begleiten muss: in Zeiten der Freude, der Traurigkeit, des Kreuzes, der Arbeit, des Konflikts und des Kampfs? Die Antwort des Christen kann keine andere sein als die Antwort, mit der Gott selbst auf unsere Kleinheit reagiert: Zärtlichkeit. Sanftmut. Und ich bin so kühn, Ihnen eine Hausaufgabe mitzugeben, für heute Nacht oder für morgen früh: Nehmen Sie sich ein klein wenig Zeit für die Stille und fragen Sie sich: Wie steht es um die Zärtlichkeit zwischen Gott und mir? Wie steht es um meine zärtliche Liebe zu den anderen? Wie steht es um meine Zärtlichkeit in Grenzsituationen? Wie steht es um meine Sanftmut unter Stress und in Konflikten? Und dann achten Sie aufmerksam auf das, was Jesus Ihnen antwortet – denn er wird antworten!

Predigt, Weihnachten 2004

Geschmack der Hoffnung

Weihnachten hat vor allem den Geschmack der Hoffnung, weil trotz unserer Finsternis das Licht Gottes leuchtet. Sein freundliches Licht macht keine Angst; Gott, der in uns verliebt ist, zieht uns an mit seiner Zärtlichkeit, indem er arm und zerbrechlich in unserer Mitte zur Welt kommt, als einer von uns. Er wird geboren in Bethlehem, was bedeutet »Haus des Brotes«. Er scheint uns auf diese Weise sagen zu wollen, dass er als Brot für uns geboren wird; er kommt zum Leben, um uns sein Leben zu geben; er kommt in unsere Welt, um uns seine Liebe zu bringen. Er kommt nicht, um zu verschlingen und zu befehlen, sondern um zu ernähren und zu dienen. So gibt es eine unmittelbare Verbindung von der Futterkrippe zum Kreuz, wo Jesus gebrochenes Brot sein wird: Es ist die unmittelbare Verbindung der Liebe, die sich hingibt und uns rettet, die unserem Leben Licht und unseren Herzen Frieden schenkt.

Predigt, Vatikanische Basilika, 24. Dezember 2016

Quelle lebendigen Wassers

Es ist offenkundig, dass an einigen Orten eine geistliche ›Wüstenbildung‹ stattgefunden hat; sie ist das Ergebnis des Planes von Gesellschaften, die sich ohne Gott aufbauen wollen oder die ihre christlichen Wurzeln zerstören. In anderen Ländern zwingt der gewaltsame Widerstand gegen das Christentum die Christen, ihren Glauben gleichsam verborgen zu leben in dem Land, das sie lieben. Das ist eine andere, sehr schmerzliche Form von Wüste. Auch die eigene Familie oder der eigene Arbeitsplatz können diese trockene Umgebung sein, in der man den Glauben bewahren und versuchen muss, ihn auszustrahlen.

In jedem Fall sind wir unter diesen Umständen berufen, wie große Amphoren zu sein, um den anderen zu trinken zu geben. Manchmal verwandelt sich das Amphoren-Dasein in ein schweres Kreuz, doch gerade am Kreuz hat der Herr, durchbohrt von der Lanze, sich uns als Quelle lebendigen Wassers übereignet. Lassen wir uns die Hoffnung nicht nehmen!

Evangelii gaudium 96

QUELLEN- UND TEXTVERZEICHNIS

Wenn kein weiterer Vermerk © Libreria Editrice Vaticana 2017

Die Zitate von Franziskus stammen aus folgenden Büchern, alle erschienen in der © Verlag Herder GmbH, Freiburg im Breisgau:

Benedikt XVI., Die Liebe Gottes lehren und lernen. Priestersein heute. Mit einem Vorwort von Papst Franziskus und einer Einführung von Gerhard Kardinal Müller, 2016

Jorge Mario Bergoglio, Die wahre Macht ist der Dienst. Aus dem Spanischen von Gabriele Stein, 2014

Jorge Mario Bergoglio, Korruption und Sünde. Eine Einladung zur Aufrichtigkeit. Aus dem Spanischen von Ulrich Ruh, 2014

Jorge Mario Bergoglio, Offener Geist und gläubiges Herz. Aus dem Spanischen von Gabriele Stein und Bruno Kern, 2013

Jorge Mario Bergoglio, Über die Selbstanklage. Eine Meditation über das Gewissen, 2013

Papst Franziskus, Amoris Laetitia – Freude der Liebe. Nachsynodales Apostolisches Schreiben Amoris Laetitia. Über die Liebe in der Familie, 2016

Papst Franziskus, Das Licht des Glaubens. Die Enzyklika »Lumen fidei«, 2013

Papst Franziskus, Die Enzyklika »Laudato si'«. Über die Sorge für das gemeinsame Haus, 2015

Papst Franziskus, Die Familien-Katechesen, 2015

Papst Franziskus, Die Freude des Evangeliums. Das Apostolische Schreiben »Evangelii gaudium« über die Verkündigung des Evangeliums in der Welt von heute, 2013

Papst Franziskus, »Und jetzt beginnen wir diesen Weg«. Die ersten Botschaften des Pontifikats, 2013

01.01.   Angelus, 1. Januar 2016.

02.01.   Papst Franziskus, Laudato si, S. 96f.

03.01.   Papst Franziskus, Amoris laetitia, S. 109.

04.01.   Papst Franziskus, Evangelii gaudium, S.297f.

05.01.   Predigt, Rizal Park, Manila, 18. Januar 2015.

06.01.   Angelus, 6. Januar 2017.

07.01.   Predigt, Krippenplatz Bethlehem, 25. Mai 2014.

08.01.   Ansprache, Stadion »José María Morelos y Pavón«, Morelia, 16. Februar 2016.

09.01.   Jorge Mario Bergolio, Die wahre Macht ist der Dienst, S. 61.

10.01.   Papst Franziskus, Evangelii gaudium, S.147.

11.01.   Ansprache, Stadion »José María Morelos y Pavón«, Morelia, 16. Februar 2016 (gekürzt).

12.01.   Papst Franziskus, Und jetzt beginnen wir diesen Weg, S. 103.

13.01.   Jorge Mario Bergoglio, Korruption und Sünde, S. 34f.

14.01.   Jorge Mario Bergoglio, Die wahre Macht ist der Dienst, S. 105f (gekürzt).

15.01.   Jorge Mario Bergoglio, Die wahre Macht ist der Dienst, S. 311.

16.01.   Papst Franziskus, Lumen fidei, S. 56f. (gekürzt).

17.01.   Papst Franziskus, Evangelii Gaudium, S.165f.

18.01.   Papst Franziskus, Und jetzt beginnen wir diesen Weg, S. 115f.

19.01.   Jorge Mario Bergoglio, Die wahre Macht ist der Dienst, S. 247f. (gekürzt).

20.01.   Jorge Mario Bergoglio, Die wahre Macht ist der Dienst, S. 204f.

21.01.   Papst Franziskus, Lumen fidei, S. 38f. (gekürzt).

22.01.   Jorge Mario Bergoglio, Die wahre Macht ist der Dienst, S. 310.

23.01.   Papst Franziskus, Lumen fidei, S. 22 (gekürzt).

24.01.   Papst Franziskus, Lumen Fidei, S. 102 (gekürzt).

25.01.   Predigt, Basilika St. Paul vor den Mauern, 25. Januar 2017 am Fest der Bekehrung des hl. Apostels Paulus.

26.01.   Angelus, 1. Dezember 2013.

27.01.   Papst Franziskus, Evangelii gaudium, S. 52ff (gekürzt).

28.01.   Papst Franziskus, Laudato si, S. 213.

29.01.   Predigt, Rizal Park, Manila, Sonntag, 18. Januar 2015.

30.01.   Generalaudienz, 28. Dezember 2016.

31.01.   Papst Franziskus, Amoris laetitia, S. 114 (gekürzt).

01.02.   Papst Franziskus, Lumen fidei, S. 39f (gekürzt).

02.02.   Predigt, Vatikanische Basilika, 2. Februar 2016 am XX. Welttag des geweihten Lebens (gekürzt).

03.02. Ansprache, Sportplatz der Santo-Tomas-Universität, Manila, 18. Januar 2015.

04.02. Papst Franziskus, Evangelii gaudium, S. 196f (gekürzt).

05.02. Predigt, Campus der Universität Nairobi, 26. November 2015.

06.02. Jorge Mario Bergoglio, Die wahre macht ist der Dienst, S. 262.

07.02. Papst Franziskus, Amoris laetitia, S. 34f.

08.02. Papst Franziskus, Die Familien-Katechesen, S. 70f.

09.02. Papst Franziskus, Amoris laetitia, S. 50.

10.02. Papst Franziskus, Die Familien-Katechesen, S. 48f. (gekürzt).

11.02. Papst Franziskus, Und jetzt beginnen wir diesen Weg, S. 22.

12.02. Papst Franziskus, Lumen fidei, S. 49f.

13.02. Papst Franziskus, Evangelii gaudium, S. 233f (gekürzt).

14.02. Papst Franziskus, Amoris laetitia, S. 103.

15.02. Papst Franziskus, Amoris laetitia, S. 112.

16.02. Ansprache an junge Paare, die sich auf die Ehe vorbereiten, 14. Februar 2014.

17.02. Papst Franziskus, Die Familien-Katechesen, S. 98f.

18.02. Papst Franziskus, Amoris laetitia, S. 123.

19.02. Papst Franziskus, Lumen fidei, S. 91f.

20.02. Papst Franziskus, Amoris laetitia, S. 101f.

21.02. Angelus, 21. Mai 2017.

22.02. Predigt, Vatikanische Basilika, 22. Februar 2016.

23.02. Predigt, Santa Maddalena di Canossa, 12. März 2017.

24.02. Papst Franziskus, Lumen fidei, S. 47f (gekürzt).

25.02. Jorge Mario Bergoglio, Die wahre Macht ist der Dienst, S. 283f.

26.02. Generalaudienz, 11. Februar 2015.

27.02. Papst Franziskus, Amoris laetitia, S. 196.

28.02. Predigt, Air Defense Stadium, Kairo, 29. April 2017.

01.03. Papst Franziskus, Und jetzt beginnen wir diesen Weg, S. 120f.

02.03. Papst Franziskus, Laudato si, S.112f.

03.03. Papst Franziskus, Und jetzt beginnen wir diesen Weg, S. 71.

04.03. Predigt, Platz vor dem Schloss von Caserta, 26. Juli 2014.

05.03. Papst Franziskus, Lumen fidei, S. 51f.

06.03. Papst Franziskus, Lumen fidei, S.27f (gekürzt).

07.03. Jorge Mario Bergoglio, Die wahre Macht ist der Dienst, S. 317f.

08.03. Papst Franziskus, Laudato si, S. 97.

09.03. Papst Franziskus, Evangelii gaudium, S. 112f.

10.03. Predigt, Basilika Santa Sabina, 1. März 2017.

11.03. Jorge Mario Bergoglio, Die wahre Macht ist der Dienst, S. 51f.

12.04. Papst Franziskus, Und jetzt beginnen wir diesen Weg, S.33f.

13.04. Angelus Petersplatz, Sonntag 26. April 2015.

14.04. Generalaudienz, Petersplatz, 7. Juni 2017.

15.04. Botschaft zum 54. Weltgebetstag um geistliche Berufe, aus dem Vatikan, 27. November 2016.

16.04. Botschaft zur Feier des Weltfriedenstages 1. Januar 2016.

17.04. Angelus, Petersplatz, 26. März 2017.

18.04. Papst Franziskus, Und jetzt beginnen wir diesen Weg, S. 82.

19.04. Predigt, Vatikanische Basilika, 4. April 2015.

20.04. Papst Franziskus, Und jetzt beginnen wir diesen Weg, S. 61f.

21.04. Papst Franziskus, Und jetzt beginnen wir diesen Weg, S. 99f.

22.04. Generalaudienz, 16. November 2016 (gekürzt).

23.04. Predigt, Kathedrale von Bangui, 29. November 2015.

24.04. Papst Franziskus, Lumen fidei, S. 33f (gekürzt).

25.04. Aus: L'Osservatore Romano, Wochenausgabe in deutscher Sprache, Nr. 19, 12. Mai 2017 (gekürzt).

26.04. Papst Franziskus, Und jetzt beginnen wir diesen Weg, S. 93f.

27.04. Jorge Mario Bergoglio, Die wahre Macht ist der Dienst, S. 270 (gekürzt).

28.04. Papst Franziskus, Und jetzt beginnen wir diesen Weg, S. 90f.

29.04. Papst Franziskus, Und jetzt beginnen wir diesen Weg S. 105f.

30.04. Predigt, Städtisches Stadion »Artemio Franchi«, Florenz, 10. November 2015.

01.05. Ansprache vor dem Europaparlament, Straßburg, 25. November 2014.

02.05. Jorge Mario Bergoglio, Die wahre Macht ist der Dienst, S. 181f.

03.05. Predigt Petersdom, Mittwoch 1. Januar 2014, Hochfest der Gottesmutter Maria.

04.05 Predigt, Ebene von Sibari, 21. Juni 2014.

05.05. Papst Franziskus, Evangelii gaudium, S. 65 (gekürzt).

06.05. Papst Franziskus, Die Familien-Katechesen, S.104f (gekürzt).

07.05. Jorge Mario Bergoglio, Über die Selbstanklage, S. 36ff (gekürzt).

08.05. Jorge Mario Bergoglio, Die wahre Macht ist der Dienst, S. 176 (gekürzt).

09.05. Ansprache vor dem Europaparlament, Straßburg, 25. November 2014 (gekürzt).

10.05. Ansprache, Verleihung des Karlspreises, 6. Mai 2016.

11.05. Papst Franziskus, Evangelii gaudium, S. 304f (gekürzt).

12.05. Papst Franziskus, Die Familien-Katechese, S. 56f.

13.05. Papst Franziskus, Laudato si: S. 211f.

14.05. Papst Franziskus, Lumen fidei, S.40f.

15.05. Papst Franziskus, Amoris laetitia, S. 104f.

16.05. Papst Franziskus, Lumen fidei: S. 105f.

17.05. Papst Franziskus, Evangelii gaudium, S. 151f.

18.05. Papst Franziskus, Die Familien-Katechesen, S. 69f.

19.05. Papst Franziskus, Evangelii gaudium, S. 141f.

20.05. Predigt, Basilika »San Bartolomeo« auf der Tiberinsel, 22. April 2017.

21.05. Papst Franziskus, Evangelii gaudium, S. 90f.

22.05. Papst Franziskus, Die Familien-Katechesen, S. 108.

23.05. Aus dem Vorwort zu: Benedikt XVI., Die Liebe Gottes lehren und lernen. Priestersein heute, S. 12f (gekürzt).

24.05. Predigt Höhle Cova da Ira, 13. Mai 2017, Heilige Messe mit Heiligsprechung der seligen Francisco Marto und Jacinta Marto auf der Pilgerreise zum Heiligtum unserer lieben Frau von Fatima.

25.05. Jorge Mario Bergoglio, Die wahre Macht ist der Dienst, S. 48.

26.05. Angelus Petersplatz, 30. Oktober 2016.

27.05. Angelus Petersplatz, 31. Mai 2015 (gekürzt).

28.05. Papst Franziskus, Und jetzt beginnen wir diesen Weg, S. 24.

29.05. Predigt, Vatikanische Basilika, 28. März 2013.

30.05. Predigt Petersdom, 1. Januar 2014.

31.05. Papst Franziskus, Evangelii gaudium, S. 308f (gekürzt).

01.06. Papst Franziskus, Evangelii gaudium, S. 43.

02.06. Angelus, 27. November 2016.

03.06. Ansprache, »Sala della Spoliazione«, Bischofshaus, Assisi 4. Oktober 2013.

04.06. Papst Franziskus, Die Familien-Katechesen, S.107f.

05.06. Predigt, Sportplatz »Arena« in Salina, 8. Juli 2013, Besuch auf der Flüchtlingsinsel Lampedusa.

06.06. Papst Franziskus, Die wahre Macht ist der Dienst, S.409.

07.06. Papst Franziskus, Laudato si, S. 116.

08.06. Papst Franziskus, Evangelii gaudium, S. 283f.

09.06. Papst Franziskus, Und jetzt beginnen wir diesen Weg, S. 111.

10.06. Papst Franziskus, Evangelii gaudium, S. 295f.

11.06. Papst Franziskus, Lumen fidei, S.70ff (gekürzt).

12.06. Predigt, Piazza San Giovanni in Laterano, 18. Juni 2017 (gekürzt).

13.06. Jose Mario Bergoglio, Die wahre Macht ist der Dienst, S. 322 (gekürzt).

14.06. Papst Franziskus, Laudato si, S. 93.
15.06. Jose Mario Bergoglio, Die wahre Macht ist der Dienst, S. 288f (gekürzt).
16.06. Papst Franziskus, Evangelii gaudium, S. 80.
17.06. Jose Mario Bergoglio, Die wahre Macht ist der Dienst, S. 374f.
18.06. Angelus, 16. März 2014.
19.06. Papst Franziskus, Lumen gidei, S. 41f (gekürzt).
20.06. Papst Franziskus, Evangelii gaudium, S.306ff (gekürzt).
21.06. Predigt, Vatikanische Basilika, Sonntag 4. Juni 2017.
22.06. Ansprache, Platz vor der Basilika Santa Maria degli Angeli, Assisi, 4. Oktober, Begegnung mit der umbrischen Jugend, Pastoralbesuch in Assisi.
23.06. Jose Mario Bergoglio, Die wahre Macht ist der Dienst, S. 242f.
24.06. Papst Franziskus, Evangelii gaudium, S. 47f (gekürzt).
25.06. Angelus, 1. Juni 2014 (gekürzt).
26.06. Predigt, Ebene von Sibari, 21. Juni 2014.
27.06. Ansprache, Heiligtum Unserer Lieben von Frau von der Wache, 27. Mai 2017.
28.06. Generalaudienz, 26. April 2017.
29.06. Predigt, Vatikanische Basilika, 29. Juni 2015 (gekürzt).
30.06. Predigt, Platz vor dem Schloss von Caserta, 26. Juli 2014.

01.07. Papst Franziskus, Die Familien-Katechesen, S. 46.
02.07. Botschaft zum XXXII. Weltjugendtag, aus dem Vatikan, 27. Februar 2017 (gekürzt).
03.07. Predigt, Petersplatz, 27. April 2014.
04.07. Ansprache an die neuen, beim heiligen Stuhl akkreditierten Botschafter aus Kirgistan, Antigua und Barbuda, Luxemburg und Botswana, Clementina-Saal, 16. Mai 2013.
05.07. Jose Mario Bergoglio, Die wahre Macht ist der Dienst, S. 243.
06.07. Papst Franziskus, Laudato si, S. 182.
07.07. Papst Franziskus, Lumen fidei, S. 33f (gekürzt).
08.07. Papst Franziskus, Die Familien-Katechesen, S. 52f.
09.07. Jose Mario Bergoglio, Die wahre Macht ist der Dienst, S. 121f.
10.07. Papst Franziskus, Die Familien-Katechesen, S. 72f.
11.07. Papst Franziskus, Laudato si, S. 104.
12.07. Papst Franziskus, Evangelii gaudium, S. 137ff (gekürzt).
13.07. Jose Mario Bergoglio, Die wahre Macht ist der Dienst, S. 45f (gekürzt).
14.07. Papst Franziskus, Laudato si, S. 125.

15.07. Jose Mario Bergoglio, Die wahre Macht ist der Dienst, S. 157f.
16.07. Papst Franziskus, Laudato si, S. 62.
17.07. Papst Franziskus, Evangelii gaudium, S. 95ff (gekürzt).
18.07. Jose Mario Bergoglio, Die wahre Macht ist der Dienst, S. 184f (gekürzt).
19.07. Papst Franziskus, Evangelii gaudium, S. 97f (gekürzt).
20.07. Generalaudienz 26. April 2017.
21.07. Ansprache, Verleihung des Karlspreises, 6. Mai 2016 (gekürzt).
22.07. Audienz, Petersplatz, 17. Mai 2017.
23.07. Papst Franziskus, Die Familien-Katechesen, S. 81f.
24.07. Papst Franziskus, Evangelii gaudium: S. 241f.
25.07. Predigt, Vatikanische Basilika, 29. Juni 2017.
26.07. Papst Franziskus, Die Familien-Katechesen, S. 77f.
27.07. Jose Mario Bergoglio, Die wahre Macht ist der Dienst, S. 80.
28.07. Papst Franziskus, Laudato si, S. 204f.
29.07. Audienz, 22. Oktober 2016.
30.07. Botschaft zur Feier des Weltfriedenstages, 1. Januar 2016.
31.07. Predigt, Petersplatz, 20. November 2016.

01.08. Papst Franziskus, Evangelii gaudium, S. 124f.
02.08. Predigt, Basilika »San Bartolomeo« auf der Tiberinsel, 22. April 2017.
03.08. Angelus, 6. September 2015.
04.08. Papst Franziskus, Evangelii gaudium S. 62ff.
05.08. Jorge Mario Bergoglio, Die wahre Macht ist der Dienst, S. 426f.
06.08. Angelus, Petersplatz 16. März 2014.
07.08. Jorge Mario Bergoglio, Die wahre Macht ist der Dienst, S. 198 (gekürzt).
08.08. Papst Franziskus, Und jetzt beginnen wir diesen Weg, S. 59f.
09.08. Papst Franziskus, Evangelii gaudium, S. 50 ff.
10.08. Papst Franziskus, Lumen fidei, S. 97f (gekürzt).
11.08. Jose Mario Bergoglio, Offener Geist und gläubiges Herz, S. 25.
12.08. Papst Franziskus, Und jetzt beginnen wir diesen Weg, S. 110.
13.08. Jorge Mario Bergoglio, Die wahre Macht ist der Dienst, S. 60f.
14.08. Jorge Mario Bergoglio, Die wahre Macht ist der Dienst, S. 170.
15.08. Angelus, 15. August 2016.
16.08. Papst Franziskus, Laudato si, S. 198f.
17.08. Jose Mario Bergoglio, Die wahre Macht ist der Dienst, S. 227.
18.08. Papst Franziskus, Die Familien-Katechesen, S. 61.
19.08. Papst Franziskus, Laudato si, S. 199f.

20.08. Papst Franziskus, Evangelii gaudium, S. 121ff (gekürzt).

21.08.   Papst Franziskus, Lumen fidei, S. 21f.

22.08. Jose Mario Bergoglio, Die wahre Macht ist der Dienst, S. 252f.

23.08. Audienz, Petersplatz, 30. Juni 2016.

24.08. Jose Mario Bergoglio, Korruption und Sünde, S. 46.

25.08. Regina coeli, 21. April 2014.

26.08. Papst Franziskus, Lumen fidei, S. 29f (gekürzt).

27.08. Papst Franziskus, Evangelii gaudium, S. 55f (gekürzt).

28.08. Predigt, Platz der Märtyrer (Carpi), 2. April 2017.

29.08. Predigt, Campus Misericordiae Krakau, 30. Juli 2016.

30.08. Predigt, Petersplatz, 3. Juni 2016.

31.08. Predigt, Vatikanische Basilika, 13. April 2017.

01.09. Papst Franziskus, Lumen fidei, S. 104f (gekürzt).

02.09. Papst Franziskus, Die Familien-Katechesen, S. 63f.

03.09. Papst Franziskus, Amoris laetitia, S. 52.

04.09. Papst Franziskus, Die Familien-Katechesen, S. 29f (gekürzt).

05.09. Jose Mario Bergoglio, Die wahre Macht ist der Dienst, S. 329f.

06.09. Papst Franziskus, Die Familien-Katechesen, S. 65f.

07.09. Papst Franziskus, Laudato si, S. 114.

08.09. aus: L'Osservatore Romano, Wochenausgabe in deutscher
        Sprache, Nr. 38, 19. September 2014.

19.09. Papst Franziskus, Die Familien-Katechesen, S. 86.

10.09. Papst Franziskus, Die Familien-Katechesen, S. 86.

11.09. Papst Franziskus, Die Familien-Katechesen, S. 88f.

12.09. Papst Franziskus, Die Familien-Katechesen, S. 89f (gekürzt).

13.09. Papst Franziskus, Laudato si: S. 201f.

14.09. Angelus, 13. September 2015.

15.09. Papst Franziskus, Die Familien-Katechesen, S. 43f.

16.09. Papst Franziskus, Lumen fidei, S. 34f (gekürzt).

17.09. Papst Franziskus, Die Familien-Katechesen, S. 58.

18.09. Papst Franziskus, Evangelii gaudium, S. 234f.

19.09. Papst Franziskus, Die Familien-Katechesen, S. 36f (gekürzt).

20.09. Jose Mario Bergoglio, Die wahre Macht ist der Dienst, S. 410f.

21.09. Predigt, Plaza de la Revolución, Holguín, 21. September 2015
        (gekürzt).

22.09. Papst Franziskus, Die Familien-Katechesen, S. 55f.

23.09. Papst Franziskus, Lumen fidei, S. 64 (gekürzt).

24.09. Papst Franziskus, Evangelii gaudium, S. 110f.

25.09. Papst Franziskus, Amoris laetitia, S. 224f (gekürzt).

29.10. Predigt, Petersplatz, 5. Mai 2013.

30.10. Papst Franziskus, Lumen fidei, S. 61f (gekürzt).

31.10. Gemeinsames Ökumenisches Gebet in der Lutherischen Kathedrale von Lund, 31. Oktober 2016.

01.11. Predigt, Römischer Friedhof »Campo Verano«, 1. November 2013 (gekürzt).

02.11. Angelus, 2. November 2014.

03.11. Papst Franziskus, Amoris laetitia, S, 217.

04.11. Jose Mario Bergoglio, Die wahre Macht ist der Dienst, S. 103 (gekürzt).

05.11. Jose Mario Bergoglio, Die wahre Macht ist der Dienst, S. 38f (gekürzt).

06.11. Ansprache, Sportplatz der Santo-Tomas-Universität, Manila, 18. Januar 2015.

07.11. Papst Franziskus, Evangelii gaudium, S. 158f.

08.11. Jose Mario Bergoglio, Korruption und Sünde, S. 40f.

09.11. Jose Mario Bergoglio, Die wahre Macht ist der Dienst, S. 224.

10.11. Angelus, 9. November 2014.

11.11. Jose Mario Bergoglio, Offener Geist und gläubiges Herz, S. 19f.

12.11. Papst Franziskus, Lumen fidei, S. 80.

13.11. Papst Franziskus, Laudato si, S. 208f (gekürzt).

14.11. Jose Mario Bergoglio, Die wahre Macht ist der Dienst, S. 351f (gekürzt).

15.11 Angelus, 29. Januar 2017.

16.11. Jose Mario Bergoglio, Die wahre Macht ist der Dienst, S. 177f.

17.11. Papst Franziskus, Evangelii gaudium, S. 43ff (gekürzt).

18.11. Papst Franziskus, Und jetzt beginnen wir diesen Weg, S. 88f.

19.11. Papst Franziskus, Evangelii gaudium, S. 128f.

20.11. Papst Franziskus, Amoris laetitia, S. 110.

21.11. Papst Franziskus, Evangelii gaudium, S. 139f.

22.11. Papst Franziskus, Evangelii gaudium, S. 270.

23.11. Papst Franziskus, Und jetzt beginnen wir diesen Weg, S. 78.

24.11. Papst Franziskus, Evangelii gaudium S. 88ff (gekürzt).

25.11. Ansprache, Verleihung des Karlspreises, 6. Mai 2016 (gekürzt).

26.11. Papst Franziskus, Evangelii gaudium, S. 49f (gekürzt).

27.11. Ansprache, Mall of Asia, Arena, Manila, Freitag, 16. Januar 2015.

28.11. Generalaudienz, 7. Juni 2017.

29.11. Papst Franziskus, Evangelii gaudium, S. 189f.

30.11. Jose Mario Bergoglio, Die wahre Macht ist der Dienst, S. 113 (gekürzt).

01.12. Papst Franziskus, Lumen fidei, S. 12f (gekürzt).

02.12. Angelus, 5. Februar 2017.

03.12. Angelus, 7. Dezember 2014.

04.12. Papst Franziskus, Lumen fidei, S. 101.

05.12. Angelus, 11. Dezember 2016.

06.12. Papst Franziskus, Lumen fidei, S. 69f (gekürzt).

07.12. Angelus, 11. Dezember 2016.

08.12. Predigt, Heilige Messe zur Öffnung der Heiligen Pforte im Petersdom, 8. Dezember 2015.

09.12. Angelus, 11. Dezember 2016.

10.12. Ansprache vor dem Europaparlament, Straßburg, 25. November 2014 (gekürzt).

11.12. Papst Franziskus, Evangelii gaudium, S. 290ff (gekürzt).

12.12. Angelus, 14. Dezember 2014.

13.12. Papst Franziskus, Lumen fidei, S. 15f (gekürzt).

14.12. Angelus, 20. Dezember 2015.

15.12. Angelus, 20. Dezember 2015.

16.12. Angelus, 20. Dezember 2015.

17.12. Papst Franziskus, Lumen fidei, S. 45f (gekürzt).

18.12. Papst Franziskus, Die Familien-Katechesen, S. 30f.

19.12. Angelus, 21. Dezember 2014.

20.12. Papst Franziskus, Lumen fidei, S. 63f.

21.12. Jose Mario Bergoglio, Die wahre Macht ist der Dienst, S. 206f (gekürzt).

22.12. Angelus, 21. Dezember 2014.

23.12. Papst Franziskus, Lumen fidei, S. 15 (gekürzt).

24.12. Jose Mario Bergoglio, Die wahre Macht ist der Dienst, S. 205f.

25.12. Ansprache, Urbi et Orbi, Weihnachten 2014.

26.12. Angelus, 26. Dezember 2013 (gekürzt).

27.12. Papst Franziskus, Lumen fidei, S. 25f.

28.12. Schreiben an die Bischöfe am 28. Dezember 2016.

29.12. Jose Mario Bergoglio, Die wahre Macht ist der Dienst, S. 209ff (gekürzt).

30.12. Predigt, Vatikanische Basilika, 24. Dezember 2016.

31.12. Papst Franziskus, Evangelii gaudium, S. 126f (gekürzt).

Alle Überschriften redaktionell.